S'il te plaît, aide-moi à vivre

Jeanne Siaud-Facchin

S'il te plaît, aide-moi à vivre

Pour une nouvelle psychologie

Odile
Jacob

15, rue Soufflot, 75005 Paris

www.odilejacob.fr

ISBN : 978-2-7381-3580-3

Pourquoi ce livre ?

> « La vraie découverte ne consiste pas à chercher de nouveaux paysages mais à changer de regard. »
>
> Marcel PROUST.

Un livre *sur* la psychologie ? Non, plutôt un livre *pour* la psychologie. Pour remettre la psychologie à la place centrale qui est la sienne. La psychologie qui comprend, qui réfléchit, qui analyse, qui décode, qui valide les méandres de nos vies. L'intime. Dans tous ses replis. Dans toutes ses circonvolutions.

C'est celle-là la psychologie dont nous avons besoin.

Une psychologie qui a pour ambition, pour intention, pour conviction de nous aider à mieux vivre. Notre vie. La nôtre. Cette vie si forte et fragile que nous tentons de faire tenir debout, et nous avec, pour avancer. Avancer, qui suppose une direction, un axe. Mais aussi une temporalité, un début, une fin. Et donc la mort et toute cette peur qui nous tenaille et que l'on tente de mettre à distance, d'ignorer, comme si en évitant de ressentir cette émotion existentielle, nous devenions plus fort que la mort. C'est peut-être vrai. Être plus fort que la mort, c'est décider de vivre au lieu de survivre. C'est tellement différent !

Quand je prends conscience de ce qui se joue en moi, quand je prends conscience que ce que je pense, ce que je dis, ce que je ressens est sous l'emprise d'une instance obscure, dont j'ignore – presque – tout, quand je prends conscience que ce que je suis est le produit de ce que j'ai construit à mon insu, quand je prends conscience que je peux redevenir le pilote de ce que je souhaite être et vivre, dans MA vie, alors je retrouve la liberté grisante de construire une vie qui me ressemble vraiment et dans laquelle je me sens bien. Je peux, enfin, comprendre ce que disait déjà Nietzsche : « Deviens qui tu es ! » Tout en m'appuyant sur les autres, sur la vie, sur le monde qui m'entoure, pour toucher du doigt, du cœur, les liens étroits qui m'enserrent dans cette trame de la complexité humaine. Je suis parce que tout est : je ne suis pas une forteresse d'ego qui se déploie, plein de lui-même, dans un monde qui serait là pour me servir. Devenir ce que l'on est, c'est devenir un être humain autonome mais partie intégrante de notre humanité, libre mais interrelié. Ce n'est pas un paradoxe mais une nécessité.

La psychologie nous fait passer de l'autre côté du décor. On se souvient du film *The Truman Show* avec cette chute effrayante, qui réveille nos peurs ancestrales : nous serions les jouets d'une machinerie supérieure qui détermine nos comportements, nos choix, nos sentiments.

Mais… c'est ce que nous sommes dans nos vies quotidiennes ! Le grand manitou ? L'inconscient ! Lui, et seulement lui. Lui qui tisse cette trame de fond avec les fils de nos vies, lui qui tricote nos réseaux de neurones et nos souvenirs, lui encore qui nous fait croire que nous sommes indépendants dans nos choix, et qui nous donne l'illusion que lui et nous, c'est pareil.

Alors, oui, l'inconscient est une réalité, et heureusement. Mais pas forcément celle que l'on croyait. Pas l'inconscient de Freud et des psychanalystes. Pas celui qui se raconte sans fin sur des divans usés par les vies des autres. Pas celui qui se voudrait pétri de désirs originels et d'angoisses libidinales enfouies.

L'inconscient est une réalité biologique, physiologique, neuronale, hormonale. Une réalité qui fonde notre humanité, dans cette rencontre incontournable entre notre bagage inné et le monde qui nous accueille et nous façonne.

Un inconscient qui nous parle de tout ce qui n'est pas directement accessible à notre mémoire, à notre conscience. Un inconscient qui nous construit chaque jour, chaque instant. Fruit de ce que nous vivons, ressentons, interprétons, accomplissons. Acteur de ce que nous décidons, pensons, percevons. L'inconscient et sa double face : il est le produit de ce que nous sommes, il est l'organisateur de ce que nous sommes.

Quand je réagis violemment dans une situation donnée, c'est mon « programme » inconscient qui m'a dicté mes émotions, mes réactions, mes mots, ma compréhension de la situation… Mais dans le même instant, tout ce que je dirais, ressentirais, tout ce que je vivrais de singulier dans cette situation, remodèle mon « programme » qui, lorsque je me retrouverai confrontée à une situation en tous points similaires, me conduira à agir, interagir, ressentir, à la fois, toujours un peu de la même façon mais aussi un peu différemment. L'inconscient, qui est mon intime compagnon de route, me pilote sans relâche, et se remodélise en continu selon ce que je vis et comment je le vis.

Voilà le sujet du livre : comment une nouvelle psychologie est devenue incontournable. Salvatrice. Une psychologie qui sort des ornières de l'archéologie de la souffrance pour se tourner vers une psychologie des ressources. Une psychologie qui libère du joug de l'inconscient, non pas en allant chercher ou en ressassant ce qui a pu faire effraction dans nos vies mais en explorant les arcanes secrets de nos pensées et de nos émotions les plus intimes pour retrouver un espace libéré, délivré, pour choisir ce qui nous convient vraiment. Une psychologie qui accepte que nous avons tous, en nous, les réserves de vie qui nous permettent de reprendre notre chemin.

Une psychologie qui intègre avec intelligence et flexibilité tous les apports et les connaissances actuelles en neurosciences (affectives, cognitives, sociales) pour donner à chacun les moyens d'aller bien. Une psychologie qui accepte que chacun a le droit d'aller bien et que les psys en tout genre sont des passeurs de vie. Une psychologie qui s'engage et qui tient ses promesses. Le temps est venu pour cette nouvelle psychologie mature, intégrative, qui considère l'être humain dans sa globalité mais assume la nécessité de l'efficacité. Ce n'est pas une nouvelle théorie, une nouvelle école de pensée, une nouvelle idéologie mais une posture nouvelle, audacieuse, engagée. Nous sommes nombreux aujourd'hui à ressentir l'impérieuse nécessité de faire émerger cette nouvelle psychologie.

Les promesses de la nouvelle psychologie sont finalement assez simples : chaque psy est responsable de ce qu'il met en œuvre au service de son patient et s'engage avec lui. Le psy n'est plus celui qui seulement écoute, au mieux entend, mais celui qui coconstruit. Un édifice de vie. Les plans sont faits ensemble, rectifiés, ajustés ensemble. Pour construire cet édifice, certains matériaux déjà disponibles sont utilisés, d'autres sont modifiés, certains sont créés…

La promesse de la nouvelle psychologie, c'est de créer ensemble en s'appuyant sur les compétences des deux, sur les richesses des deux. Une coconstruction collaborative (c'est à la mode) et non plus la toute-puissance présupposée et parfois surjouée de l'autre. Il ne s'agit plus d'être la victime de ce qui nous arrive, de cet inconscient dictateur, mais l'acteur libre d'une vie qui à notre tour nous engage. La fin de la plainte, comme l'énonçait déjà François Roustang[1]. Avec cette idée un peu folle que, si le pire peut parfois s'inviter, il faut aussi et peut-être surtout s'attendre… au meilleur ! Nous ne

1. François Roustang, *La Fin de la plainte*, Odile Jacob, 2000.

sommes pas à l'abri du meilleur, qu'on se le dise ! Qu'on le ressente surtout !

Ce livre est né comme ça, pour ça. De ce que j'ai appris. De ce que j'ai compris. De ce que chacun m'a transmis. Je n'aurai pas pu l'écrire il y a dix ans. J'avais besoin de ce temps pour assumer que quelque chose devait vraiment changer. Aller voir un psy fait tellement peur, on ne sait pas, à l'avance, ni ce qui va se passer, ni sur qui on va « tomber ». C'est si légitime cette peur, si normal, si important de l'envelopper, l'accueillir, l'apaiser.

Chaque enfant, chaque adolescent, chaque adulte que j'ai rencontré, m'a inlassablement posé cette même question, sous des formes et des apparences détournées, m'a confrontée à ce même défi, que j'avoue avoir toujours accepté : « S'il te plaît, aide-moi à vivre. »

C'est le mouton du Petit Prince. C'est la recherche de ce qui permettra à chacun d'avancer, de se réaliser. D'être heureux ? Je ne sais pas. Le bonheur est une autre histoire. Se sentir à sa place, être fier de qui on est, de ce qu'on accomplit, pouvoir se retourner plus tard sur sa trajectoire et ne rien regretter, c'est ce qui me semble avoir la plus grande valeur.

Mais pour relever ce défi, il ne faut pas avoir peur. Je parle du psy. Il faut s'engager corps et âme, avec ce que l'on sait, avec ce que l'on croit avoir compris, avec ce que l'on a appris, avec curiosité, avec l'œil du débutant, avec créativité, originalité. Aucun profil, aucune histoire, aucun tableau clinique n'est comparable à un autre. À chaque patient, une nouvelle aventure commence. Chaque direction de vie est singulière. Chaque aspiration est unique. Chaque destin est rare. Les dénominateurs communs permettent d'avoir quelques balises mais nous embarquons à chaque rencontre pour une destination dont les clefs n'appartiennent qu'à un seul d'entre nous. Le psy doit être celui qui contribue à les trouver, à leur donner toute leur fonctionnalité.

Un être humain dans son immensité, dans sa globalité, dans son humilité, dans toute sa vulnérabilité. Un être humain, juste humain. Un être humain, pleinement humain. Celui qui a besoin d'aide, à ce moment-là. Celui qui apporte son aide, à ce moment-là. Quelle différence ?

Et si toute la différence de la nouvelle psychologie était l'amour ? L'amour qui signifie que l'on se sent profondément concerné par l'autre, que ce qu'il est, ce qu'il vit, nous touche, et qu'on ose le penser, le ressentir, parfois le dire. Aimer son patient… l'ingrédient actif de tout accompagnement réussi, celui qui ouvre à l'autre la voie de sa vie.

La nouvelle psychologie n'enferme pas l'autre, elle partage avec lui ce qu'elle a compris. La nouvelle psychologie ouvre les tiroirs de ses connaissances, de ses compétences, de ses savoir-faire pour les transmettre et les diffuser à chacun. Un chacun toujours unique, complexe, inscrit dans son histoire, dans son environnement, culturel, social, mais surtout présent à lui-même et tourné résolument vers son avenir.

La nouvelle psychologie redonne une colonne vertébrale à la compréhension holistique de l'être humain sans se fourvoyer dans les leurres des thérapies à tout faire et du développement personnel à outrance qui fleurissent au gré des modes et du temps qu'il fait.

Aller bien, aller mieux, vivre bien, vivre la même vie mais en mieux, c'est l'horizon qui ne doit jamais être perdu de vue. C'est l'intention sans cesse renouvelée de cette nouvelle psychologie, qui ne doit jamais être sacrifiée sur l'autel des illusions et de la psychologie de comptoir. La psychologie est une science, humaine certes, donc inexacte, soit, mais fondée, sur des preuves, sur des observations, sur des articulations constantes entre théorie et clinique, entre recherches théoriques et applications pratiques. Une psychologie vivante, en marche, en mouvement. Une nouvelle psychologie.

La psychologie, des racines et des ailes

La psychologie est au cœur de nos vies. De ce que nous sommes. De ce que nous vivons. La psychologie, c'est simplement nous, toi, moi, tous les humains ! Nous tous qui tentons de relever, le mieux possible, ce défi incroyable de vivre.

La psychologie est la science de l'âme[1]. Ce terme si fort et pourtant désuet qui dit tout : ce qui est visible et invisible, ce que l'on comprend et ce qui nous échappe, ce qui nous distingue et ce qui nous unit. Corps et âme. De sang et d'esprit. D'enjeux de vivre et de besoin de sens de vie. De sens à nos vies. Comprendre qui l'on est pour savoir où l'on va. Comprendre ce qui nous anime, ce qui met notre âme en mouvement, pour donner une direction à notre trajectoire. Cette trajectoire délimitée, dans laquelle nous sommes tous engagés, parce que nous sommes là, avec la vie devant nous. La nôtre. Comprendre, mais aussi ressentir. Ressentir que nous sommes sur le bon chemin, sur celui qui nous permettra de vivre au mieux cette vie si forte et si fragile que l'on tente de tenir dans nos mains, dans nos corps, dans nos cœurs.

1. En grec ancien, *psyché* signifie « âme ».

La psychologie est ce défi. Nous aider à traverser ce monde avec un éclairage sur ce qui nous construit, sur les mécanismes qui nous régissent, sur les rouages qui règlent nos pensées, nos émotions intimes et nos actions quotidiennes. Un défi car, dans le fond, nous avons tous peur. Peur de ne pas y arriver, peur de ne pas savoir faire, peur de ne pas être à la hauteur, peur de décevoir, de se décevoir, de décevoir les autres, peur de ne pas parvenir à cocher les bonnes cases, peur de souffrir, peur de nous engager, peur de ne pas être aimé, peur d'aimer… Ce n'est pas un constat triste, car la peur est une énergie qui mobilise. À condition de ne pas rester dans ses filets paralysants et de ne pas se noyer dans ses méandres douloureux.

Qui peut vraiment, sincèrement, répondre à ces questions fondamentales :

Que ferais-je si je n'avais pas peur ?

Qui serais-je si je n'avais pas peur ?

C'est cela la mission de la psychologie, nous emmener de l'autre côté de la peur. Là où nous pouvons décider de nos choix, là où nous acceptons simplement d'être, là où nos émotions nous guident, là où nous pouvons retrouver le lien fondamental avec l'essence de ce que nous sommes, de ce que nous avons toujours été, ces êtres humains fragiles et forts qui peuvent tout dans leur vulnérabilité vacillante sur laquelle se fonde notre humanité. Celle qui nous unit.

Pourtant, alors que la demande de psychologie n'a jamais été aussi forte, la psychologie s'est perdue. Un peu. Beaucoup. La psychologie est une science nouvelle mais qui a trop vite vieilli. Après des balbutiements féconds avec la psychanalyse, elle s'est figée. Cristallisée sur des conceptions et des pratiques désuètes. De nouveaux courants sont arrivés, mais ne se sont pas encore totalement imposés. La consommation de psychotropes n'a jamais été aussi forte et, dans cette brèche ouverte, se sont engouffrées des offres au rabais de psychologie à tout faire et de thérapeutes autoproclamés vantant leur pratique comme la panacée. Plus de cinq cents thérapies ou pseudo-thérapies existent aujourd'hui, pour la plupart sans fondements scientifiques ni conceptualisation théorique. Les coachs ont eux aussi pris une place étonnante, des coachs à tout faire : pour maigrir, devenir un bon leader, élever ses enfants, réussir sa vie… ou même pour s'habiller ou pour trouver un toit, avec les récents coachs en immobilier qui ne sont plus des agents… Devenir coach est le premier rêve de reconversion professionnelle… Tout le monde aide tout le monde, ou tente d'aider. C'est une noble intention, est-ce tout à fait ce que chacun attend ? Un fouillis d'offres indistinctes, illisibles, où les charlatans côtoient des thérapeutes doués mais pas vraiment habilités. Tout le monde veut aller bien et que ça aille vite, alors la dernière technique à la mode ou plébiscitée par une copine ou un magazine sera celle choisie : « On m'a dit que ça marchait ! »

C'est l'injonction moderne. Tentante mais illusoire dans ses promesses toutes-puissantes de mieux-être immédiat. L'être humain est le produit d'une alchimie complexe qui ne peut se réduire à une formule simpliste. Ses questionnements ne peuvent trouver d'écho dans des réponses toutes faites qui ne s'ancrent pas dans la compréhension approfondie de toutes les ramifications qui fondent le soubassement de nos existences.

La psychologie est à une phase décisive. Une psychologie qui doit rester enracinée au plus profond de notre complexité humaine, avec une colonne vertébrale solide faite de connaissances scientifiques et d'élaborations théoriques, qui, comme un tuteur, peut alors nous permettre de déployer nos ailes, de nous élever vers le ciel.

On ne peut abandonner les êtres humains à la complexité d'aujourd'hui

➤ *La vive allure*

Tout va vite. Tout s'enchaîne. Nos vies ont atteint une vitesse, un rythme inédits. Nous nous essoufflons dans cette course, cette course à la vie. Notre vie. Dans laquelle, parfois, nous nous perdons. Quelles limites ? Quelles bornes pour nous indiquer la direction à suivre ? Dans cette accélération nous avons perdu nos repères. Ou plutôt nous sommes contraints de nous fixer nos propres repères. Ni la religion, ni la famille, ni la tradition, ni la société, ni la communauté ne nous portent plus. Nous devenons nos propres guides. À chaque pas. Et c'est dur, parfois très dur. Nous sommes propulsés dans une ère sans limites avec toutes les griseries induites par ce « tout est possible » et toutes les peurs qui se cachent dans cet océan de possibilités. La liberté n'est pas un long fleuve tranquille mais un lit tumultueux dans lequel nous ne pouvons jamais nous coucher. Nous poser. Souffler.

Ainsi nous courons, sans jamais vraiment savoir vers quoi, sans jamais vraiment savoir pourquoi.

➤ *Un puzzle sans modèle*

La complexité de nos vies, les multiples défis qui nous guettent, les exigences toujours plus élevées rendent nos quotidiens difficiles, parfois très douloureux. Notre quête de sens, d'amour, de réconfort se heurte à un individualisme qui ne nous permet pas de trouver de répit. La pression ressentie déclenche des états paroxystiques que nos sociétés ont fini par codifier. Faire un burn-out, par exemple, est devenu un trouble presque galvaudé, alors qu'il s'agit d'une maladie sérieuse du stress, ce stress qui est devenu notre triste compagnon de route. Le stress, cette tension permanente que nous sommes bien nombreux à ressentir comme si notre survie en dépendait à chaque pas. Biologiquement, il fait partie de notre programmation ; quotidiennement, il est une exagération dictée par les attentes d'une société qui nous fait perdre notre boussole : qu'est-ce qu'une bonne vie ? Qu'est-ce qu'une vie réussie ? À quel moment pourrais-je me dire que je suis arrivé, je peux me reposer, j'ai rempli ma mission de vie ? Nous ne savons pas, nous ne savons plus. Les nouvelles donnes amoureuses, les nouvelles pressions professionnelles, la planète que nous appréhendons aujourd'hui comme fragile alors qu'elle était notre terre mère, notre terre nourricière, l'hyperconnectivité qui nous donne le tournis, l'information qui coule à flots sans aucun filtre, la nécessité constante de séparer le bon grain de l'ivraie, la présence de tous, tout le temps, dans des mondes chaque jour plus virtuels alors que nous ressentons de plus en plus une profonde solitude existentielle. L'illusion de la présence et la douleur de l'absence, la nécessité du sens et le vide de l'essence, la peur de l'amour et la quête de l'autre, la sensation du rien et le besoin du tout.

Où es-tu, toi, dont j'ai tant besoin et qui t'échappes de ma vie, ma vraie vie ? Où suis-je, moi, dont on dit que je peux tout et qui me sens si seul face à ce puzzle géant ? Bien sûr je peux réussir, m'accomplir, bien sûr j'ai à ma disposition des moyens infinis pour tracer ma vie, bien sûr je peux devenir visible et reconnu, mais est-ce que je me sens vraiment sur mon chemin ? Est-ce que c'est par là, ma route, ma direction, ma mission ? Ces questions sont récentes. Pendant des générations, des siècles, nous avancions selon les normes et les règles établies par notre communauté, par notre culture, par notre éducation. Le devoir nous tenait lieu de ligne de conduite.

Il ne s'agit pas de se dire que c'était mieux avant. Comme le démontre Michel Serres, nos vies actuelles sont plus faciles matériellement, sanitairement, économiquement. Pourtant, le bonheur semble nous échapper chaque jour un peu plus, comme si nous avions perdu ce *bon sens* qui nous permettait de ne pas nous égarer. Nous sommes des égarés, dit Jean d'Ormesson[1], des égarés lâchés dans ce vaste monde, ce monde devenu sans limite. Tout peut s'inventer, tout peut exister, l'espace et le temps sont abolis, les distances sont immatérielles, les réalités virtuelles remplacent la réalité ordinaire et vont jusqu'à être augmentées, les repères humains se sont délités, les humains se sont déliés.

> *Juste ressentir, là, ça va, je vais bien, tout va bien. Dans cet espace protégé, je peux exister, je peux souffler, respirer, reprendre mes esprits et retrouver le discernement nécessaire.*

➤ *Deviens qui tu es*[2]

L'injonction est immense. Vertigineuse. Nous avons adopté, presque à notre insu, cette maxime. Nous en sommes presque tous convaincus. C'est notre enjeu moderne. Pour nous aider à l'accomplir, la psychologie a développé mille visages. Une psychologie qui voudrait nous donner des clefs, des recettes, des modes d'emploi du bonheur. Un bonheur qui se réduirait à une équation à résoudre. Des cases à cocher. Des défis

1. Jean d'Ormesson, *Guide des égarés*, Gallimard, 2016.
2. Maxime attribuée à Nietzsche.

à accomplir. Le bonheur est devenu le Graal et ajoute une dose de stress. *J'ai tout pour être heureux*, avouent, presque coupables, de nombreux patients en consultation, *et pourtant je n'y arrive pas.* La culpabilité de ne pas être heureux est devenue un motif de consultation. Un comble ! Se sentir heureux est évidemment une noble cause. Essentielle. Mais ne nous trompons pas, il ne doit pas s'agir d'une quête échevelée mais de notre capacité à repérer et à ressentir ce qui nous donne du plaisir, de la joie, dans les mille petits bonheurs du quotidien. Respecter ce que nous sommes, les besoins qui sont les nôtres, ne pas se comparer, ne pas se juger ni se condamner, accepter, profondément, les imperfections ordinaires qui font de nous des êtres extraordinaires, partager, donner, se sentir relié, ce sont ceux-là les morceaux de bonheur du patchwork de nos vies. Et qui tissent, chaque jour, notre bonheur de vivre.

Le piège du bonheur affiché, sur les réseaux sociaux en particulier, a créé des souffrances inédites. D'un simple trouble de l'estime de soi, certains, devenus addicts au bonheur des autres, ne peuvent se détacher de ce miroir aux alouettes qui les renvoie, pensent-ils, au désastre de leur propre vie. Leur trouble peut prendre des formes nouvelles : phobie des autres, phobie de la vie, honte de vivre, procrastination pathologique… Ne pas vivre plutôt que vivre une vie minable qui ne peut s'exposer.

Je suis vraiment touchée par ce « flou de soi » et ce « besoin d'être » qui transparaissent dans chaque consultation. Chez les adultes, jeunes ou vieux. Pour les enfants, c'est l'injonction de réussite qui les poursuit et parfois leur gâche la vie. Car, pour eux, c'est à l'école que les points de vie doivent s'afficher, tout en haut du tableau…

➤ *L'humain, cet inconnu*

Oui, nous avons beaucoup avancé. Oui, nous connaissons mieux les arcanes de ce dont nos corps sont faits et de tous les liens infimes qui, dans un équilibre sublime, nous constituent. Oui. Et pourtant. Et pourtant l'essentiel nous échappe souvent. Très souvent. Nous comprenons, un peu, comment ça marche mais savons-nous vraiment pourquoi ça marche ? Nous revoilà au cœur de la quête, non plus du bonheur mais de l'existence. Pourquoi être ? Pourquoi nous ? Pourquoi moi ? Et si… Et si je n'existais pas… La probabilité de ma vie est infinitésimale. La probabilité d'être celui que je suis est statistiquement improbable. Pourtant je suis là… Je me confronte à ma vie, à la vie. Je suis. Mais qui suis-je ? Je suis touchée de sentir dans toutes les rencontres cette question fondamentale. Derrière les troubles, les angoisses, les difficultés, cette interrogation existentielle plane. Un enjeu majeur. De vie. D'accomplissement. Comment déterminer ce que l'on est. Comment comprendre qui est l'autre. Comment réduire un humain, un être humain, à ce qui le constitue. Biologiquement. Ontologiquement. Historiquement. Nous sommes des inconnus. À nos propres yeux. Aux yeux des autres. Aux yeux de la science. Une science qui tente de nous comprendre mais qui ne peut que nous découper, puis nous reconstituer. L'être humain que nous sommes est une entité spirituelle. Une alchimie subtile entre le visible et l'invisible. Entre notre corps et notre esprit. Entre la chair et l'âme. Nous sommes des équilibristes sur le fil tendu entre les deux bords de notre existence, avec l'espoir de ne pas tomber, d'avancer. La psychologie doit pouvoir s'emparer de cet enjeu vital : vivre sans savoir pourquoi mais en trouvant comment.

➤ *« Il faudrait que tu voies quelqu'un… »*

Nous avons tous entendu ou prononcé cette phrase. Presque tous. Et personne ne se pose la question sur ce mystérieux quelqu'un. C'est le psy qui est invoqué ici. Il faudrait donc voir un psy. La sentence est tombée. Mais alors se précipite la question suivante, inquiète : « Tu connais quelqu'un de bien ? » Nous y sommes. Ce que je trouve profondément émouvant dans cette demande, c'est tout ce qu'elle renferme d'inquiétude, de peur, d'attentes. Quelqu'un de bien est finalement celui qui va nous rassurer, nous aider. Solidement. Efficacement. Celui qui va, vraiment, prendre le temps, avoir à cœur, de nous entendre, de nous accueillir, dans tout ce que nous sommes, dans ce que nous pouvons en dire et ce qui nous échappe, celui qui saura saisir, parfois entre les lignes, nos doutes, nos questions, nos besoins. Nos besoins profonds.

À l'image de l'oiseau blessé dont on va s'occuper jusqu'à ce qu'il puisse de nouveau s'envoler. On ne le laissera pas de côté, on ne lui reprochera pas d'être résistant à nos soins, on ne lui demandera pas d'attendre, parce qu'il faut du temps, on ne le jugera pas d'être tombé ou de ne pas avoir su se relever, on ne se contentera pas de chercher dans son passé si son nid était bien douillet, on lui réapprendra d'abord à voler… Tant que cette mission de soigner ne sera pas terminée, nous veillerons sur cet oiseau fragilisé et nous nous appliquerons à faire en sorte que sa guérison se produise le plus rapidement possible. Pour raccourcir sa souffrance, pour accélérer son nouvel envol. C'est celui-là le bon psy, c'est celle-là la psychologie qui nous convient.

On a tant entendu sur les psys, sur la psy, que l'on en garde toujours quelques stigmates, même les plus enfouis ou les plus archaïques : suis-je fou ? En ai-je vraiment besoin ?

Est-ce que je ne vais pas partir dans un engrenage dont je n'arriverai pas à me sortir ? Est-ce qu'il va m'obliger à prendre des médicaments ? Est-ce qu'il va me comprendre ? Et comment ça se passe quand on va voir un psy ? Et d'ailleurs quel psy, un médecin, un psychologue, un thérapeute… Celui qui a convenu à ma cousine, à ma voisine, à ma mère… Ou celui dont parle avec emphase ma *cospace* de bureau qui me dit que ça lui a sauvé la vie…

Parce que d'autres pensent aussi que je devrais partir en vacances, changer de boulot et pourquoi pas de mari, ou de femme, ou au contraire partir en amoureux sans les enfants : « Tu verras, y a que ça de vrai… »

Bon, alors, j'y vais ou j'y vais pas ? Est-ce qu'il faut vraiment, dans le fond, que je voie ce quelqu'un ?

Et où, comment, trouver le bon psy ? « Chacun cherche son psy », m'a dit un jour un adolescent en consultation…

Alors que la psychologie est omniprésente, trouver le psy *ad hoc* est souvent compliqué.

« J'ai vu des tas de psys et ça ne m'a servi à rien… » Ils sont nombreux ces patients qui errent de psy en psy, de consultation en consultation, à la recherche d'une aide véritable et qui souffrent de plus en plus. Leur trouble, celui qui les a conduits à pousser la porte d'un psy, est toujours là, conjugué avec un fort coefficient multiplicateur, cette sensation de ne pas trouver l'aide espérée, de ne pas être un bon patient, de se sentir abandonné par une profession qui a démissionné… Bien sûr, certains diront, disent, que leur psy leur a sauvé la vie. Bien sûr, cette généralisation est insolemment abusive. Bien sûr, il existe des psys formidables qui enfourchent leur métier comme des cavaliers déterminés. Bien sûr, la psychiatrie lourde échappe à ce constat. Quoique…

La détresse des familles est souvent aussi très grande. Un enfant en difficulté ? En particulier scolaire ? La ronde des psys peut *commencer : un bilan, un autre bilan, un spécialiste, un autre diagnostic, une nouvelle hypothèse, une nouvelle recommandation, une énième consultation qui dénigre les précédentes, une piste encore différente… Et pendant ce temps, l'enfant… L'enfant qui grandit, l'enfant qui s'enfonce dans le cercle infernal des difficultés, comme avec l'effet domino, tout s'effondre, l'enfant qui perd pied et qui souffre. Un enfant en difficulté scolaire est toujours un enfant qui souffre de ne pas y arriver, de ne pas réussir, même s'il fanfaronne, surtout s'il fanfaronne. Et les difficultés s'aggravent, seront de plus en plus difficiles à traiter. Des difficultés qui se cristallisent et que les remédiations, les rééducations ou autres interventions, auront plus de mal, beaucoup plus de mal, à désamorcer pour restaurer les pleines capacités. Les parents, eux, sont épuisés par ce parcours du combattant jamais balisé, rarement coordonné, et qui parfois, cerise sur le gâteau, les désignera comme les responsables du trouble diagnostiqué. La fameuse faute des mères qui reste le leitmotiv inquiétant de la psychologie officielle française de ce XXIe siècle… Quand un enfant est en difficulté, y compris scolaire, il y a urgence car on n'a pas une seconde chance d'enfance.*

Et puis, pour les parents, l'échec de leur enfant les confronte à un sentiment d'incompétence. « Si je n'ai pas su donner à mon enfant la possibilité de réussir, alors je suis un mauvais parent. » Une équation créée par notre société, et qui est si douloureuse que les parents, souvent, s'effondrent en consultation.

La psychologie doit rester en mouvement, comme la vie

➤ *De la domination de la psychanalyse tu sortiras*

La psychanalyse a été une intuition géniale. L'idée que dans notre inconscient se nichait tout un tas de rouages, de mécanismes, de programmations infantiles qui régissaient nos vies a ouvert la voie à la psychologie contemporaine. Si, si. Freud, ce premier gourou des temps modernes, a concocté sa science dans un contexte culturel, à une époque, dans la Vienne prude du XIXe siècle, où rien ne pouvait s'avouer de son théâtre intime. Forcément un peu honteux. Alors Freud a construit patiemment ce qu'il a lui-même appelé « une fiction de l'appareil psychique » où la sexualité, qu'il nomme libido, occupe – presque – toute la scène. Le désir, les pulsions, la castration sont devenus complexes. Leurs noms, empruntés à la mythologie grecque, nous semblent aujourd'hui si familiers ! Œdipe et Narcisse n'ont pas pu nous échapper, avec tous leurs troubles, régnant dans les méandres de notre psyché peuplée de traumatismes sexuels enfouis et de phases libidinales inachevées. Le refoulement nous a permis d'oublier mais dans nos vies quotidiennes notre passé ressurgit, à notre insu, dans nos lapsus ordinaires ou dans nos souffrances plus profondes. La psychanalyse nous a convaincus que tout se jouait dans le passé et que l'exploration archéologique de nos tendres années pourrait nous délivrer, par les mots, la parole, le verbe, de ces pièges embusqués dans notre enfance.

La psychanalyse s'est ainsi imposée comme le modèle dominant et a imprégné des générations de psys et de patients.

En France principalement, mais aussi en Argentine, la psychanalyse reste encore aujourd'hui la discipline principalement enseignée dans les universités.

➤ *Dessine-moi un psy*

Fermons les yeux. Dans notre représentation, un psy, un peu vieux, souvent barbu – l'image de papa Freud n'est jamais très loin –, allonge son patient sur un divan recouvert d'un velours élimé, se place derrière lui dans une posture de « neutralité bienveillante » pour favoriser la libre association d'idées. Le cabinet est feutré et la lumière tamisée par de lourdes tentures, de velours si possible... Des séances entières peuvent se dérouler dans le silence le plus complet. Le temps n'est pas compté. Le travail psychique a sa propre temporalité...

Nous sommes imprégnés de ces images, notre imaginaire les a superposées à toute la psychologie.

Ainsi, quand on parle d'un psy, qui imagine une jeune femme souriante qui accueille chaleureusement son patient ? Un homme bienveillant qui nous met affectueusement la main sur l'épaule pour nous dire : je suis là, je vais vous aider, ça va aller ? Un psy qui nous pose des questions, nous aide à répondre aux nôtres, s'étonne avec nous de certains événements, questionne sur la réalité de nos vies ? Un psy qui avoue qu'il ne comprend pas toujours tout mais qu'il va chercher, sans relâche, jusqu'à pouvoir nous aider ? Un psy qui accepte, avec honnêteté, que la personne en face de lui est toujours plus grande que sa théorie, toujours plus sophistiquée que ce qu'il pourra saisir de son humanité si complexe. Un psy qui intègre, comme une évidence, que nous sommes tellement plus que ce que nous pouvons en montrer, que notre territoire intérieur est tellement plus vaste que ce que nous pouvons en connaître. Un psy, juste humain.

➤ *« Qu'en pense ton psy ? »*

Qui ne s'est pas posé cette question ? Le mutisme comme règle, la neutralité comme consigne ont transformé ces moments où l'on a tant besoin de la chaleur et de la présence de l'autre en rencontres parfois glaciales. Rappelons-nous en passant que ce n'est pas Freud qui a instauré ces règles : lui-même parlait et échangeait beaucoup avec ses patients qui étaient d'ailleurs aussi pour certains ses amis et sa famille…

La question « Qu'en pense ton psy ? » amène également à ce constat frappant qu'il est chic d'avoir SON psy. En particulier dans les milieux artistiques, culturels, intellectuels. Woody Allen l'a popularisé et le divan s'est imposé, comme *the place to be*. C'est tellement étonnant d'observer cette glorification de la psychanalyse par ceux-là mêmes qui ne vont pas toujours très bien, mais se vantent comme d'un exploit d'avoir passé plusieurs longues, très longues années allongés sur ce fameux divan qui est arrivé aussi à la télé pour bien nous signaler que c'était un passage obligé !

➤ *Quand la psychanalyse s'invite dans la psychologie de comptoir*

Tout le monde emprunte les mots et les concepts de la psychanalyse. En oubliant leurs origines. D'appellations non contrôlées ! On entend fréquemment que chacun a ses névroses. On parle de cette personnalité tellement narcissique. On qualifie cette autre de totalement hystérique. « C'est un psychopathe » est une expression très employée par la nouvelle génération d'ados. On tentera de fuir ce pervers manipulateur. Encore plus s'il adopte les atours de ce pervers narcissique dont on pense avoir tout compris. On s'exclamera qu'untel a fait un transfert sur nous. On avouera avoir des pulsions plus ou moins destructrices[1]... La psychanalyse a infiltré toute notre vie. Nous la conjuguons à toutes les sauces. Nous l'invoquons dès qu'il est question de psychologie. La psychanalyse est devenue un bien culturel français. Le plus souvent nous ne nous en rendons pas compte et il est urgent de retrouver notre capacité de penser la psychologie en dehors des codes, du vocabulaire, des troubles, des pratiques de cette psychologie du passé.

➤ *D'une pensée curieuse et affûtée au dogme devenu figé*

La psychanalyse, à la suite de Freud, s'est considérablement développée. Ils ont été nombreux à se pencher au chevet de cette pensée naissante et à proposer de multiples élaborations, théorisations, conceptualisations pour construire cet édifice imposant. La pensée initiale était riche de promesses mais sa théorisation par ceux qui l'ont érigée en système l'a transformée en dogme. La psychanalyse est devenue l'antre de la pensée psychologique. Une pure pensée, sûre d'elle-même. Pourquoi pas... Mais la psychanalyse n'est-elle pas périmée au vu des besoins et des demandes actuels ? Pouvons-nous encore évoquer, invoquer, des théories jamais validées pour nous aider à vivre nos vies devenues si complexes, pour nous soulager de troubles qui ne sont plus les pathologies décrites par les théories psychanalytiques mais qui appartiennent à une approche multidimensionnelle au croisement de nombreuses disciplines du vivant ?

---

1. Même Yann Moix en parle à la télé comme d'un lieu commun dans une de ses chroniques de l'émission *On n'est pas couché* (diffusée sur France 2 le samedi 26 mai 2018).

Oui, parler fait du bien, quand on nous écoute vraiment, oui, il peut être libérateur de dénicher nos blessures secrètes, mais est-ce suffisant pour nous sortir de nos douleurs, de nos peurs, de notre sentiment de solitude, d'isolement, de notre urgence de vivre ? Urgence d'être des êtres épanouis capables de faire des choix, d'accomplir leurs destins. Et quand le trouble est là, quand la pathologie de l'esprit nous invalide, quand la maladie obstrue notre chemin, le modèle psychanalytique est inopérant. Nous le savons. Nous avons besoin de soins qui ont fait preuve d'efficacité. Qui vont nous soulager et nous rouvrir les fenêtres sur la vie. Sur notre vie.

La psychanalyse nous a initiés, nous pouvons, nous devons nous dégager de ses limites de pensée, tout en lui empruntant l'idée d'une psychologie qui doit rester incarnée. Une psychologie des profondeurs. Des profondeurs de l'âme.

➤ *En avant toute !*

Les sciences, et en particulier les neurosciences, ont permis des avancées spectaculaires et parfois étonnantes, ouvrant de nouvelles pistes prometteuses pour comprendre ce qui se passe dans cette fameuse boîte noire qui dirige nos vies.

Nous avons aujourd'hui les moyens de comprendre, un peu mieux et sans doute moins que demain, les arcanes de notre psyché, de nos pensées, de nos émotions, de nos comportements. Et l'inconscient commence à nous livrer ses secrets, ceux que la science a validés. Il nous faut avancer. Intégrer. Nous projeter. Nous ne pouvons rester sous le sacre de la pensée unique et nous devons comprendre que le mouvement est la seule possibilité pour faire évoluer les idées, les mentalités. Nous devons assimiler les théories proposées par tous les nouveaux courants de la psychologie du siècle dernier et ouvrir grand les bras à ce qui se profile aujourd'hui. André Malraux en avait eu l'intuition, l'évolution actuelle de la psychologie semble lui donner raison : « Le XXIe siècle sera spirituel ou ne sera pas[1]. » L'idée n'est pas religieuse, sûrement pas, mais introduit cette alchimie humaine dont le tout est indissociable de ses parties. Un tout qui transcende le corps, le cœur, le cerveau. Un tout qui nous dépasse. Un tout qui ne peut faire abstraction de rien. D'aucune parcelle qui nous compose. Tout est nous. Nous sommes tout. La dimension sacrée du tout.

Quand on a besoin d'être aidé, quand on se pose des questions sur soi, quand on cherche un éclairage sur son chemin, quand l'heure est aux choix, quand la souffrance cogne sur nos cœurs, quand les questions s'emballent dans nos têtes, quand notre corps souffre, quand notre tête menace d'exploser, la psychologie doit être cette grande dame, un peu solennelle, toujours bienveillante, les bras grands ouverts et l'intelligence à l'affût. Une psychologie qui embrasse tout ce qu'elle peut intégrer pour comprendre, soulager, faire avancer.

➤ *Les courants psychologiques ont fait des vagues*

D'autres approches, d'autres compréhensions sont venues enrichir notre paysage psychologique, de nombreuses thérapies ont été conceptualisées. Certaines se sont beaucoup développées : la Gestalt, la thérapie humaniste et existentielle, la thérapie systémique, l'hypnose… D'autres se sont imposées, celles les mieux validées, comme les thérapies comportementales et cognitives, et sont devenues les thérapies les

1. Cette citation attribuée à Malraux et souvent rapportée n'est probablement pas tout à fait sa phrase mais en traduit l'essence.

plus populaires. Mais leur suprématie règne principalement dans les pays anglo-saxons, où la psychanalyse est considérée comme un passage fécond de l'histoire des idées.

Ces nouveaux courants de la psychologie, nés au milieu du siècle dernier, se sont d'abord appuyés sur les observations du comportement. On se souvient de Pavlov et de son chien, l'ancêtre de ce qui sera ensuite théorisé sous le terme « conditionnement opérant ». Avec cette idée, qui occupera longtemps la place centrale des courants de la thérapie d'abord comportementale puis cognitive, que l'on peut modifier une pensée, une émotion et un comportement en repérant et analysant les schémas dysfonctionnels que nous avons gravés depuis longtemps. Le trio américain Skinner, Beck et Ellis[1] a été précurseur d'une approche psychologique plus pragmatique, et ces derniers ont été les premiers à faire une percée pour changer notre regard et nos pratiques psychologiques.

Depuis une vingtaine d'années, les psychologies de la troisième vague, après le courant comportementaliste puis cognitiviste, emportent quelques certitudes dans leurs flots et proposent de surfer sur nos émotions et nos pensés plutôt que de chercher à les modifier. C'est la psychologie de

---

1. Les thérapies comportementales et cognitives s'appuient principalement sur trois figures centrales. Le premier, Burrhus F. Skinner, place dès 1953 le conditionnement opérant au centre de ses travaux et démontre que nous vivons sous l'influence de comportements reproduits et acquis. Puis entre 1950 et 1960, ce sont les pensées, les cognitions qui seront mises en première ligne par le psychiatre Aaron Beck qui s'intéresse à la dépression. Son échelle d'évaluation, « Beck Depression Inventory », est encore utilisée aujourd'hui. Pour Beck, ce sont les pensées qui déclenchent nos émotions et certains de ces « schémas » sont à l'origine de troubles psychologiques et/ou psychiatriques. Repérer et modifier la pensée dysfonctionnelle permettrait de rétablir l'équilibre. Albert Ellis apportera une touche complémentaire : selon lui, les perturbations psychiques sont le reflet d'un dysfonctionnement dans la manière de penser ou d'appréhender le monde sur la base de croyances erronées. L'ensemble de ces thérapies, regroupées sous le terme TCC, sont un des courants les plus solides et les plus congruents de notre psychologie contemporaine déjà presque ancienne…

l'acceptation : je vis avec ce que je suis, mais je peux l'observer, ne plus être le jouet de mon brouhaha mental, de mes émotions, et je retrouve un espace de liberté. Je deviens conscient de ce qui m'anime et je peux m'engager pour les valeurs qui sont les miennes. La clef ? Se relier à l'instant présent.

Je m'arrête de lire. Je peux fermer les yeux un instant et ramener mon attention sur tout ce qui se passe en moi. Comme si je faisais ma météo intérieure. Que se passe-t-il à l'intérieur de moi, à cet instant ? Quel est l'état de mes pensées, de mes émotions, de mes sensations corporelles ? Juste là, juste maintenant.

Cette fameuse méditation de pleine conscience nous entraîne à la prise de conscience de ce qui se trame dans notre inconscient ! Pas pour l'analyser, pas pour le changer, pas pour lutter contre ce qui ne nous convient pas, pas pour vagabonder dans une rêverie solitaire, mais pour être plus engagés dans nos vies, plus ouverts, plus présents. Retrouver notre moi véritable, nos besoins intimes, nos quêtes de sens. Nous approprier nos vies et ne plus passer à côté de nous-mêmes comme un automate autoprogrammé. La méditation est une forme de libération de soi. C'est sans doute pour ces raisons qu'elle est vite devenue populaire. Se trouver, se retrouver, apprendre à s'aimer, s'ouvrir à soi pour mieux s'ouvrir aux autres et ressentir que nous sommes tous partie d'un grand tout qui nous dépasse et nous réunit. Dans le fond, au fond de nous, dans le secret de nous-mêmes, nous avons tous la même histoire, l'histoire de la vie. Tout le reste est l'emballage collectif et individuel dans lequel nous sommes entortillés et quelquefois étouffés. C'est tout. C'est beaucoup. Cette troisième vague forte, dynamique, énergique a donné naissance à des formes de thérapies plus vivantes et engagées (comme l'ACT, thérapie d'acceptation et d'engagement).

Je pense que nous sommes au début de ce nouveau chemin et que la psychologie doit être attentive à se saisir de la force de ces pratiques comme un ingrédient décisif de toute forme de thérapie. La méditation, cette forme de méditation vivante et laïque, si elle n'est pas, en soi, une thérapie, contient une puissance qui ne doit pas échapper à la psychologie. Une puissance qui permet de retrouver l'essence de soi, qui nous ouvre les portes de notre liberté. Une puissance qui est intimement la nôtre. Notre puissance vitale.

La guerre des chapelles ne peut plus avoir lieu

➤ *Quand la culture judéo-chrétienne montre encore le bout de son nez*

Pour moi, une chapelle est une petite bâtisse romane, sobre, épurée. Un clocher qui s'élève paisiblement vers le ciel, une cloche en bronze. Autour, la campagne. Peut-être des moutons qui paissent, sereinement. Une chapelle comme un havre de paix, comme un indice de pause, comme le lieu où la foi peut s'élever vers les cieux, au plus haut des cieux. Un lieu préservé, un lieu sacré, un lieu de respect, de partage, d'amour...

Mais les chapelles dans le monde des psys désignent plutôt des bunkers, des endroits barricadés, sans ouverture vers l'extérieur et sans possibilité d'y pénétrer si l'on n'a pas le sésame secret. Le mépris sera parfois de mise si on tente de s'en approcher : non, pas vous, vous n'êtes pas digne de pénétrer ; vous n'êtes pas consacré. Dans la chapelle d'à côté, car les chapelles sont de plus en plus nombreuses, même ambiance d'entre-soi, de rejet, de club fermé. Certaines, comme dans toutes les religions, sont plus accueillantes, plus généreuses, plus ouvertes. Parfois elles cherchent des ouailles aussi. C'est indigne, cette guerre des chapelles, indigne de la psychologie !

➤ *Ouvrons grand les portes vers l'humanité*

Cet ostracisme me paraît à l'encontre du cœur de notre métier, de notre mission. Aucune théorie, aucune approche, aucune pratique clinique ou thérapeutique ne peut exclure les autres et prôner sa supériorité. Son exclusivité. Il ne peut pas exister d'impérialisme quand on parle d'être humain en souffrance. C'est un intérêt supérieur qui doit nous mobiliser, ensemble, et non pas imposer à l'adulte, à l'enfant, un défilé de théories, d'hypothèses, de diagnostics, qui s'appliqueront à dénigrer les avis ou professionnels précédents plutôt qu'à poursuivre le but suprême : prévenir, aider, soulager, soigner.

Comment accepter que les psys ne voient d'abord que la défense de leur communauté ou, pire, de la chapelle de leur propre ego ?

Au centre, le patient assiste désemparé à ce défilé insensé et désordonné de ceux convoqués à son chevet. Ils ne sont pas d'accord, ils ne se parlent pas... Et moi, et moi, et moi ?

➤ *Les parents dehors !*

Encore une aberration. Les parents, scoop suprême, sont... les parents ! Donc les premiers concernés par la souffrance de leur enfant, et ceux qui peuvent aussi faire le lien pour rabibocher les différents épisodes de l'histoire de son développement, de sa vie et de ses difficultés. Mais, ô étrangeté de cette planète psy, il leur est demandé de surtout rester à la porte du cabinet. Les parents sont d'abord tenus pour suspects. Ils sont subjectifs, forcément ! Ils vont donner leur avis sur la situation, heureusement ! Ils vont déverser leur inquiétude, naturellement ! « Cela se passe entre votre enfant et moi. – Oui, mais si je vous raconte deux ou trois événements, ce qu'ont dit d'autres professionnels, ce qui s'est passé juste avant, cela faciliterait, non ? – C'est mieux que cela reste entre votre enfant et moi. » Fin de non-recevoir. La victime ? L'enfant. Même si on le pense grand ! Le coupable ? Le professionnel qui, sous un prétexte incompréhensible, a la conviction ancrée qu'il ne peut travailler qu'isolé de la réalité. Ou alors est-ce de l'indifférence aux inquiétudes légitimes des parents ? Ou encore son propre sentiment d'incompétence qu'il n'ose avouer ? Ou sa certitude d'avoir raison envers et malgré d'autres avis professionnels ? Est-ce raisonnable, acceptable ?

Je trouve cette posture violente et peu respectueuse, et des parents, et de l'enfant, et surtout de notre métier.

➤ *Mais où se niche l'intelligence collective ?*

Il est très facile de comprendre, de conclure, de déduire que la complexité de l'être humain et de ses problématiques est déjà si grande, et les voies de la guérison parfois si difficiles à dégager, que l'intelligence collaborative doit s'imposer. Nous sommes chacun au service du patient. Nous sommes tous au service du patient. Et de sa souffrance. Et de ses difficultés. Et de notre engagement pour l'aider.

La communication entre les praticiens, leur collaboration effective autour du patient devraient être la règle, absolue, incontournable, impérative, pour qu'une convergence se fasse dans une perspective thérapeutique, qui se construit – quelle qu'elle soit – ensemble.

À l'heure où, dans tous les domaines, on vante et généralise les vertus de la transversalité, de la coopération, où on constate les bienfaits de la transdisciplinarité, l'un des domaines scientifiques, humainement scientifiques, les plus complexes qui puissent exister en refuserait le principe ?

Si les notions d'équipe thérapeutique, de transmission, de collaboration, de soutien, de travail coordonné, intelligemment coordonné, ont un sens, la psychologie est bien le lieu, entre tous, où l'intelligence collective devrait être plébiscitée par tous, pour le bien de tous !

La psychologie a des obligations d'efficacité qu'elle ne peut plus ignorer

➤ *Il est venu le temps de la vie*

La psychologie ne peut plus ignorer le temps auquel elle appartient. Il n'existe pas un temps de la réalité psychique déconnecté du temps de la vie. On ne peut pas, on ne doit pas faire semblant de ne pas se préoccuper de ce qui se joue en dehors du temps de la consultation. On ne peut plus se rassurer sur des prétextes fallacieux de temporalité psychique qui primerait sur la réalité du temps qui passe. C'était une idée romantique de Freud, intéressante en son temps, pour évoquer ce « travail psychique » considéré comme nécessaire et qui avait ses propres règles spatio-temporelles.

Il est venu le temps d'aujourd'hui et de ses impératifs, de ses nouvelles règles, de son nouveau décor.

Le temps est cet espace programmé, court, entre la naissance et la mort. Le théâtre de nos vies, où se joue notre histoire et dont nous sommes les acteurs. Nous ne pouvons en psychologie ni ignorer les impératifs, les échéances, les enjeux de la vie réelle, celle de notre patient, ni minimiser la souffrance, ni négliger le handicap provoqué par la difficulté rencontrée, ni marquer la moindre indifférence vis-à-vis de l'impérieuse nécessité d'aller mieux, d'aller bien.

➤ *Et pendant ce temps-là…*

Pendant ce temps-là la psychologie fait encore semblant. Semblant de considérer que sa science ne peut se revendiquer de la nécessité de résultats, de preuves, de validations. Semblant de croire et de vouloir faire croire que ce qui est important c'est le travail, psychique s'entend. Et que ça prendra du temps. Quel temps ?

> *« Ça avance », entendront souvent les parents qui, légitimement, demandent au psy des nouvelles de la prise en charge de leur enfant. Trois ans se sont déjà écoulés, l'enfant a commencé sa thérapie à 7 ans, en CP, il va bientôt entrer au collège, ça avance donc, mais, vers quoi, pour aller où, pour arriver quand ? « Ce n'est pas la question », répond, péremptoire, la psychologie.*

La psychologie fait partie des sciences humaines. Une science même dite « humaine », justement parce qu'elle est humaine, aux applications hautement humaines, ne devrait jamais s'éloigner beaucoup de l'idée de résultats. Or la psychologie se tient encore trop à distance d'une notion clef :

celle de l'évaluation. Rien ne justifie qu'une discipline comme la psychologie ne se penche pas davantage sur ses résultats auprès des patients. Sur son efficacité. Chacun doit savoir ce que la psychologie peut concrètement lui apporter. Chacun doit avoir cette visibilité. Chacun doit comprendre ce qui va se passer et quels sont les intentions, les objectifs, les améliorations espérées.

➤ *Le village gaulois de la psychanalyse ou l'exception française*

Il n'aura échappé à personne que la psychanalyse résiste fermement à l'envahisseur et que se sont clairement dessinés deux camps dans le paysage thérapeutique français, entre les psychanalystes, au sens large, eux-mêmes ne formant pas une communauté très soudée, et les tenants d'une psychologie plus scientifique, plus pragmatique, et qui s'appuie sur les avancées de la recherche et des études scientifiques.

Les batailles sont parfois âpres entre ces deux camps car, malgré la domination en nombres et la publication exponentielle d'études validant telle ou telle prise en charge, le petit village de la psychanalyse défend farouchement sa potion magique. Magique ? Oui, ils le disent mais refusent qu'on le prouve. Quantifier les effets de la cure analytique ? Quelle horreur, ce n'est pas du tout envisageable, cela irait à l'encontre même de son essence ! La noblesse de la psychanalyse, qui, je le rappelle, n'est pas celle de la psychologie, refuse cette intrusion dans son antre.

➤ *Revenir dans le cours de sa vie*

Sortir de l'analyse au bout de vingt ans peut faire ressembler au prisonnier qui ouvre les portes de son pénitencier qui s'étaient refermées sur lui à une époque révolue de sa vie.

Se dire *je vais mieux* (dans le meilleur des cas !) après vingt ans de psychanalyse revient à considérer que le temps, le vrai, ne s'est pas écoulé. Avec le temps, va, tout s'en va… et probablement que les peurs que l'on avait à un moment de nos vies se sont transformées au fil de nos parcours… Nous avons changé, évolué et vieilli, après deux décennies de vie. Avec ou sans psychanalyse. Et nous avons obligatoirement changé, évolué. Nous avons compris, appris, intégré tant d'autres choses. Le temps ne s'est pas arrêté à la porte du cabinet feutré… *Last but not least*, le monde aussi a changé. Les vestes avec épaulettes des années 1990 ne vous donneront pas plus de chances de vous réintégrer avec fluidité, votre Nokia modèle 100 pourra continuer à lancer des appels, sans être connecté, vous serez largué, tout le monde sera au courant de la dernière *news*, de la plus futile à la plus catastrophique, alors que le *Journal de 20 heures* n'aura pas commencé, car les réseaux auront bruissé et déversé à la milliseconde près les sons et les images que tout le monde aura captés…

Méfions-nous de cet enfermement du patient dans un temps figé qui le coupe de la réalité et de sa nécessité de vivre. Maintenant. Pas plus tard, pas après. Après quoi ? C'est dangereux d'extraire le patient de son contexte et de ses enjeux et de l'immobiliser dans un temps psychique qui ne peut exister sans prise avec la réalité, sans s'intriquer au mouvement de la vie qui va et devient, y compris au cœur de nos cellules.

Je ne peux m'empêcher de penser à ce jeu virtuel, Second Life, où le joueur mène une vie parallèle et où l'on parle de real life *pour désigner la vraie vie, la nôtre. Avec ce piège que nombreux connaissent, et en particulier les parents d'ados scotchés devant les écrans : la vie hors de la réalité semble parfois plus passionnante que celle du quotidien, plus exaltante. Et dans cette vie virtuelle on devient le héros. Un peu comme en psychanalyse ?*

➤ *Quand l'évaluation est enfin rendue possible*

À côté de cette résistance de la psychanalyse – le mot lui va bien ! –, de nombreuses approches thérapeutiques parmi celles considérées comme « officielles » ont largement joué le jeu de l'évaluation. Des protocoles ont été validés, des critères d'inclusion bien déterminés, des symptômes clairement répertoriés et les conclusions sont tombées. Par exemple, on sait aujourd'hui qu'une TCC (thérapie comportementale et cognitive) a une efficacité démontrée pour les dépressions ou les phobies. Que l'EMDR (thérapie par mouvements oculaires) vient le plus rapidement à bout des patients souffrant d'un traumatisme identifié. On sait aussi que c'est en associant TCC et traitement médicamenteux qu'un trouble TDA/H (trouble de l'attention avec ou sans hyperactivité) sera le mieux soulagé, et que le médicament seul n'est pas suffisant, ni la thérapie seule d'ailleurs. En tout cas, ce sont les études qui le confirment. Le grand sujet de l'autisme est aussi celui qui fâche le plus entre les tenants du tout-biologique et ceux du tout-psychodynamique, mais l'autisme est-il une maladie que l'on doit guérir ou une organisation singulière de la personnalité que l'on doit accompagner pour donner à celui qui porte ce trouble le maximum de chances de s'adapter et de vivre, au mieux, dans notre société compliquée ?

Je ne vais pas décliner tout ce qui a pu être proposé pour tenter de mettre un peu de raison et de solution dans ce vaste chantier. Les recherches se multiplient et c'est tant mieux. Même s'il faut être prudent et ne jamais oublier que la carte n'est pas le territoire et que, si le symptôme s'est amélioré, il ne faut pas laisser tomber d'autres pans de la personnalité qui auraient pu être touchés. Toujours intégrer l'ensemble de l'humain, ce qu'il vit à l'intérieur et dans tous ses recoins, ce qu'il vit à l'extérieur, dans tous les enjeux de sa vie. Le trouble est un élément de l'ensemble, la thérapie vise à relancer la vie, toute la vie. Le tout humain.

L'enjeu du soin psychologique est un enjeu majeur de santé publique : en 2020 les troubles psychiques seront la deuxième cause mondiale d'incapacité[1]...

➤ *Être efficace, absolument*

Si tous les psys pouvaient se donner la main, se regarder droit dans les yeux et se remettre en question, ce serait une révolution !

Si, plutôt que de s'arc-bouter sur des prés carrés réservés, jalousés, des ponts se construisaient entre une approche et une autre, entre la clinique et la recherche, entre la médecine et l'âme, entre les intelligences des uns et le pragmatisme des autres, entre les neurosciences et la science de la conscience, entre le cognitif et l'affectif, les patients ressortiraient gagnants, la profession en sortirait grandie.

Observer, analyser, valider ce qui fait du bien, à qui, pourquoi. Ce qui fonctionne dans telle approche. Oublier des théories ou des pratiques qui ne montrent aucune efficacité.

1. Rapport sur la santé dans le monde, Organisation mondiale de la santé, 2001.

Intriquer, associer, tricoter avec celles qui ont fait leurs preuves. Comprendre ce qui marche et comment le généraliser.

Donnons à chacun une grille lisible de qui fait quoi et pourquoi. Admettons que l'échec n'est pas à imputer au patient mais que nous en sommes responsables et que cette responsabilité est immense face à la souffrance humaine devenue tentaculaire et en constante augmentation. C'est à nous de « prendre en charge » au sens propre, de soulager du fardeau, de porter ce poids qui entrave la vie du patient et de l'en débarrasser, de toutes nos forces, avec toutes nos compétences, du mieux possible. C'est un enjeu de santé publique auquel nous ne pouvons plus nous dérober.

Aller voir un psy ? Rien que cette phrase suscite l'inquiétude tant on ne sait jamais bien à qui s'adresser, tant il est difficile de séparer le bon grain de l'ivraie, tant on est inquiet de la réelle utilité. Est-ce que ça va marcher ? Et qu'émerge la sournoise culpabilité : pourquoi n'y suis-je pas arrivé ?

La nouvelle psychologie est arrivée !

En 2001, 5 % des Français consultaient un psychothérapeute, en 2017, ils étaient 31 %. Un Français sur trois a déjà fait appel à un psy[1]. Et, contrairement à ce que l'on pourrait penser, cela concerne tous les milieux sociaux. La psychologie doit s'adapter à cette évolution qui devient exponentielle. Les psychothérapies qui avaient pour objectif central de guérir la maladie psychique doivent aujourd'hui répondre et accompagner le plus grand nombre dont la plainte aux multiples visages s'articule autour du « mal de vivre » et du besoin profond de « vivre mieux ».

Pour assumer cette mission, une mission qu'elle a acceptée, celle de prévenir, de soulager, d'aider, de soigner, d'accompagner, la psychologie a besoin d'un nouveau souffle, d'une nouvelle vie, d'une nouvelle dynamique. La psychologie doit se réinventer.

Parler de nouvelle psychologie n'est pas proposer un nouveau courant de pensée, de nouvelles théorisations, un nouveau soubassement conceptuel. Parler de nouvelle psychologie,

1. Étude réalisée par l'institut YouGov France du 14 au 15 juin 2017 auprès d'un échantillon de personnes représentatives de la population française de 18 ans et +, selon la méthode des quotas.

c'est proposer une dynamique constructive, proactive, vivante, actuelle de faire de la psychologie.

La nouvelle psychologie est celle qui s'inspire de ce qui a été, qui puise dans ce qui est, qui intègre ce qui est en train d'advenir et qui se positionne comme une pratique engagée, ancrée dans la réalité, concernée par ce qui se joue pour l'autre et ce qui se déroule dans la société. C'est une psychologie en mouvement qui n'arrête pas d'évoluer, de s'ajuster, de se remodeler.

La nouvelle psychologie ne peut être que flexible, souple, intelligente. Intelligente car elle ne se ferme à rien mais reste lucide sur tout.

La nouvelle psychologie est assurément un enjeu de posture : un psychologue, un psychothérapeute a une formation solide qui consolide ses assises théoriques et pratiques, a une conscience aiguë de la complexité de l'être humain, ouvre grand son cœur et son regard pour toujours envisager l'autre dans sa multiplicité, dans son unicité. Nous sommes uniques mais pluriels, nous sommes singuliers mais multifacettes. Tout ce que nous vivons, tout ce que nous pensons, tout ce qui nous anime, tout ce qui nous touche, tout ce qui nous blesse, tout ce qui nous rend heureux, tout ce qui nous lie, aux autres, à la vie, est une immense et majestueuse toile d'araignée aux fils à la fois souples et solides, mais surtout, précisément, tissés les uns avec les autres. C'est cette toile qui est notre identité, qui ne peut être appréhendée que dans ses arabesques intriquées. Un fil n'a de sens que relié à un autre. Considérer le tout, toujours, mais sans jamais négliger la partie qui peut être modifiée, remaniée, redessinée.

La nouvelle psychologie s'articule sur un socle de convictions qui suppose que le passé fonde notre identité mais que pour vivre il faut dépasser celui-ci, que la psychologie ne doit pas seulement s'attarder sur nos difficultés mais changer de focus pour s'intéresser aussi, parfois surtout, à toutes nos ressources, celles qui sont là et que l'on oublie souvent. La nouvelle psychologie affirme que seules une approche et une pratique intégrative et ajustée peuvent apporter l'aide espérée, que l'engagement total et inconditionnel du psy est l'impératif absolu qui change totalement et profondément le *modus operandi*, et que cette psychologie se doit d'entretenir sans relâche la culture du résultat, en restant en tension vers ce qui fonde ce métier : aider, vraiment, et que cela soit objectivable, absolument. Faire tout ce que l'on peut, du mieux que l'on peut. Et aller au bout de cela.

La psychologie est un métier, un noble métier !

➤ *La grande farfouille*

À force d'être banalisée, la psychologie a perdu de son essence. De son identité. La psychologie ne peut être confondue ni avec le développement personnel, avec lequel elle entretient un cousinage d'intention, ni avec la jungle des offres psys en tout genre qui sont parfois à mille lieues de toute psychologie habitée. Mais elle doit, absolument, les rassembler, les intégrer, dégager ce que chacune peut apporter.

C'est aussi la mission de la psychologie d'analyser cette offre de prêt-à-consommer dont regorge aujourd'hui le marché de la psychologie. Il ne s'agit pas de dénigrer mais de se saisir de cette époque qui demande à la psychologie de devenir « grande ». Comme si, après les balbutiements des premiers pas et des premières compréhensions maintenant dépassées, d'une adolescence désordonnée qui, comme le veut cette période, est partie dans tous les sens et a généré l'abondance de ces thérapies à tout faire, était venu le temps des cathédrales, celles, solides, dignes, robustes, qui abritent tout ce qui peut et doit faire entrer la psychologie dans un nouveau millénaire. En restant fidèle aux exigences de son art. Une psychologie mature.

➤ *Au cœur de la psychologie*

C'est probablement l'enjeu. Proposer une psychologie de notre époque mais qui ne se dilue pas dans des courants sans fond, dans une psychologie tentaculaire où le thérapeutique est devenu bonne à tout faire. La psychologie est au cœur du réacteur de ce qui nous fait vivre, penser, aimer, ressentir, agir, nous accomplir. Elle ne peut pas se brader.

La psychologie est une discipline fondamentale. Un métier sérieux, rigoureux, exigeant, difficile. Un métier qui s'appuie sur un socle de connaissances, de compétences, de pratiques encadrées, validé par un diplôme universitaire, un diplôme d'État. La psychologie est une science confirmée par des recherches, des travaux, des études. La psychologie ne peut s'improviser que lorsqu'elle a été longtemps étudiée. L'improvisation est un art qui ne peut venir de nulle part.

Être psychothérapeute est, en France, un titre protégé, que seuls ceux qui ont été solidement formés pourront proclamer. Mais de nombreux dérivés s'échappent des filets et une jolie plaque dorée peut facilement se visser. Un thérapeute, un psychopraticien, un coach – et il en existe en tout genre… – sont toutes ces pratiques d'appellation non contrôlée qui peuvent proposer un florilège de soins, d'accompagnements, de techniques dont on ne sait parfois pas bien s'ils sont autoproclamés ou si une formation solide les rend légitimes. Le paysage psychologique est troublé. Et le parcours est périlleux pour celui qui a besoin d'être aidé.

Souvent, en consultation, les patients m'avouent, toujours un peu gênés, qu'ils ont vu un énergéticien, un câlinothérapeute, qu'ils ont pratiqué la sylvothérapie[1] et que ça leur a fait un bien fou, à eux ou à leur enfant. Eh oui, je suis d'accord avec ça et je réponds toujours qu'ils ne doivent pas s'en excuser et que je suis pour, totalement pour, tout ce qui peut soulager ! C'est aussi cela le métier de la psychologie, la capacité à reconnaître que ce que l'on ne connaît pas ou ne comprend pas n'est pas forcément critiquable ou mauvais. Ne pas rejeter, rester humble. Nous avons encore tant à apprendre, à comprendre. Du monde visible, du monde invisible. Tout ce qui relève du psychologique est moins tangible que ça en a l'air. Il reste grand le mystère de la vie !

Mais la psychologie doit rester au centre, au centre de l'humain. C'est à la psychologie de réguler, c'est elle sur qui on doit pouvoir compter sans négliger tout autre apport qui viendrait l'enrichir et la déployer. Même le terme *guérisseur* pourrait être celui de la psychologie, ceux qui guérissent l'âme. Guérir ne veut pas dire que tout est fini mais que tout peut commencer.

Astrid est une amie. Thérapeute. Elle s'est formée à la kinésiologie et à d'autres techniques de thérapies énergétiques. Elle reçoit des personnes en souffrance, adultes comme enfants. Elle soigne, dit-elle, les traumatismes émotionnels et rétablit les équilibres du corps et du cerveau. Soit. Cela fait du bien à certains. Vraiment du bien. Nous avons un patient en commun, que j'ai vu pour des difficultés lourdes. Antoine est psychotique, son parcours est douloureux. J'appelle Astrid pour échanger. Je lui précise la pathologie

---

1. La thérapie par le contact avec les arbres. Aussi appelée « bain de forêt » au Japon.

de ce jeune adolescent attachant. Elle ne sait pas de quoi je parle. Ne comprend pas ce que je lui évoque du tableau clinique, des particularités de fonctionnement d'Antoine. Astrid, sans aucune formation en psychologie ni en psychopathologie, mettait des mots banals sur une pathologie qui ne l'était pas. Parfois cela peut être dangereux. Très dangereux.

C'est quand même un défi insensé de se retrouver confronté à la souffrance humaine. C'est immense la souffrance humaine ! Tellement immense ! Unique aussi, propre à chacun, toujours à peu près similaire, jamais tout à fait pareil. Les risques de passer à côté sont considérables. Il faut avoir une formation solide, des compétences solides, une personnalité solide, et ne jamais se sentir seul, coupé de sa communauté professionnelle… Tous ces psys, chaque jour, confrontés à un tel défi !

➤ *Une psychologie qui se transmet*

Je trouve bien étrange que la psychologie, toute la psychologie, reste l'apanage des « sachants ». Nous savons tant aujourd'hui de ce qui anime nos corps, nos esprits, nos états d'âme. Nous avons tant appris sur les rouages subtils qui régissent nos comportements, nos attitudes, nos émotions. Nous devons sortir de nos cabinets et diffuser. Divulguer. Transmettre. Partager ce que la psychologie peut apporter de concret dans la vie quotidienne. Dans la « vraie vie des gens ».

C'est, pour moi, une des missions de cette nouvelle psychologie. Il est tellement plus facile de vivre sa vie quand on sait, quand on a compris, quand on peut décoder, pourquoi on agit comme ceci ou comme cela, ce qu'est une émotion et la façon dont nous la transformons en sentiment durable, les mécanismes qui nous conduisent à changer ou à reproduire à l'infini le même comportement, si douloureux soit-il, les ressorts qui permettent de s'affranchir du regard des autres ou de la procrastination mortifère, les ingrédients qui nous mettent du baume au cœur et nous donnent du courage à revendre... La psychologie sait tout cela, et c'est essentiel que chacun puisse s'emparer de ces connaissances décisives. Mais à une seule et unique condition : simplifier sans devenir simpliste. La frontière est ténue entre les deux : la vulgarisation nécessaire, la proximité essentielle ne doivent pas nous faire basculer dans une psychologie du dimanche.

Nous en avons un exemple intéressant avec les neurosciences cognitives, la science du cerveau, qui permettent à l'enseignement scolaire de s'enrichir de multiples apports. Ou avec les neurosciences affectives qui, en nous éclairant sur le développement de la sphère émotionnelle du petit enfant, nous aident à mieux ajuster la parentalité.

En restant prudent. Ne pas confondre la transmission et l'injonction. Ne pas faire tomber le monde dans de nouveaux diktats imposés par la science : être un bon parent, un bon prof, un bon manager, un bon partenaire amoureux... une *feeling good* personne au risque de devenir *persona non grata*... Ne pas échanger un « devoir » contre un autre, plus séduisant dans sa forme mais tout aussi réducteur dans son fond.

Et éviter de déployer le grand supermarché de la psychologie et du bonheur obligatoire. Le piège pourrait se retourner en son contraire. Avec cette idée lancinante que, puisque j'ai maintenant tous les outils pour être heureux, je dois afficher une mine réjouie et vivre une vie épanouie. Au risque de me sentir, une fois encore, coupable... Ce n'est vraiment, vraiment pas l'intention.

La psychologie, entre savoir-faire et savoir-être

➤ *La première rencontre, la porte d'accès à l'infini de l'autre*

Première consultation. Les parents s'effondrent en larmes quelques minutes après s'être affalés dans les fauteuils face à moi. Ils se reprennent, s'excusent de leur débordement émotionnel et prennent la parole, comme en apnée. Dans une cacophonie que je devrai réguler. Ils ont ce besoin immense d'exprimer leur désarroi, leur sentiment d'impuissance et de culpabilité : « On a tout essayé, on a tout fait, et on n'en peut plus... » Leur fille de 7 ans hurle à la moindre contrariété, se roule par terre alors que tous les livres disent qu'elle a dépassé l'âge et que de toute façon les caprices n'existent pas. Elle refuse de manger si le chat n'est pas à ses côtés, s'arrête dans la rue quand elle l'a décidé et, pour des motifs variés, souvent farfelus, rien ne peut plus la faire avancer. Lilas part à l'école avec son « bébé », son doudou, alors qu'en CE2 la maîtresse ne le tolère plus. Ah oui, et elle ne supporte pas son petit frère qu'elle harcèle avec acharnement.

Bien sûr, le trouble oppositionnel de l'enfant existe dans les codes du DSM[1]*, et tant mieux, je vais pouvoir m'y référer pour déculpabiliser les parents. J'ai une première porte d'entrée. Je peux déjà poser avec eux les contours de ce qui va pouvoir être fait. Surtout, cette première consultation va permettre plusieurs choses importantes : rassurer les parents de Lilas, leur dire qu'ils ne sont pas les grands responsables de cette difficulté avec leur fille, que je comprends et que c'est normal que ça les épuise, qu'ils ont fait tout leur possible, avec amour, que le problème actuel les dépasse et qu'ils peuvent être fiers de tout ce qu'ils ont tenté, de leur couple, solide, qui a résisté...*

---

1. *DSM, Manuel diagnostique et statistique des troubles mentaux.*

Je vais aussi montrer aux parents, là, à ce moment précis de la consultation, tout ce dont leur petite fille est capable : faire un puzzle compliqué, ne pas tout envoyer balader quand une pièce ne s'emboîte pas, rester calme et chercher celle qui pourrait convenir, accepter sans broncher que l'on ne s'intéresse pas à elle sans relâche. Lilas sent que quelque chose d'important se passe. Je la regarde souvent. Non pas comme une enfant insupportable mais comme une petite fille perdue, que je respecte profondément. Je lui souris. Elle sent cette bienveillance authentique. Je crois qu'elle se sent rassurée. Je vais aussi parler aux parents de l'amour qu'ils ressentent pour leur fille, envers et malgré tout. Je leur propose de le sentir vraiment en se reliant, là, avec moi, à cet amour inconditionnel qu'ils ont ressenti à la naissance de ce bébé tant désiré. Cet amour fou. Nous faisons ensemble, yeux fermés, un exercice de quelques minutes où j'accompagne les parents au fin fond de leurs sensations. Les parents ont les larmes aux yeux, moi aussi, tant ils se sentent reliés à cet amour qui transcende tout. Je vis avec eux ce qui se joue dans leur corps, je le perçois dans le mien. Nos corps à l'unisson. Lilas les regarde, les yeux écarquillés ; elle a suspendu toute activité. Elle est vraiment là avec nous. Je la prends sur mes genoux en continuant à parler avec ses parents pour qu'ils se sentent soutenus, accompagnés.
Un patient sur les genoux est-ce éthique ? Oui, quand cela permet de faire avancer tous les protagonistes de cette consultation sous haute tension. Je m'engage avec eux, avec cette petite fille qui a peur. Peur de ne pas être à la hauteur, peur de décevoir ses parents, peur de ne pas parvenir à maîtriser tout ce qui, bien évidemment, lui échappe.
Nous en parlons avec les parents. C'est moi que Lilas regarde maintenant. Elle n'a jamais entendu parler d'elle comme ça. En général, les adultes lui font des réflexions, la grondent, lui demandent de se taire, d'arrêter de faire ceci ou cela. Elle a déjà vu des docteurs, la psychologue scolaire, elle a déjà subi les réunions avec les maîtresses qui se plaignent sans discontinuer

depuis la maternelle, elle a été convoquée dix fois, seule ou avec ses parents, dans le bureau de la directrice… Lilas ne savait pas qu'on pouvait lui parler autrement, que l'on pouvait comprendre ce qui se jouait vraiment. Je n'ai pas tout compris moi non plus, bien sûr que non. Mais j'ai proposé aux parents, à Lilas, de décaler un peu leur regard, leur façon de penser la situation, leurs relations à tous les trois. C'est le principe d'une psychothérapie : modifier la représentation que l'on s'est forgée d'une situation, d'un ressenti.

Une première consultation ne doit jamais être, comme c'est souvent le cas, une simple anamnèse, le terme consacré pour désigner le recueil, fréquemment passif, de l'histoire de la difficulté et des antécédents du patient. Nous l'abordons bien sûr. Mais une première consultation doit d'abord être thérapeutique. Elle doit permettre un premier pas, parfois décisif, pour enclencher le changement, l'amélioration et la compréhension de ce qui se passe.

Et dans cette fameuse anamnèse, pourquoi ne rechercher que la genèse de la difficulté ? C'est formidable ce moment où le patient, les parents racontent ce qui s'est passé avant. C'est là que le passé est précieux car il va nous permettre de repérer tout ce que chacun a su faire. Toutes les petites et grandes victoires. Il y en a toujours ! Toutes les qualités, toutes les fiertés, toutes les compétences. Ces ressources que l'on a tous et auxquelles nous avons souvent du mal à accéder.

En ne voyant plus seulement Lilas sous le prisme de son comportement difficile, en pointant avec elle ses ressources, en soulignant aux parents les différents atouts de leur petite fille, en relevant tout ce dont ils peuvent être fiers, le mouvement d'un nouveau regard se déclenche. Leur petite fille n'est pas un monstre ni eux des parents incompétents, impuissants. Pourtant, ils se sentaient si nuls, si mauvais parents, et Lilas avec ses crises ne faisait que leur confirmer ce dont ils étaient bien convaincus : « Vous voyez, vous n'arrivez à rien avec moi ! » Tout le monde souffrait. À l'issue de cette première consultation, nous avons mis au point une pratique de renforcement positif, celle du bocal[1]*. Le principe est de surprendre Lilas à bien faire, en établissant la liste de tous les points d'amélioration de son comportement, permettant à ses parents comme à Lilas de se sentir mieux et de se retrouver. La porte d'entrée du trouble oppositionnel, répertorié, marque une première étape décisive, on sait ce qui se passe aujourd'hui, on pourra évaluer les résultats, les bénéfices, demain. On ne voit pas un psy sans savoir où on va. Le trouble oppositionnel n'étant que l'écume superficielle de ce qui se joue pour Lilas. Mais, ce qui est sûr, c'est que l'on ne peut pas, on ne doit pas, recevoir quiconque en consultation en laissant suspendu le point d'interrogation et surtout en ne prenant pas profondément en compte la souffrance, réelle, de tous. Les parents se sont apaisés, ils portent déjà sur leur fille un autre regard. Lilas est beaucoup plus calme qu'à son arrivée. Elle prend gentiment la main de sa maman au moment de partir. Je lui fais un bisou et je la remercie de ce moment passé avec elle et de sa confiance. Car j'ai beaucoup discuté avec elle et je lui ai posé un certain nombre de questions, parfois difficiles, auxquelles elle a répondu du mieux qu'elle pouvait. Je l'ai félicitée d'avoir pu rester aussi calme pendant toute la consultation. J'ai reconnu que cela avait dû lui demander un effort.*

Vous avez sans doute noté le *bisou*. C'est plus affectueux, plus naturel que de serrer la main à une petite fille. Cela exprime plus de présence, de compassion, d'intérêt pour cette enfant. En lui faisant un bisou, je lui transmets tout cela, à elle, mais aussi à ses parents, souvent surpris de cette familiarité pas si fréquente dans le monde des psys. Je fais de même avec les grands ados, les jeunes adultes. J'ai besoin de « sentir »

---

1. Voir l'explication sur : https://www.youtube.com/watch?v=p4Hjg9ACM-0.

mes patients. Les phéromones nous enseignent beaucoup, et « embrasser » signifie en hébreu « respirer avec l'autre »... En embrassant un de mes jeunes patients, je déclenche dans son cerveau une dose d'ocytocine, les neurosciences affectives nous le confirment. Dommage de s'en priver ! Je les tutoie longtemps aussi. Favoriser la proximité me semble un ingrédient nécessaire du lien. Ce lien authentique dont on connaît aujourd'hui l'incidence sur la santé (et pas seulement psychologique) et sur le sentiment de sérénité.

Aux parents de Lilas, j'ai dit qu'ils pouvaient compter sur moi, que j'allais les aider, qu'on allait trouver, ensemble, des idées, des solutions. J'ai répondu à leurs questions et je leur ai fait des suggestions. Neutralité ? Jamais ! Le psy doit s'engager et cela peut passer par des réponses, des conseils, non des injonctions ou des objectifs, comme ceux que pourrait fixer un coach ou nous souffler un ami, mais des propositions d'un psy qui comprend que la vie est compliquée, que les patients ont aussi besoin d'aide concrète, qu'ils se sentent souvent bien seuls pour affronter leurs difficultés.

➤ *Des psys en mutation ?*

Les psys d'aujourd'hui doivent, je crois, accepter de ne pas être des écrans muets mais d'être concernés, de prendre des risques et de sortir de leur zone de confort. Le cadre imposé voudrait que le psy ne doit pas, ne peut pas interagir concrètement, qu'il ne doit pas, qu'il ne peut pas faire preuve de subjectivité et s'immiscer dans la vie réelle du patient. Pourtant, aujourd'hui, et pour tous les patients, même les plus malades psychiquement, un psy qui reste barricadé dans sa science, et impose cette trop fameuse distance affective, n'ouvre pas au patient la sensation de sécurité qu'il est venu chercher. Se sentir en sécurité est la base indispensable pour se confronter au monde et, quand cette base nous fait défaut, il est essentiel de pouvoir la trouver chez ceux dont le métier est d'aider, de soulager, de faire évoluer.

J'ai aussi proposé aux parents de Lilas de téléphoner au pédopsychiatre qu'ils ont rencontré, à la maîtresse, à la directrice de l'école… Bref, de faire les liens nécessaires pour vraiment aider Lilas et les soutenir, eux. Dans la prise en charge d'un enfant, nous sommes une équipe, et nous devons être des partenaires actifs pour permettre à un enfant et à sa famille d'être solidement aidés. Même avec les adultes, on devrait aussi prendre en compte et intégrer les partenaires de vie. C'est encore une autre histoire, mais une histoire vraie. Les psys d'adultes ont beaucoup à apprendre des psys d'enfants…

Lilas et ses parents sont repartis le cœur plus léger, ils avaient chacun intégré que ce qui se jouait n'était pas une lutte sans fin d'où chacun ressort systématiquement malheureux, mais que des mécanismes psychologiques puissants étaient en jeu, qu'on pouvait les décoder et surtout que la psychologie avait les moyens, si elle se les donnait vraiment, de faire bouger activement les choses dans des délais qui respectent l'urgence du développement de l'enfant, et l'urgence pour cette famille de vivre une vie apaisée, où l'amour reprend ses droits… et ses devoirs !

Lilas et ses parents sont revenus. Avec des étoiles dans les yeux, ils m'ont parlé du bocal qui se remplissait chaque jour un peu plus de billes multicolores. Tout n'était pas encore résolu mais tout était déjà si différent. En une seule consultation, simplement parce que la psychologie vivante avait rempli sincèrement sa mission. En quelques séances, tout le monde a retrouvé le sourire : la maîtresse apprécie cette petite fille coquine et intelligemment impertinente et ne la voit plus comme le monstre qui met la classe, et elle-même, la maîtresse, en difficulté, la directrice est souriante et accepte de la garder, très volontiers, dans son établissement…

Ce n'est pas un exploit, ce n'est pas une méthode, ce n'est pas une démonstration de ce qui doit être fait. Mais, simplement, humblement, une proposition : et si nous, les psys, nous changions ? Si nous acceptions d'être ces êtres humains engagés qui ont été formés pour tendre la main, pour tenir la main, pour emmener fermement sur de nouveaux chemins ? Si nous acceptions, simplement, que nous avons besoin les uns des autres et que l'humanité est si complexe que l'on ne doit jamais penser que nous seuls en détenons la clef ? Si nous considérions que l'aide que les patients viennent chercher nous confronte nous aussi à notre vulnérabilité, à notre humanité, à nos peurs, et que nous ferons tout, vraiment tout, corps et âme, au sens propre comme au figuré, pour entraîner avec nous ceux qui nous sont confiés. Les entraîner en leur ouvrant la voie d'un lendemain meilleur et en étant, avec eux, auprès d'eux, comme une base de sécurité, tant qu'ils n'auront pas acquis l'autonomie nécessaire pour se confronter à l'inconnu. À la vie. Leur vie. Comme des parents qui accompagnent, élèvent, éduquent leur enfant, pourquoi pas ? Des parents qui, malgré les obstacles, seront les tuteurs nécessaires et engagés, jusqu'au bout, pour assurer à leur enfant une belle vie. Tout pour leur bonheur, disent-ils ! Et si, nous aussi les psys, nous avions cette devise chevillée au cœur : tout pour le bonheur de nos patients ! Les boîtes à outils pour monter un bonheur prêt à l'emploi sont un peu comme les meubles Ikea. Dans le magasin, c'est le nirvana. Arrivé à la maison, devant toutes ces pièces à monter, c'est le cauchemar assuré. L'offre de bonheur à consommer est parfois très sympathique, donne des éclairages, des idées, mais la psychologie doit retrouver sa place et le psy doit toujours être efficace quand on sollicite son aide. C'est tout l'enjeu de la psychologie.

➤ *Un métier aux portes de l'humanité*

Être psy est un métier inouï. Un métier qui attire chaque année de plus en plus d'étudiants. À la rentrée universitaire 2017, la filière la plus demandée et pour laquelle il a fallu créer plusieurs milliers de places supplémentaires est… la psychologie. La psychologie est attractive. C'est une bonne nouvelle. Ce métier prend un sens de plus en plus fort au cœur de notre société d'aujourd'hui. Le monde a besoin d'être éclairé, humainement éclairé, et le métier de psy en est l'incarnation.

Paradoxalement, quand vous commencez vos études en faculté de psychologie, tout le monde vous met en garde : attention, il n'y a pas de débouchés ! C'est déjà ce que les lycéens entendent des conseillers d'orientation qui incitent à ne pas choisir cette formation sans avenir. Une formation pourtant plébiscitée par les jeunes ! D'un côté, les besoins sont immenses, de l'autre, les métiers de la psychologie n'offriraient pas de possibilités. Comment l'expliquer ?

Dans les cursus universitaires, la formation est dense et apporte aux étudiants des connaissances approfondies sur l'histoire de la psychologie, sur ses nombreuses théories, sur la genèse de la pensée, sur les stades cognitifs et affectifs du développement du bébé à celui de la personne âgée, sur la neurobiologie du cerveau, sur les sciences cognitives, sur l'analyse d'études scientifiques… L'étudiant en psychologie suivra aussi de nombreux cours et travaux dirigés sur et autour des troubles, des déficits, des dysfonctionnements, de la pathologie. Il apprendra à repérer les symptômes, à diagnostiquer, à poser des hypothèses… Il découvrira la pratique du bilan avec les nombreux tests qui sont la panoplie de la psychologie et qui permettent d'aller au plus profond du fonctionnement de chacun. Des tests que seuls les psychologues sont habilités à faire passer.

Jusque-là, tout va bien.

Mais *quid* du « comment être » psychologue ? *Quid* d'une formation humaine et pragmatique à ce métier difficile qui nous confronte chaque jour à nos limites, à nos doutes ? *Quid* des règles de « bonne conduite », de ce qui se fait ou ne se fait pas ? *Quid* d'une charte éthique mais incarnée qui précise les contours de la pratique, le cadre ? Rien de tout cela n'a été abordé à l'université ou seulement sous une forme floue, implicite. Rien n'a été vraiment transmis des codes délicats de ce métier que chacun se mettra à inventer en fonction des cours qu'il aura suivis, des ouvrages qui l'auront marqué, des profs qui lui auront enseigné, des orientations cliniques qui étaient celles de son université, de ses stages pratiques… Et surtout, surtout, de sa personnalité. De sa façon d'envisager son métier.

Je crois vraiment que ce sont des apprentissages qui font partie de ce métier et que nous nous devons de les ajuster, encore et encore, à cette psychologie d'aujourd'hui et de demain. Une psychologie qui prend soin, une psychologie qui ouvre grand ses bras et son cœur, une psychologie de l'amour de l'autre qui est là.

Prendre un enfant sur ses genoux, l'embrasser pour lui dire au revoir, parler aux grands-parents, convier le frère ou la sœur en consultation, appeler les professeurs, parler aux médecins de famille, s'intéresser à la vraie vie des gens, leur donner des conseils ou un avis, parler à la femme ou au mari, accepter de recevoir en consultation un autre membre de la fratrie, être chaleureux avec son patient, sourire, voire rire, se moquer de lui, le voir en dehors des consultations, être le psy d'un ami, d'un membre de sa propre famille…

Permis, pas permis ? Pourquoi non, pourquoi pas ? La communauté psy réfléchit peu, trop peu, à ces questions fondatrices de la pratique psychologique quotidienne. Et même si on retrouve un point ou l'autre dans le Code de déontologie, sont-ils vraiment ajustés à la psychologie d'aujourd'hui ? La palette de la psychologie est maintenant beaucoup plus large, la psychologie ne peut plus être réduite à des principes qui ne sont plus les siens.

Je rencontre Gaspard, 16 ans. Il est au lycée, ne sait pas quoi faire de sa vie. Rien ne l'intéresse à part ses jeux vidéo chéris. Ses parents ? Insupportables, dit-il. Ils ne comprennent rien à rien : « Ma mère ne me lâche pas, elle crie sans arrêt sur tout. » Puis je verrai son frère, Hugo. Il a des difficultés à l'école. Bosse. Me parle de ses parents. Il m'en fait un portrait tout à fait différent de celui brossé par Gaspard. Étonnant ! Des parents doux, présents, aimants. Puis je rencontre les parents. Voilà encore de nouveaux personnages : ni l'homme et la femme décrits par Gaspard, ni ceux présentés par Hugo. En faisant leur connaissance, je décoderai mieux certains comportements douloureux pour les uns et les autres. Je suis si souvent surprise, amusée, de ces distorsions, normales bien sûr, entre les parents de l'un, les parents de l'autre, les parents de la réalité, de la mienne. Pourquoi se priver de ces regards qui ne peuvent qu'enrichir et n'altèrent en rien les prises en charge individuelles qui restent étanches les unes par rapport aux autres ? Éthique oblige. Celle du secret professionnel est une des rares qui soit bien claire. Je prendrai aussi en consultation la maman. Son anxiété, assez généralisée, la fait beaucoup souffrir. Connaître ses enfants, les avoir vus lors de plusieurs séances, avoir rencontré son mari, nous fera avancer à pas de géant.

➤ *Une éthique, d'accord, mais la bonne d'abord !*

À force d'injonctions contradictoires et sans consensus de la communauté psychologique, certains affirment ceci, d'autres réfutent cela, au nom de principes soit issus de la psychanalyse, soit défendus par une poignée de psys. Là encore, la psychologie, la façon de faire de la psychologie, devrait être au plus près de ce que l'on sait, de ce que l'on a compris, de ce que les sciences contemporaines nous ont appris sur les besoins humains, les besoins de l'autre, qui ne sont peut-être, dans le fond, que ce besoin universel, transculturel, intemporel, notre insatiable besoin d'amour ? Il ne s'agit pas de faire n'importe quoi, mais de rester centré sur une intelligence psychologique, une intelligence du bon sens psychologique. Qui pourrait, pourquoi pas, être soumise à des études pour en valider les incroyables possibilités. L'intelligence psychologique comme nouvelle éthique ? L'intelligence, étymologiquement, c'est créer des liens, *inter ligere*. Alors, oui, je crois que c'est la voie à prendre pour une nouvelle psychologie à l'éthique incarnée, comme le propose Francisco Varela, c'est-à-dire une éthique qui tient compte du contexte particulier de chaque situation humaine. Le contraire de l'éthique du devoir, prônée par Kant, dans laquelle des principes absolus doivent s'appliquer à tous les cas de figure. Ou, pour reprendre les mots du philosophe canadien Charles Taylor : « L'éthique, ce n'est pas seulement ce qu'il est bien de faire, mais ce qu'il est bon d'être[1]. »

---

1. Christophe André, Alexandre Jollien, Matthieu Ricard, *Trois amis en quête de sagesse*, L'Iconoclaste/Allary Éditions, 2016.

➤ *La psychologie revisitée*

Quand on sait, par exemple, que mettre la main sur l'épaule de quelqu'un déclenche après vingt secondes une sécrétion d'ocytocine, cette hormone qui nous permet d'être apaisés, pourquoi refuser à notre patient ce geste spontané quand il quitte le cabinet plutôt que de lui serrer la main en toute solennité ?

Quand on a appris – et c'est aujourd'hui très documenté – que le sourire est contagieux, grâce aux neurones miroirs qui reproduisent dans notre cerveau les connexions neuronales de l'autre, pourquoi ne pas largement sourire à son patient, ce qui lui procurera un sentiment de sérénité, qui, même s'il est éphémère, créera une percée dans le brouillard de ses pensées ?

Quand on a compris que le lien authentique, chaleureux, sincère, était ce qui nous permettait d'être heureux et en bonne santé, et que de très longues études l'ont prouvé, pourquoi n'est-ce pas la première chose que nous instaurons avec notre patient, en laissant loin derrière nous cette fumeuse idée de neutralité, si bienveillante soit-elle...

Nous savons aujourd'hui tant de choses qui devraient être sues, largement, de tous !

Pourquoi, nous, les psys, ne discutons-nous pas de tout cela pour mettre au service de nos patients une nouvelle psychologie qui soit celle de notre temps ?

Pourquoi ne pas adapter dans nos cabinets ce que les sciences du cerveau et les neurosciences affectives et sociales nous apprennent chaque jour ? Pourquoi faire semblant de savoir alors que nous bricolons avec des idées souvent périmées et des croyances que nous nous sommes nous-mêmes forgées ?

L'humilité en bandoulière

Nous ne savons pas. Nous avons appris, mais nous ne savons rien. Presque rien. Car rien dans les livres ne ressemble à la vie réelle, à la sophistication de l'être humain. Rien ne nous enseigne l'unicité, le singulier. Rien ne nous parle de la rencontre avec une âme, une histoire, une vie. Rien ne nous prépare à la souffrance que l'on rencontre. Rien ne nous entraîne à nous servir de notre corps, de notre cœur, de notre intelligence pour aider l'autre, pour le comprendre, et pour le rassurer.

➤ *Accepter son impuissance, une des forces de la psychologie*

Nous devons être humbles, profondément humbles, dans ce métier si fort et si fou. Oui, la folie est le hors-norme, le mot est adapté. Un métier où nous nous retrouvons si près d'un autre sans en avoir vraiment les clefs. Très, très près, vous comprenez ?

Il nous appartient d'accepter cette vulnérabilité, en particulier quand le sentiment d'impuissance à soulager vient s'inviter dans notre journée. Et cela arrive plus souvent qu'attendu. Mais ce n'est jamais grave si on intègre qu'il s'agit là de notre part d'humanité et que la saisir comme d'une force qui permet de nous rapprocher de l'humanité de l'autre, la même que la mienne, sera un levier thérapeutique sur lequel nous pourrons nous appuyer, avec efficacité.

Vincent me parle de suicide. Ce n'est pas une idée chez lui, c'est un projet. Je sens bien la différence avec ceux avec lesquels nous évoquons souvent ces pensées suicidaires et avec qui nous faisons clairement la distinction entre envie de mourir et impasse de vivre. Vincent parle de la mort comme d'un choix de vie. Le seul choix dans sa vie qu'il lui appartient de prendre. Comment puis-je le convaincre que ce n'est pas le « bon » choix ? Quels arguments rationnels puis-je apporter à une « bonne » raison de vivre ? Je frissonne des pieds à la tête. Le moment est sérieux. Grave. Je n'ai aucun argument et rien dans mes connaissances, dans mes compétences, dans mes formations qui puisse me sauver. Non, le sauver, lui ! Mais là, en cet instant, c'est moi qui ai peur, pas lui. J'ai peur parce que je sens que la vie de Vincent est entre mes mains et qu'elle m'échappe à la fois. Tout m'échappe. J'ai peur parce que je sais, je sens, qu'il va passer à l'acte. Cela fait déjà plusieurs fois qu'on se voit. Vincent est désespéré, cynique, lucide. Il a tout analysé. Ensemble, nous avons tenté d'ouvrir des chemins, de tracer de l'espérance. En vain. Vincent a 30 ans. Une vie professionnelle qu'on dirait réussie. Une copine amoureuse. J'accepte de recevoir sa mère. Qui tremble tous les jours de recevoir le coup de fil qui lui confirmera… Son fils, son petit garçon, son bébé, elle a mis tant d'amour à l'élever, la culpabilité la noie. Je la rassure du mieux que je peux. Ce n'est pas sa faute, elle n'est pas responsable, c'est la vie de son fils, celle qu'il s'est construite. Avec ce qu'il est, mélange de ce qu'il a été, enfant, et de ce qu'il est devenu, grand. Ses choix. Sa personnalité. Ses singularités. Je verrai cette maman plusieurs fois. C'est SON fils et MON patient. Nous sommes concernées toutes les deux. Pas à la même place, bien sûr. Mais elle a peur, et moi aussi. Je le dis à Vincent que j'ai peur. J'avoue mon impuissance à lui insuffler le goût de vivre. Il me remercie de tout ce que je fais. De mon implication. De ma détermination à ne pas le laisser tomber. Mais… il est mort. J'ai revu la maman. Qui est venue me remercier. Cela m'a beaucoup gênée. Elle s'était sentie soulagée que je sois si investie. Mais comment n'aurais-je pas vécu, dans mes « tripes », ce drame humain que je vivais aux premières loges ? Comment une distance affective,

émotionnelle avec Vincent aurait-elle pu être possible ? Comment aurais-je pu, à chaque fois que je le voyais, ressentir et accepter cette immense vulnérabilité, la sienne, la mienne ? Humilité, humilité, humilité : peut-être est-ce la seule éthique indissociable de ce métier ?
Je précise que, bien évidemment, le diagnostic de dépression était posé, que Vincent était médicalement suivi, qu'il prenait un traitement depuis déjà longtemps, qu'il avait été hospitalisé à deux ou trois reprises dans des épisodes aigus. Qu'il avait même été traité par sismothérapie (chocs électriques). Il avait aussi suivi plusieurs psychothérapies. Rien n'avait été négligé pour tenter de le guérir, mais rien n'avait pu le soigner. Le mal de vivre est une maladie qui peut être mortelle.
Écrire ce cas clinique me fait monter les larmes aux yeux. Je l'aimais mais ça n'a pas suffi. J'ai tout tenté, mais je n'y suis pas parvenue. Lui n'aimait pas la vie. Je ne l'ai pas sauvé, je dois l'accepter, et accepter n'est pas se résigner. J'accepte cette émotion de tristesse que je ressens en partageant l'histoire de Vincent et je sais que je serai de nouveau confrontée à des patients au « bout de leur vie », comme disent les jeunes d'aujourd'hui, et que ce sera parfois vrai, et que cette fois-là, j'arriverai à les sauver… ou pas.
Être psychologue est un métier à risque. Risque d'échouer, risque de se tromper, risque d'être confronté à la réalité. Et l'accepter. En toute humilité. Je fais ce que je peux, vraiment ce que je peux, tout ce que je peux, et la vie fera le reste. La vie, la mort sont plus fortes que tout, que nous.

➤ *La peur du psy est un levier*

Être psy, c'est accepter d'avoir peur. Avoir peur, c'est se dire que l'on peut se trouver en difficulté avec un patient car on ne comprend pas. Mais en acceptant cette peur comme un ingrédient de notre travail, car cela permet de rester toujours en mouvement, de ne jamais se figer sur notre théorie dans laquelle nous voudrions que notre patient rentre à tout prix. Avoir peur est aussi cette énergie qui permet de trouver les ressources, la force, le courage, l'envie, la motivation pour se dépasser, et chercher, chercher, au fond de son cœur, au fond du cœur de l'autre, les passages secrets qui permettront de le délivrer.

J'ai peur, mais cela fait partie de mon métier, sinon, pour éviter ce sentiment dérangeant je vais faire semblant de croire que j'ai compris et je ne saurai pas t'aider. En plus, j'essaierai probablement de te convaincre, en insistant sur mon diagnostic, mon protocole, ma pratique thérapeutique. En t'imposant ma façon de te comprendre et en décrétant ce dont tu as besoin : c'est cela qu'il te faut, je le sais, je suis le professionnel. Ne pas accepter sa peur de psy, c'est actionner un sentiment de toute-puissance qui peut provisoirement rassurer le patient mais qui ne viendra jamais à bout de l'aide ou du soin qu'il est venu chercher.

C'est quand j'accepte ma peur que je peux te donner de la douceur.

Aurélie m'écoute, ses larmes perlent au coin des yeux. Je suis en train de lui exposer le compte rendu de son bilan psychologique où nous avons exploré, avec des batteries de tests, son fonctionnement intellectuel, sa personnalité, sa dynamique émotionnelle. Je sens que quelque chose se produit en elle, auquel elle ne peut encore tout à fait accéder. Je m'arrête de parler, je lui ai presque tout dit de ce que ce bilan a permis de comprendre. Aurélie balbutie. « C'est la première fois que je me reconnais dans ce que dit un psy. En général j'accepte leur avis mais je ne me retrouve pas dans leur description de moi. »

J'ai souvent dit au patient que c'étaient eux les experts d'eux-mêmes, pas les professionnels, quels qu'ils soient.

Et quand un psy évoque un fonctionnement qui ne fait pas écho avec le vécu du patient, le plus souvent, c'est le psy qui se trompe… et le patient qui a raison. C'est aussi quelque chose d'important à comprendre pour les parents qui, en passant de psy en psy avec un enfant qui ne va pas bien, sont tellement soulagés le jour où ils retrouvent leur enfant à travers ce qui est dit. C'est cela, ils sont soulagés, comme si dans cet entrelacs de diagnostics et d'explications, ils avaient perdu leur enfant. Le leur. Celui qu'ils connaissent, y compris dans ses difficultés. Qu'ils sont enfin prêts à accepter quand c'est bien de leur enfant qu'il s'agit dans le discours du psy. C'est à partir de là que les améliorations vont pouvoir se dessiner.

➤ *Un regard à 360 degrés*

Un patient est d'abord un être humain, infini, sacré. Un être humain dans son immense complexité, dans ses multiples facettes, dans son mystère. Un être humain toujours en mouvement, chaque jour, chaque expérience nouvelle, lui redonnant une forme encore un peu différente de celle d'hier, de celle que donnera demain. Vous le saviez, nous le savons ! Mais, parfois, ce sont les psys qui l'oublient, ou plutôt qui n'arrivent pas à voir leur patient autrement qu'à travers leur théorie. Parce que c'est plus rassurant. Et que cela donne une sensation de maîtrise. Même si c'est très loin de la réalité. Être psy suppose de toujours, toujours, intégrer la multiplicité de celui qui est là, à la fois unique et différent, et d'activer des compétences, des connaissances qui soient le plus diversifiées possible pour faire du sur-mesure, du cousu main, de la haute couture. La psychologie demande du doigté, du talent et de la créativité. Pas du prêt-à-porter. Du prêt-à-consommer. Sortir de son seul cadre théorique pour en intégrer un autre, deux autres, de multiples autres, et ouvrir au patient une palette de possibilités. Non pas de façon désordonnée mais toujours articulées avec l'unicité de ce patient-là, à ce moment-là. Juste là, maintenant.

➤ *À chacun sa singularité*

Car, dans ce métier, il est une évidence première, qui ne peut jamais être remise en cause : la singularité de chaque patient. Cela explique qu'amasser, plaquer et appliquer des compétences acquises, apprises, ne suffit jamais. Car il va falloir combiner tout cela avec cette unicité, se frotter à la particularité de l'être humain et dessiner un chemin spécifique pour chacun.

En fait, c'est même un triple croisement qu'il faut opérer en tant que praticien : entre une compétence forte dans la connaissance de la psyché et de ses ressorts, une compréhension du monde dans lequel évolue le patient – celui de la société d'aujourd'hui – et la singularité de sa personne. L'exigence est de se situer à la fois dans le singulier et le pluriel, l'individuel et le collectif.

Cette logique d'angles différents sur la situation psychologique du patient suppose de ne pas activer ses compétences comme un écran qui empêcherait de voir l'autre. C'est le piège de la théorie, où l'emprise du général masque le tableau individuel. Sortir du général pour aller vers le particulier est la condition qui permettra au praticien de dégager une voie pour le patient.

Il serait illusoire de penser que cette démarche se fait sans risque. Pour aller à la rencontre de l'être singulier en face de soi, il faut le plus souvent sortir de sa zone de connaissances et donc de confort. Déterminer une stratégie thérapeutique se fait à ce prix, qui est celui d'une audace, d'une prise de risque. Est-on certain de ce langage ? Non, jamais. Jamais vraiment. Mais cela ne doit pas nous empêcher de tenter, d'essayer, d'avancer.

Être doué en psychologie, avoir du talent, c'est être créatif, flexible, ouvert. Conscient du monde dans lequel évolue son patient, conscient de la réalité et de ses contingences, conscient de la nécessité de prendre en compte de multiples paramètres, conscient qu'il nous faudra toujours absorber, intégrer, assimiler un kaléidoscope de données, conscient que nos compétences, si solides soient-elles, devront toujours être interrogées.

En avant !

#FONDEMENT 1

La nouvelle psychologie ne réduit pas l'individu à son passé

« Il faut renoncer à l'espoir d'un meilleur passé. »
Irvin YALOM.

Notre passé, notre base pour décoller

➤ *De la grande histoire à notre passé singulier*

Notre civilisation est le prolongement de siècles d'histoire, de guerres et de paix, de découvertes et de conquêtes, d'évolutions et de révolutions. Bien sûr, nous le savons. Notre environnement culturel, social, politique, économique, sociologique, biologique… n'existe qu'inscrit dans une histoire en marche. Les théories sur la création du monde ou sur l'évolution de l'homme, du Big Bang à Darwin, sont largement discutées et remises en perspective, mais sont les fondements de notre humanité. Sans passé, aujourd'hui ne peut exister. Truisme, évidence.

C'est l'histoire de la vie, c'est l'histoire de chacune de nos vies. Le passé nous a construits. Ce sont nos racines, celles qui nous ancrent dans nos vies et nous placent aussi dans une généalogie. Nous sommes une branche d'un arbre plus vaste, à la fois unique et relié. Notre mission ? Nous déployer.

La psychologie appartient à la même dynamique. Se nourrir du passé pour se développer, grandir. La psychologie s'adosse à des courants variés, qui ont évolué, qui se sont enrichis les uns des autres ou se sont opposé. C'est le terreau sur lequel un nouveau regard peut être posé.

➤ *La force du passé sur nos vies d'aujourd'hui*

L'avancée prodigieuse des études sur le cerveau a donné naissance à une discipline toute neuve, les neurosciences affectives et sociales[1]. Cette science du développement émotionnel et affectif nous raconte les empreintes précoces qui marquent notre cerveau. Nous l'avions depuis longtemps compris, mais maintenant, grâce à l'imagerie cérébrale, nous pouvons l'observer comme dans un livre d'images. Le livre d'images de notre enfance.

Ainsi, l'impact affectif se lit dans les replis de nos circonvolutions cérébrales. Ce qui s'est émotionnellement imprimé des événements de notre enfance, de notre toute petite enfance, de nos premiers jours de vie, de nos premiers instants dans le ventre maternel, se déploie en cartes cérébrales sophistiquées. Comme un bleu sur le corps, nous pouvons voir nos bleus de l'âme…

1. Catherine Gueguen, *Pour une enfance heureuse. Repenser l'éducation à la lumière des dernières découvertes sur le cerveau*, Robert Laffont, 2014.

Et nous savons désormais que notre cerveau émotionnel, le plus archaïque, fonctionne dès nos premiers instants de vie. En particulier l'amygdale, cette petite zone du cerveau dont la fonction est de décoder les émotions et en particulier la peur, est tout à fait opérationnelle dès la naissance. Le bébé réagit avec intensité à chaque stimulus émotionnel. Et, dans la vie d'un bébé, les déclenchements d'émotions se font sans interruption. Nous avons aussi appris que le lien de l'amygdale avec l'hippocampe et l'hypothalamus, toujours dans ces zones enfouies, codait les événements pour les imprimer et les mémoriser pendant de très longues années. La mémoire émotionnelle est la plus puissante. Mais, ce que nous ne savions pas encore, c'est que le bébé n'est pas équipé pour réguler ce flot d'émotions.

Le cortex préfrontal, cette zone de notre cerveau situé approximativement derrière le front, est le siège des fonctions cognitives supérieures et nous permet de raisonner, de mettre en perspective, d'analyser, de rationaliser… Or, et voilà toute l'importance de ces neurosciences affectives, cette région d'intérêt maximal est totalement immature à la naissance. Son développement ne commencera vraiment qu'à 5 ans. Avant ? Tempête sous un crâne… Rien ne peut apaiser les turbulences des émotions qui affluent par milliers. Le petit enfant n'a aucun moyen de s'en protéger. Les impacts seront parfois si forts que l'on peut parler de violences émotionnelles. Dont les répercussions peuvent être dramatiques à l'âge adulte si l'enfant a subi ce que l'on pourrait appeler des maltraitances éducatives ou des traumatismes dans ses relations affectives. L'enfant, au cerveau immature, reçoit tout sans filtre. Peut-on vraiment parler de caprices quand au fond de soi tout est désespéré et que rien ne peut venir atténuer la sensation éprouvée ? Ce sont, pour le petit enfant, de grandes angoisses et de grands chagrins qu'il manifeste quand tout le déborde.

Et c'est sur l'environnement, et sur lui seul, qu'il compte, à son insu, pour venir l'apaiser. Lui n'en a pas les possibilités.

« Tu n'as aucune raison de pleurer ! » s'exclament certains adultes, agacés de cet enfant en larmes. Mais si l'enfant pleure, peut-être que sa raison nous échappe, à nous, qui pouvons décoder la situation et la relativiser ? Et si nous disions simplement à l'enfant : « Je vois que tu pleures, je ne sais pas bien ce qui se passe, mais je comprends que quelque chose ne va pas. Que puis-je faire pour t'aider ? Je suis là, tu peux compter sur moi… » Ou tout type de formulation qui indique à l'enfant que nous sommes, nous aussi, dans l'impossibilité de bien saisir ce qui est en train de se jouer mais que nous sommes pleinement attentifs à sa détresse. Non, il ne s'agit pas de lui donner raison dans ses moindres désirs d'enfant roi. Non, il ne s'agit pas de le mettre au centre du monde ni de considérer qu'il ne faut pas mettre un cadre éducatif. Rien de tout cela. Juste prendre en compte que l'enfant fait ce qu'il peut, pour gérer comme il peut, sans avoir l'équipement cérébral nécessaire, un moment émotionnel fort. Et que ce n'est pas parce qu'on ne comprend pas que l'on doit considérer que ce n'est pas grave, pour lui, juste à cet instant. Notre mission d'adulte responsable est de l'aider à grandir en se sentant protégé et sécurisé, apaisé par notre présence aimante et respectueuse, bienveillante, en lui montrant que nous avons intégré que ses manifestations émotionnelles bruyantes sont la conséquence, scientifiquement prouvée, qu'il n'a pas les moyens de les juguler !

➤ *Tout se joue avant… 25 ans !*

Un peu comme un remake de ce livre dangereux qui a culpabilisé des générations de mamans, et qui clamait que « tout se joue avant 6 ans ». Si, par hasard, il vous en reste un exemplaire caché dans un rayon de bibliothèque, merci de le brûler, d'en faire un feu de joie pour danser autour afin de le renvoyer aux limbes d'où il n'aurait jamais dû émerger !

Les neurosciences ont poussé le curseur, il faudra quasiment vingt ans de plus pour que la construction du cerveau se termine.

Un ado qui pique une colère irrépressible parce que vous avez refusé qu'il sorte avec ses copains la veille de son examen ? Qui fonce, sans casque, au milieu de la nuit et... sous la pluie ? Un ado excédé qui claque la porte de sa chambre et s'enferme en criant que vous ne comprenez rien ? Qui hurle si vous tentez de lui rappeler que fumer du shit n'est vraiment pas une bonne idée et que boire sans discontinuer à chaque soirée n'est pas médicalement indiqué ?
Normal, répondent les neurosciences : son cortex préfrontal n'est pas encore arrivé à maturité ! Il faudra attendre l'anniversaire de ses 25 ans pour, enfin, lui parler comme à un « grand » ! L'adolescence n'est plus tout à fait ce que l'on croyait... Patience, cela va passer.

Le passé s'imprime et laisse des marques. C'est important de le voir sous cet angle-là car, tout en confirmant que la petite enfance est déterminante, les neurosciences nous donnent les clefs pour nous en dégager. Et c'est ça qui change tout ! Oui, il existe bien un lien entre des enfances émotionnellement perturbées et des troubles plus ou moins sévères de la vie d'adulte. Oui, le passé peut parfois déterminer de réelles difficultés : la violence, l'agressivité, le manque d'empathie, la dépendance affective, la dépression chronique, le vide de confiance en soi... peuvent être des résidus de ces maltraitances émotionnelles infantiles.

Oui, le passé pèse dans nos vies, dans nos cœurs et dans nos cerveaux.

Je devrais écrire *peut* peser... ou pas !

Immense respect pour ceux qui ont été si blessés dans leur âme d'enfant, immense espoir de savoir que tout peut se transformer. Notre cerveau est plastique, rien n'est gravé dans le marbre, rien n'est jamais déterminé. Nous avons toute notre vie pour modifier nos circuits cérébraux, si profondément imprimés soient-ils. Et ça, il ne faut jamais l'oublier.

➤ *Ocytocine, mon amour*

L'ocytocine, c'est cette incroyable hormone qui nous fait tant de bien : elle nous permet de nous sentir en sécurité, solidement attachés aux autres, profondément certains d'être aimés. C'est cette ocytocine bien-aimée qui est indispensable lors de nos premières années pour bâtir notre territoire secret de sécurité, de confiance en nous, dans les autres, dans la vie.

Quand l'ocytocine vient à manquer, c'est comme si nous n'avions plus d'oxygène pour respirer. Nous sommes asphyxiés et des circuits erronés se creusent dans les replis de nos réseaux neuronaux et jusque dans les noyaux de nos cellules. La peur prend le dessus et va s'inviter dans nos vies, parfois s'y installer. Peur de ne pas être aimé, peur de ne pas savoir aimer, peur d'aimer, peur des autres, peur de soi, peur de la vie : c'est alors le cortisol, l'hormone du stress, et toute son armée qui se sont imposés et ont pris la place laissée libre par l'ocytocine qui a été chassée. Le cortisol est une hormone puissante qui peut s'insinuer dans tous les interstices de notre énergie de vie, jusqu'à nous user, nous décourager, nous faire dévier. Surtout, surtout, nous faire souffrir.

C'est vraiment là que tout se joue. C'est là qu'il faut sortir de la certitude que notre passé va tout déterminer : nous sommes marqués par notre histoire d'enfance, mais nous avons les moyens d'en changer.

C'est le côté lumineux des neurosciences affectives qui nous confirment le pire et nous annoncent le meilleur !

Nous avons été maltraités par des parents violents, peu aimants, absents ? Nous avons subi des traumatismes émotionnels sévères et traversé des moments de vie douloureux, très douloureux, insupportables ? Nous avons besoin de nous sentir soutenus, compris, entendus. C'est la première phase de notre guérison : nous avons souffert, nous avons besoin d'être consolés mais surtout nous avons besoin d'être effectivement aidés. Ressasser ce passé malheureux ne le changera jamais, envisager autrement notre présent est à notre portée.

Par définition, le passé est… passé. Cela paraît tellement caricatural de l'écrire ! Mais ce qui est surprenant, c'est à quel point nous l'oublions aussitôt que nous l'avons dit. Nous n'avons pas le bouton *reset*, nous ne pouvons pas revenir en arrière, nous ne pouvons pas rejouer la partie. Nous pouvons seulement nous dire que, si cela nous a marqués, nous sommes déterminés à ne pas, ne plus, donner aux turbulences du passé une place privilégiée qui obscurcit totalement nos vies. Quel que soit le poids du passé, nous pouvons redistribuer les cartes et tout réenvisager.

L'ocytocine vous a manqué ? Quelques pistes scientifiquement validées pour réparer votre cerveau abîmé :

– Un regard d'amour inconditionnel sur soi, celui d'un prof, d'un membre de notre famille (les parents, ça ne compte pas !), d'un adulte-ressource qui nous accepte et nous aime profondément, tels que nous sommes, d'un professionnel qui nous signifie que celui ou celle que nous sommes est juste parfait, parce que c'est nous… Un regard vrai, et tout est illuminé : les neurones modifient leur trajectoire, refont des liens, retrouvent les ordres à donner pour que l'ocytocine soit de nouveau sécrétée et, petit à petit, tout sera réparé. C'est la magie de la plasticité de notre cerveau qui peut à tout moment se remodeler.

– Une accolade sincère et appuyée par quelqu'un qui ne nous veut que du bien : le toucher a prouvé son efficacité pour déclencher cette ocytocine tant espérée. D'ailleurs, nous avons tous constaté que nous prenons facilement la main de celui qui souffre ou que nous ouvrons grand nos bras à ceux dont la douleur est perceptible. Nous mettons aussi très vite la main sur l'épaule de celui à qui nous souhaitons simplement, mais profondément, dire : « Je suis là, ne t'inquiète pas, tu peux compter sur moi… » Un geste simple qui, au-delà de transmettre un message essentiel de présence et de compassion, est un médicament efficace pour soulager. La sagesse populaire nous l'avait enseigné, la neurobiologie actuelle nous l'a confirmé, ces attitudes, ces gestes, ces comportements ont une action directe sur le métabolisme de celui que l'on souhaite apaiser. Et cette décharge d'ocytocine que nous aurons spontanément déclenchée indique au cerveau abîmé qu'il peut se recharger et, progressivement, se renforcer. Les impacts du passé n'auront plus la même portée, de nouvelles voies neuronales se sont installées.

– Même un bain chaud quand rien ne va plus, que l'on est si triste, énervé, désespéré, et voilà l'ocytocine qui se remet à frétiller… Étonnant, non ? Mais à consommer sans modération, ce sont les petits cadeaux-surprises offerts par la science contemporaine.

Ces pensées qui nous conditionnent

➤ *Je n'y peux rien…*

« Je sais que je n'ai jamais été aimé. Je n'étais pas désiré… Comment pourrais-je aimer ? On ne me l'a jamais appris. Avec les parents que j'avais… Il n'y avait aucun amour dans cette famille. Tout était violent. Mes parents hurlaient du soir au matin. Je ne les ai jamais vus ne pas se disputer. Et vous voudriez que je construise un couple ? »

Nous sommes conditionnés. Ou, plus exactement, nous en arrivons parfois à nous convaincre que si nous avions eu un passé différent, nous serions tout autrement. Nous sommes pétris de ce que la psychologie appelle des croyances limitantes. Bien sûr, nous ne sommes pas des êtres autoengendrés, nous avons été imprégnés du milieu dans lequel nous avons été éduqués et de tous les événements qui s'y sont déroulés. Toutes sortes d'événements, des plus douloureux ou même traumatiques aux plus joyeux. Quelle que soit notre histoire, nous continuons souvent à fonctionner avec ces conditionnements du passé. Avec un passé qui occulte les personnes que nous sommes devenus. Notre passé devient notre référence comme si, depuis, nous n'avions rien vécu d'autre, comme si de multiples événements ne nous avaient pas transformés.

Avez-vous déjà remarqué que, quand nous parlons du passé, nous faisons généralement référence à notre enfance et pas à ce qui s'est produit il y a quelques années ? N'est-il pas étonnant que l'on se souvienne dix, vingt ou cinquante ans après de nos notes obtenues

au bac alors que nous sommes incapables de nous souvenir de ce que nous avons fait il y a quelques jours ? N'est-ce pas curieux de dire que l'on n'aime pas l'huile d'olive car « on n'en consommait pas dans ma famille » ?
Je suis toujours très surprise d'entendre en consultation cette justification de soi par un passé révolu. Le passé de l'enfance.
« Je suis un garçon manqué. C'est parce que j'ai été élevée avec mon frère, nous étions très proches… » Anne m'assène sa vérité, elle a 68 ans.

Le passé pèse lourd dans nos vies, nous le portons parfois comme un fardeau. Il nous a donné des bases, nos bases. Et si nous l'envisagions plutôt comme une gamme à partir de laquelle nous pouvons désormais créer la symphonie ? Une symphonie en mouvements, en *allegro*, qui peut s'enrichir de tous les tempos, de toutes les modulations, de tous les changements de tonalité, que nous apportent les moments que nous traversons ; une symphonie qui s'appuie sur un solfège qui en constitue l'armature mais qui prend la liberté de s'en éloigner pour laisser libre court à notre talent de vivre. À une musique qui est intimement et honnêtement la nôtre.

➤ *Nous sommes pensées*

Le principe est fascinant. Nous pensons, soit. Mais sommes-nous libres d'activer ces pensées dont nous sommes si convaincus qu'elles nous appartiennent en propre ?

La pensée, quand elle se déploie, est le produit de notre activité mentale singulière, de notre fonctionnement cognitif unique, produit de toute une cascade de mécanismes neurobiologiques complexes. Une mécanique qui trouve ses fondements dans tout ce que l'on a appris, compris, enregistré, emmagasiné, et qui dessine cette trame de fond dans laquelle nous allons puiser.

Notre culture de référence imprime aussi ses arabesques. Et nous voilà en train d'affirmer de belles idées, de défendre des positions engagées, alors que nous ne faisons que puiser dans notre réservoir de pensées disponibles. Même les maximes populaires nous deviennent des idées familières, évidentes : « Il faut souffrir pour être belle », « Un malheur n'arrive jamais seul », « Un de perdu, dix de retrouvés », « Jamais deux sans trois »...

Les croyances populaires nous persuadent que la routine est mortelle, en particulier pour les couples, que le bonheur des uns fait le malheur des autres, et que *Dieu sait* combien nous avons fait d'efforts pour en arriver là... Même notre *Adieu* contient sa charge judéo-chrétienne ! *Ainsi soit-il* : la religion nous a longtemps servi de bréviaire pour savoir que faire et comment faire, et elle continue à se faufiler dans nos discours et dans nos croyances, même si nous sommes profondément agnostiques. C'est aussi bien sûr le contenant culturel[1] qui conditionne notre pensée. Cette pensée qui correspond à notre époque, notre société, nos références. Nous en sommes les premiers dupés, inconscients que nous sommes de toute cette pensée qui se déploie indépendamment de notre volonté.

C'est une anecdote. Elle m'a marquée. C'était il y a quelques années, avec ma sœur. Nous étions très adultes, si j'ose dire. Nous sommes dans la cuisine. Je mets un poulet au congélateur. Elle s'exclame, horrifiée, qu'il ne faut jamais faire cela. « Ah bon ? Je ne savais pas, et pourquoi ? – Maman l'a toujours dit », m'assène-t-elle sans sourciller. Une référence aux années 1970, donc. Quand les congélateurs n'étaient que peu répandus et que l'on disposait

1. Bernard Gibello, *La Pensée décontenancée. Essai sur la pensée et ses perturbations*, Bayard, 1995.

seulement des freezers des réfrigérateurs… Cette affirmation, elle ne l'avait jamais interrogée, jamais remise en question. Maman le disait, c'était une vérité.

Cet exemple n'a d'intérêt que pour souligner à quel point, pour chacun de nous, une pensée s'active alors qu'elle… ne nous appartient pas ! Mais nous y sommes tellement habitués que nous n'avons pas l'idée que nous pourrions la réévaluer. Ainsi, la pensée nous habite, souvent, très souvent, nous en ignorons la source et nous l'adoptons sans sourciller.

➤ *Alors, il faut que je fouille dans mon passé pour déterrer l'origine de mes pensées ?*

C'est instantanément ce que nous allons penser, nous en sommes intimement persuadés : si nous ne partons pas à la recherche de l'origine perdue, tout est fichu.

Cette pensée n'est pas la nôtre, elle a été forgée par la psychologie de ces dernières décennies, cette psychologie patinée par le temps, et dans laquelle nous avons tant baigné. Déjà, c'est bon de le savoir !

La meilleure façon de penser, c'est encore la nôtre… c'est de mettre une pensée en face de l'autre et… de recommencer ! Concrètement, cela signifie que prendre conscience de l'activité souterraine de notre pensée suffit à en modifier l'emprise sur nos vies. Nous avons même le choix de reprendre, sciemment, cette pensée que nous venons de repérer dans notre paysage intérieur, d'examiner si elle nous convient, là, maintenant. La liberté de pensée est un magnifique projet, à notre portée. Sans avoir besoin de faire de l'archéologie pour en connaître l'origine, même si dans notre société de consommation nous retrouvons cette injonction de traçabilité des produits. Vous voyez jusqu'où notre pensée peut aller s'alimenter !

Tiens, je te vois, la pensée. Tiens, c'est donc toi qui me dis de faire comme ceci ou comme cela. C'est toi qui m'indiques ce qui est bien ou pas, qui guides mes pas. Mais dis donc, ma pensée, je ne sais pas qui t'a invitée, mais vois-tu, je ne suis pas d'accord, j'ai d'autres envies. Et puis rien ne me dit que tu n'es pas trompeuse, menteuse, ensorceleuse... Ou même vaniteuse ! Donc, puisque je peux te regarder t'agiter et que je sais que tu as une vie indépendante de moi, puisque j'ai compris qu'une pensée n'est pas la réalité, puisque j'ai ressenti que ce que tu me susurres n'est pas confortable pour moi... passe donc par ici, et je passerai par là ! Je ne suis pas ma pensée. Jamais.
C'est une nouvelle voie d'espérance de ne plus être le jouet de nos pensées et de se mettre à la place du marionnettiste qui joue avec les fils comme il l'a décidé. Et même si les fils de nos pensées sont bien entortillés, nous pouvons être attentifs à, consciemment, les démêler.

➤ *« C'est toujours comme ça !... » ou les pièges des biais de confirmation*

La réalité n'existe pas. Seule notre perception la construit. Nous ne voyons qu'à travers notre prisme. En fonction de nos croyances, de nos convictions, de nos schémas de pensée soigneusement camouflés. Il n'y a de réalité que celle que l'on perçoit, nous avait déjà enseigné Platon dans ce mythe fameux de la caverne.

La réalité n'existe pas ? Il ne s'agit pas de partir dans de grands débats philosophiques ni dans les arcanes complexes de la physique quantique, même si nous aurions de quoi nous régaler de toute l'incertitude que cela pourrait engendrer.

La réalité n'existe pas, c'est simplement humain. Perceptif. Sensoriel. Déjà, nous ne voyons que ce que nous avons décidé de voir. Nous entrons dans une pièce, notre regard scanne à la vitesse de la lumière, ou presque, tout ce qui s'y trouve, pour se poser finalement sur la personne qui nous y attend, comme prévu. Nous occultons tout le reste et nous sommes persuadés d'avoir instantanément vu la personne avec laquelle nous avions rendez-vous. Que nenni, répondent les sciences de l'attention[1], votre perception vous trompe, votre cerveau avait tout programmé depuis 150 millisecondes. Vous croyez n'avoir vu que cette personne parce que c'était, à ce moment-là, le plus important. Mais vous auriez pu choisir de voir des milliers d'autres choses qui se trouvaient aussi dans cette pièce ! Et le cerveau fonctionne ainsi du soir au matin : il décide de ce sur quoi il va s'arrêter, de ce qu'il va sélectionner, de ce vers quoi il choisira de s'engager. Le reste ? Ça n'existe pas... pour notre cerveau, en tout cas !

La réalité n'existe pas, c'est aussi comprendre que c'est bien là que se jouent beaucoup de nos conflits relationnels. Nous pensons vivre la même chose, percevoir la même chose. Erreur, bien sûr. Pour beaucoup d'entre nous ce décalage est particulièrement spectaculaire dans le couple : « Mais si, mais non... Tu te souviens, tu m'as dit ceci, tu as fait cela... Mais non, mais non, mais non et pourtant si ! Parce que moi, je l'ai bien vu, je l'ai bien entendu, je l'ai bien vécu. Tu es de mauvaise foi... » Dans les discussions, on n'entend que ce qui alimente notre moulin, ce qui va dans notre sens, nous donne raison. On ne le fait pas volontairement, mais chacun voit avec son cerveau, et personne ne voit la même chose...

---

1. Jean-Philippe Lachaux, *Le Cerveau funambule. Comprendre et apprivoiser son attention grâce aux neurosciences*, Odile Jacob, 2015.

La réalité n'existe pas, c'est ce que la psychologie appelle les biais de confirmation. On va toujours rechercher ce qui confirme ce que l'on croit déjà, notre façon de voir les choses, notre façon de penser. Si nous sommes persuadés que le travail c'est la santé, tout ce que nous verrons, lirons, entendrons, viendra nous en assurer. Si notre conviction est que le travail va nous tuer, nous en aurons mille et une preuves au fil des articles, des émissions, des discussions. Même sur des choses très simples, on constate à quel point notre cerveau s'amuse à nous piéger : vous venez d'acheter une voiture rouge ? Comme c'est surprenant, les voitures rouges semblent avoir envahi la chaussée ! Pas plus qu'hier, non, mais dans votre regard, incontestablement... Quel drôle de cerveau, nous avons là !

➤ *Changer nos pensées pour changer notre vie*

Mais alors, si la réalité n'existe pas... je peux la créer à ma guise et selon ma volonté ? Oui, c'est vers cette idée que je voudrais vous entraîner... Nous pouvons choisir de sélectionner ce qui nous convient, si, et seulement si, nous acceptons de considérer les multiples réalités qui jusque-là nous avaient échappé.

Il faut littéralement plonger dans un monde inconnu pour ouvrir les yeux sur des paysages insoupçonnés. Faire un pas de côté. Lâcher ses certitudes. Jouer à se faire peur. Bouger son regard. Mobiliser son attention autrement. Hop, par là, que se passe-t-il ? Et si je pense ceci, qu'est-ce que cela produira ? Et cette pensée nouvelle, est-ce que je peux m'en emparer ?... Sur le papier le principe semble facile, accessible, séduisant. Pourtant beaucoup d'entre nous disent, crient parfois, qu'ils voudraient tant changer mais... sans prendre le risque du changement. Sans chercher à voir autrement. Sans penser différemment, même un tout petit peu différemment.

Nos certitudes sont notre confort quotidien, et, même si nous en souffrons, elles nous offrent le confort de nos habitudes. L'habitude qui nous joue des tours…

En psychologie, cela s'appelle la résistance au changement. C'est toujours touchant de le constater. Ces patients qui appellent de leurs vœux une existence différente, qui sont là pour ça et qui pourtant s'accrochent, comme à des bouées, à leur confort illusoire de vivre et de penser. Pour changer, il faut lâcher les bouts qui nous tiennent amarrés au port. Il faut prendre les voiles, puis le large… Contre vents et marées. Avec les forces des vents et des marées. L'horizon dégagé vers les destinations que nous aurons librement mais fermement déterminées. Fermement car nous essuierons des tempêtes, et que seul notre engagement nous permettra de maintenir le cap. Notre cap.

Carla-Marie est morte, à 9 ans. Un cancer fulgurant. Un drame absolu, une souffrance insondable. Nathalie, son incroyable maman, a, depuis, monté une association, Le Point rose[1]*, qui a pour mission d'accompagner les parents ayant perdu un enfant. Une association vivante, généreuse, joyeuse. « Pour ajouter de la vie aux jours, dit Nathalie, quand on ne peut plus ajouter des jours à la vie. » Son projet est magnifique et Nathalie témoigne souvent que la plus grande difficulté pour les parents, c'est la peur de l'oubli. Les parents ont besoin de se souvenir, ont besoin de vivre dans le passé, comme si le risque, en acceptant cette mort indicible, était de nier cet enfant qu'ils ont tant aimé. Comme si le risque était que l'enfant tombe dans l'oubli. La résistance au changement est forte et peut les empêcher de se libérer de l'emprise*

1. Association Le Point rose : http://lepointrose.org.

de la mort. L'amour, lui, restera toujours plus fort. L'amour pour son enfant existe pour l'éternité.

C'est le rôle de la psychologie d'entraîner à cette prise de risque, car c'en est une. La résistance au changement, c'est de la peur. Et c'est normal d'avoir peur. Quand on part vers une destination inconnue, ne pas avoir peur des dangers serait de l'inconscience. C'est exactement là qu'intervient notre métier : faire que nos patients redeviennent conscients de leur inconscient pour prendre des risques en pleine conscience. La peur ressentie indique que nous sortons de nos sentiers battus, elle est notre guide, qui nous confirme que nous sommes bien en chemin.

Cette peur-là, nous devons, nous les psys, lui donner la main. La résistance ne doit pas nous empêcher d'avancer avec notre patient mais au contraire nous guider pour affermir notre volonté de l'aider et de tracer avec lui le risque dans lequel il va s'engager.

Le passé nous construit mais ne nous définit pas

Je pense qu'il ne faudrait jamais beaucoup s'éloigner de cette idée. Sans passé, rien ne peut exister. Le passé est notre récit de vie. Le fil tendu entre hier et aujourd'hui. Un fil qui réunit nos épisodes de vie, qui tient ensemble les multiples facettes de ce que nous sommes. Pas seulement le passé lointain, enfoui, caché, dans les tréfonds de l'enfance oubliée, mais le passé d'hier, d'il y a quelques jours, quelques années. Toutes nos expériences se transforment en passé, le présent est si fugace, si léger, si fragile. Déjà, les premiers mots de ce paragraphe appartiennent à mon passé et au vôtre. Le passé est en mouvement, sans discontinuer, au fur et à mesure qu'avancent nos vies.

N'est-ce pas plutôt cette idée qu'il nous faudrait garder, choyer, promulguer ? Puisque le passé change à chaque instant, nous n'en sommes pas prisonniers, nous n'avons aucune raison de le ressasser, nous ne sommes pas obligés de le porter comme une croix. Cette fameuse croix. Et si nous la posions, justement, cette croix ? Si nous nous en déchargions une bonne fois pour toutes ? Non pas par un acte de volonté en nous disant : je ne veux plus y penser. Nous serions dans un exercice impossible. Une lutte qui accaparerait tout notre espace psychique et nous demanderait un effort trop grand.

Le cerveau ne sait pas gérer la négation. Si je vous dis de ne pas penser à une souris verte, vous voilà obligé d'y penser pour mettre en place des stratégies pour… ne pas y penser ! Et toute cette énergie que vous mobilisez pour ne pas laisser la souris verte s'échapper n'est plus disponible pour vivre ce que vous êtes en train de vivre là, juste là, maintenant.

C'est épuisant de mettre à distance ce qui nous dérange. Cela nous vide. Et nous éloigne de nos vies. Celles que nous sommes en train de vivre et à côté desquelles on peut si facilement passer. C'est insupportable d'entendre tous ces patients qui ont un sentiment de gâchis. Qui ont cette sensation d'être passés à côté de leur vie. « J'ai tout gâché », disent-ils et c'est douloureux. Et si fréquent. Nous sommes 47 % à être concernés, confirme une enquête récente[1] sur la population générale. Quasiment une personne sur deux a le sentiment

1. Enquête IPSOS, septembre 2016.

de gâcher sa vie et aimerait en changer ! C'est un chiffre qui devrait tous nous mobiliser. Et les psys en premier !

C'est notre devoir d'expliquer que l'on n'est pas obligé de rester pieds et poings liés avec ce qui est arrivé, que l'on peut s'en dégager, que l'on a des possibilités concrètes pour nous en alléger. Mais nous devons exprimer haut et fort que ce passé est aussi plein de ressources, de compétences que nous avons exercées, de victoires minuscules ou spectaculaires, de fiertés, de qualités qui sont la marque de notre personnalité, de talents, d'intelligence, de valeurs que nous avons défendues. Notre croix est aussi sculptée de pierres précieuses.

« On m'a dit que c'était mon grand-père… »

Claude, 52 ans, souffre depuis des années d'insomnies sévères. « J'ai tout essayé, dit-elle, des psys, des marabouts, des somnifères, des cures. J'ai fait un bilan de sommeil à l'hôpital, j'ai tenté les antidépresseurs avec le dernier psychiatre. Et je viens de consulter une psychogénéalogiste. Maintenant je sais. Elle a fait des calculs, construit mon arbre généalogique, repris l'histoire de ma famille, enfin, celle que je connais, et elle m'a dit que c'était mon grand-père. »

Je suis perplexe, presque triste. Je demande à Claude ce que ça a changé pour elle. « Pas grand-chose, m'avoue-t-elle, en fait rien. – Mais pour votre grand-père, que s'est-il passé ? – C'était l'Algérie, avant les événements. Il avait peur pour sa famille, il sentait le vent tourner. Il s'est battu, a combattu. Ma famille avait de grandes propriétés agricoles, beaucoup de biens, ils ont tout perdu. »

Oui, cela a dû être profondément difficile pour lui, pour eux. Douloureux, oui, on peut l'imaginer, mais juste s'imaginer qu'il n'a pas dû en dormir de la nuit, mais… là, maintenant, c'est de votre vie dont il s'agit !

Comment sortir de cette croyance tenace que c'est forcément dans notre passé que se niche l'explication de nos maux quotidiens ? Et que débusquer l'intrus résoudra l'équation de nos vies ?

Qu'est-ce que ça peut avoir comme incidence dans nos vies, celles qui sont là, et que nous devons vivre, de savoir que nous avons mis le doigt dans le pot de confiture à 3 ans et que nous nous sommes fait prendre ? Est-ce vraiment pour cela, à cause de cela, que nous nous sentons coupables aujourd'hui ? Est-ce que l'on peut attribuer à cette seule découverte archéologique l'amélioration de notre état psychologique ?

Et si nous faisions radicalement un autre choix : créer, ensemble, une histoire nouvelle, avec ce que l'on est aujourd'hui, avec nos envies, avec ce qui nous anime, avec ce et ceux que l'on aime ? Pas avec des fantômes, pas avec des hologrammes qui hantent nos esprits, pas avec des archives illisibles, mais avec un matériau vivant, libre, souple, curieux, en mouvement. Celui ou celle que nous sommes aujourd'hui. Envers et malgré tout. Envers et avec tout. Avec tout ce qui nous a construits envers tout ce qui nous a blessés, marqués, ou même traumatisés.

➤ *C'est à cause de moi*

Les parents s'attribuent très vite la responsabilité des comportements de leurs enfants, de leurs difficultés, de leurs troubles. Ils se sentent responsables, coupables, comme une évidence. Cette croyance est si ancrée, si largement partagée, qu'on la débusque en permanence dans les conversations de salon ou lors des consultations. Les mamans, qui ont longtemps été désignées comme les coupables idéales de tout ce que leur enfant vivait, sont en première ligne et continuent à penser, sans le remettre en question, que c'est à cause d'elles que tout cela est arrivé. Pourtant, c'est la faute des psys ce chapelet de mères coupables, ce sont les psys qui les ont montrées du doigt. C'est profondément injuste. Et les travaux récents montrent que c'est faux. Mais les croyances sont si profondes qu'il est difficile de les modifier. Pour l'instant.

Dans son livre important, insuffisamment relayé, la psychologue américaine Judith Harris[1] démontre, avec une multitude d'études à l'appui, que les enfants sont bien sous influence, mais de leurs pairs ! Pour 40 %. Les parents sont en queue de peloton, leur influence sur ce que sont leurs enfants ne serait que de 10 %. C'est très peu 10 % ! La part de la génétique est la plus forte, 50 %. Allez, les parents, on respire !

Paul a 10 ans. Il est agité. Inquiet. Nous commençons la consultation. Sa mère est en suspension, au bord du fauteuil. Je l'interromps. Gentiment. Je lui fais remarquer qu'elle peut prendre un instant pour s'installer. Se poser. Se détendre. Il y a comme une urgence en elle. Une tension. Et la peur que je la juge, qu'elle soit, encore, désignée coupable. Alors elle prend les devants et m'annonce que c'est normal que son fils soit anxieux : elle était elle-même anxieuse pendant la grossesse. Très anxieuse. « Quand Paul est né, ça a été encore pire. Je me sentais seule et incompétente avec ce bébé. J'avais peur tout le temps. C'était comme un cauchemar. De toute façon, on est une famille d'anxieux, ça a toujours été comme ça. Alors je comprends que Paul soit anxieux… » Et voilà ! Le passé explique donc le présent, et la maman est l'agent maléfique qui a transmis l'anxiété à son fils. Elle trouve tout cela normal, attendu, programmé. Même si elle est épuisée et qu'elle demande de l'aide. Alors, doucement, je lui fais remarquer qu'elle n'est peut-être pas aussi toute-puissante qu'elle le pense, et que l'anxiété de Paul, considéré comme l'héritier légitime de l'anxiété maternelle, lui appartient en propre. Il a le droit d'avoir

1. Judith Rich Harris, *Pourquoi nos enfants deviennent ce qu'ils sont. De la véritable influence des parents sur la personnalité de leurs enfants*, Pocket, 2004.

SON anxiété. Avec son originalité, sa personnalité, son unicité. J'insiste, pour que cette maman comprenne le sens de mes propos et surtout ne pas la blesser, que je suis désolée, mais qu'il va falloir qu'elle oublie l'idée de sa responsabilité. Bien sûr, elle est légèrement décontenancée, ébranlée… Elle a tellement entendu de psys lui proposer de la voir d'abord, elle, pour pouvoir, ensuite, aider leur fils. C'était douloureux pour elle de se sentir constamment coupable mais au fond relativement confortable. Tout était à cause d'elle, grâce à elle…

Je ne suis pas d'accord. Je le dis haut et fort. Bien sûr, l'histoire de cette maman a une incidence sur le vécu de son fils. Bien sûr, les liens existent. Et, bien sûr, il est important de les prendre en considération. Mais si on persiste à considérer en permanence les mères comme les grandes ordonnatrices de tout, on ne se donne pas les moyens de comprendre et d'aider un enfant, pour ce qu'il est, lui. Dans son identité. Dans ses propres difficultés. On ne pourra pas aller chercher les ressources qui sont les siennes pour lui permettre de faire les bascules qui lui donneront des voies de sortie, de réussite de vie, d'accomplissement de soi. Notre regard de psy sera à son tour piégé par le passé qui nous fera revenir en arrière plutôt que de mettre toute notre énergie pour le projeter, lui, dans sa vie. La vie de Paul. Juste la sienne. Relié à sa famille, mais indépendant dans sa trajectoire.

➤ *Le passé simple n'existe pas*

Et si le passé n'était pas celui que l'on raconte… mais celui que l'on se raconte ? Un passé composé avec notre sensibilité, notre compréhension, notre perception d'aujourd'hui… Nous avons parfois entendu parler de ces faux souvenirs qui s'invitent dans nos paysages intérieurs… Mais auxquels on croit dur comme fer. Nous avons tous été impressionnés par les faux témoignages de témoins qui sont persuadés d'avoir vu, entendu, ce qu'ils n'ont pas vécu. En toute honnêteté.

Le cerveau, encore lui, ne sait pas retrouver des blocs de souvenirs comme dans une bibliothèque bien rangée. La mémoire ne fonctionne pas comme cela. Le principe est connexionniste. Pour se souvenir, des milliers de connexions doivent se faire pour remonter le cours des épisodes engrangés. Chaque souvenir est une illumination de milliers de neurones ! Une connexion déraille et le souvenir se perd, se métamorphose, se pare de détails trouvés sur une autre voie neuronale au gré des connexions. Comme des trains propulsés sur un réseau sophistiqué avec des aiguillages qui règlent automatiquement leur circulation à grande vitesse mais peuvent faire des erreurs d'aiguillages et emmener le train sur une voie qui n'était pas celle initialement programmée.

Et puis – et ça, c'est vraiment essentiel à assimiler – il est impossible, strictement impossible, de faire remonter à la surface un souvenir intact. Même celui d'un événement qui s'est produit hier… C'est impossible. *Impossible*. J'aimerais répéter ce mot comme un enfant qui sauterait joyeusement sur un lit. Parce que c'est une très bonne nouvelle ! Pas très nouvelle d'ailleurs. Pourquoi n'est-ce pas dit et répété pour que tout le monde le sache ? Mystère et boule de gomme. Gardons cette note enfantine. Mais c'est impossible, je vous dis ! Et je vous explique.

Quand on plonge dans sa mémoire à la recherche d'un souvenir plus ou moins perdu, on en récupère tout ou partie, on lui fait reprendre les voies en sens inverse, et quand le souvenir émerge, prêt à être raconté, il a traversé tout un réseau de connexions qui n'existaient pas quand l'événement s'est produit. Depuis, et plus encore si le souvenir est ancien, le cerveau s'est transformé. Au gré des expériences traversées. Des apprentissages. De notre évolution. Quand le souvenir est énoncé, il est refabriqué avec notre cerveau d'aujourd'hui, avec nos circuits cérébraux d'aujourd'hui, avec notre compréhension d'aujourd'hui, avec nos émotions d'aujourd'hui. Il ne peut pas être livré sans remaniement car c'est neurologiquement impossible. Impossible, je vous l'avais bien dit !

Alors quand vous passez des séances, des mois, des années, des nuits, à ressasser des souvenirs du passé, vous pouvez vous dire que c'est un film qui n'a jamais existé. Jamais comme ça. Jamais avec cette tonalité-là. Jamais avec cette intensité-là. Jamais avec ces émotions-là. C'était peut-être très fort, mais pas comme ça ! Ce dont vous vous souvenez est une fiction du souvenir. Comme une étoile, morte depuis longtemps. C'est sa trace qui brille et crée l'illusion de présence.

Et ce n'est pas fini. Plus vous vous accrochez à cette douleur du souvenir que vous revivez encore et encore, plus vous le convoquez, et plus vous le gravez dans votre esprit. C'est totalement contre-productif ! Les souvenirs sont de la mémoire qui peut se perdre si on ne s'en souvient pas. La mémoire fonctionne ainsi. Pour pouvoir continuer à apprendre et à mémoriser, il faut oublier. Tous les travaux actuels le confirment. La mémoire, c'est fait pour oublier et c'est en oubliant qu'on fait de la place pour avancer et pour engranger de nouveaux savoirs, de nouveaux savoir-faire, de nouveaux savoir-être !

Apprendre à oublier serait-il le credo de la nouvelle psychologie ? Pourquoi pas, après tout. Apprendre à oublier ce qui nous a blessés permet de le métaboliser, pas de le nier. Sauf si on considère que le déni est finalement une stratégie acceptable. Le déni signifie que l'on a occulté un événement traumatisant, qu'il n'est plus accessible à notre mémoire. Tant mieux, répondent les sciences cognitives, c'est plutôt intelligent !

Apprendre à oublier comme un premier pas vers un passé délivré des charges parfois lourdes du passé ?

➤ *Se souvenir des belles choses…*

À force de vouloir épurer ce qui nous fait souffrir, nous oublions d'alimenter ce qui nous fait du bien. Dans le passé existent mille et un trésors. Leur évocation nous caresse, nous émeut, nous fait du bien, nous attendrit. La nostalgie heureuse. La fierté d'avoir su, d'avoir pu remporter telle petite ou grande victoire. Un regard. Un paysage. La sensation du vent, du sable, de l'eau. Un éclat de rire… Tous ces souvenirs nichés dans les replis de nos âmes. Des joyaux. Ne les laissons pas se recouvrir de poussière. Époussetons-les régulièrement pour que leur lumière brille dans nos cœurs. Que leur douce présence nous réchauffe, nous réconforte. Se souvenir régulièrement de ces moments qui égrènent notre enfance, ou notre passé plus récent, les ancre dans notre mémoire et nous les rend disponibles plus spontanément. Ils sont là, très près, et c'est si doux.

Être bien attaché pour mieux se détacher

Les théories de l'attachement sont importantes en psychologie. Anciennes, c'est vrai, mais, en clinique quotidienne, elles sont une clef de compréhension qui nous aide à orienter notre regard, notre prise en charge. Les théories de l'attachement, c'est très touchant car cela nous parle au creux de l'oreille de ces moments oubliés que nous rejouons sans nous l'expliquer pendant de très longues années. Toujours parfois. Quand tout va bien. Et jusqu'à ce que ce soit éclairé, quand le parcours est plus mouvementé.

L'attachement, c'est tout ce qui nous a été expliqué par ce talentueux psychiatre anglais, Donald Winnicott, incroyable clinicien, dans la lignée des travaux d'éthologues audacieux : Harry Harlow avec ses singes macaques qui préfèrent la fourrure à la nourriture, Konrad Lorenz, suivi de ses chères oies dont il s'occupe, ou le psychiatre John Bowlby qui a théorisé le premier que l'amour est notre première nourriture vitale.

Les théories de l'attachement nous enseignent que dans notre toute petite enfance, les liens avec les personnes qui ont pris soin de nous, souvent nos parents, nos figures d'attachement, dit-il, vont avoir une importance déterminante sur notre sentiment de sécurité interne et sur notre capacité, ou non, de nous lancer dans le vaste monde, avec l'élan vital qui va avec.

Les cliniciens ont ceci de génial que, très souvent, ils comprennent, bien avant que cela soit scientifiquement prouvé, des mécanismes psychologiques qui seront ensuite validés. Avec les théories de l'attachement, c'est ce qui s'est passé. Voilà pourquoi j'en parle ici. La qualité du lien que nous entretenons les uns avec les autres est désormais désignée comme la composante centrale de notre santé psychologique, physique, de notre longévité et de notre bonheur de vivre. Ni l'argent, ni les conditions de vie, ni le succès professionnel ou personnel n'ont une incidence aussi importante que la force et la profondeur du lien, de l'amour, de l'attachement qui nous lient aux autres, les plus ou moins proches, famille ou non. La qualité du lien.

Nous savons aussi maintenant que tous ces mécanismes se mettent en jeu grâce à l'effet des neurones miroirs, ces neurones qui nous font ressentir l'état émotionnel des autres et qui captent sans relâche et sans mots le lien intime et inconscient qui nous unit à eux.

Et les premiers liens seront notre base pour nous sentir capables de nous attacher aux autres, d'aimer les autres et de nous sentir dignes d'être aimés.

Dans nos toutes premières années, nous pouvons vivre trois grands types d'attachement, de présence ou d'absence de sécurité affective :

– *L'attachement sécure* : le mot anglais a été francisé parce que nous n'en avons pas d'équivalent. Cet attachement est celui qui s'instaure quand nous sommes tranquillisés par la présence inconditionnelle de l'autre. « J'ai besoin de toi, je sais que tu es là. Tout va bien, je vais bien. »

– *L'attachement insécure* en est le négatif. « Je comprends très vite que je suis seul et que, quelles que soient les circonstances, tu ne seras jamais là pour moi. Pour me consoler, pour me réconforter, pour me rassurer. L'attachement insécure distille l'idée que je ne peux compter sur personne et que je serai, à jamais, seul au monde. »

– *L'attachement ambivalent* est le plus pernicieux. « Une fois, tu es là, une fois, tu n'es pas là. Je ne sais jamais si je peux compter sur toi, je ne sais jamais, lorsque j'ai besoin de toi, si tu pourras me prendre dans tes bras. » L'angoisse d'abandon rôde et avec elle le besoin permanent d'être rassuré. La fragilité de soi et du lien aux autres, mais aussi à la vie, est un risque à prendre au sérieux.

Le type d'attachement détermine notre sentiment de sécurité ou d'insécurité interne. En consultation, 70 % des enfants que nous recevons ont un type d'attachement *insécure* ou *ambivalent*.

L'attachement *sécure* est le Graal. Cette sensation au creux de soi, que nous sommes solidement arrimés, aimables et aimés. Une base de sécurité, une force intérieure, qui nous permettra d'aller, le cœur léger, découvrir le vaste monde. Pour en affronter les dangers, nous sommes secrètement équipés.

> « *J'aime cette jolie façon de parler de ce territoire intime de sécurité : "Lieu silencieux, sacré, dont la sauvegarde est primordiale pour que l'on puisse maintenir le sentiment d'exister." Ce sont les mots de Winnicott*[1]. »

Il est très facile, dans nos vies, de repérer ceux qui vivent avec cette base de sécurité solide, ceux qui se frottent aux aspérités de la vie avec une confiance insolente. Ceux qui entreprennent avec enthousiasme et ne se découragent pas quand la difficulté pointe le bout de son nez. Ceux qui embrassent la vie avec tout ce qu'elle peut offrir, et parfois détruire, en ayant la conviction intime que, comme le roseau de La Fontaine, ils ploieront mais ne rompront pas. On peut les envier, car en effet ils rebondissent et s'accomplissent avec plus de souplesse, de créativité, de capacités. Ils ont été solidement attachés, alors ils peuvent s'aventurer. En pleine confiance d'exister.

Pour les *insécures*, les dés sont pipés. Ils ne croient ni en eux ni en rien et surtout pas aux autres. Ils se pensent très peu capables d'accomplir et encore moins d'aimer. Ils reproduiront souvent ce manque d'amour dans des comportements agressifs hostiles, manipulateurs et parfois violents. C'est triste. Ils sont tristes. Ils ont si peur.

---

1. *In* Ariane Calvo, *Trouver son élan vital. 10 clés pour rebondir après une épreuve*, First Éditions, 2018, p. 57.

Les *ambivalents* se bagarrent avec la vie : ils tentent, recommencent, se sentent abandonnés, mal aimés, mais s'accrochent. Ils ont toujours au cœur l'espérance de l'île. Ils ne se laissent pas totalement sombrer, l'oasis leur semble parfois à leur portée. Mais leur combat est âpre, périlleux, et leur demande d'amour les absorbe tant qu'ils peuvent en perdre le sens du vent. De la vie. De leurs besoins propres. Ils ont tellement besoin d'être aimés et si peur de l'être, vous comprenez. Et si l'être aimé s'échappait… Pour eux, le pire scénario est toujours le plus probable, donc le plus angoissant. Le besoin de reconnaissance est l'autre face de la même pièce et ils crient sans interruption : « Et moi, et moi, et moi ? »

➤ *Notre style d'attachement, pour la vie ?*

Le style d'attachement que nous avons vécu est la toile de fond qui place nos balises et qui marquera, en effet, notre développement et en particulier notre développement affectif et émotionnel.

Mais, là encore, tout peut se modifier. En réalité, ceux qui ont bénéficié de cet attachement sécure, protecteur, auront toujours une confiance robuste. Comme Obélix, ils sont tombés dans la marmite quand ils étaient petits. Ils sont, d'une certaine façon, immunisés pour la vie. Les coups les plus violents qu'ils pourront recevoir n'auront jamais le pouvoir de détruire cette base secrète. L'ébranler, oui, la pulvériser, non. Comme les culbutos, ils peuvent vaciller mais retrouvent toujours leur équilibre. Ils sont lestés.

Pour les autres, changement de cap ! C'est vrai, c'est comme ça que tout a démarré ; c'est vrai, il aurait été plus facile d'être équipé d'une solide base de sécurité ; c'est vrai, on peut trouver que ce n'est pas juste… Mais c'est là que le choix se fait : on peut pleurnicher et se dire qu'on n'y arrivera jamais, ou s'emparer de toutes les autres possibilités pour redistribuer la donne. « J'ai la possibilité de m'assurer de ce sentiment de tranquillité à l'intérieur de moi, si et seulement si j'accepte de changer. »

Ce n'est pas rien d'accepter ce changement. Là encore, et paradoxalement, ça nous fait sortir de notre zone de confort. Parfois, même si cela nous fait souffrir, nous préférons rester au chaud dans un confort de fonctionnement, douloureux certes mais connu. Nous trouvons plus simple d'accuser les autres, nos parents, la vie, de ne pas nous avoir dotés de cet atout initial. On peut se déresponsabiliser de sa vie… Ou alors, on peut s'engager, redevenir acteur, parce que c'est de notre vie qu'il s'agit et que, jusqu'à preuve du contraire, nous ne sommes pas dans un jeu vidéo et nous n'en aurons pas une deuxième !

C'est ici encore que le passé doit être introduit pour s'en saisir, soit pour le faire fructifier, soit pour le métaboliser, mais sûrement pas pour s'apitoyer et ressasser en boucle cette injustice dont nous avons été les victimes innocentes.

La plasticité cérébrale, encore et toujours elle, nous rappelle aussi qu'un nouveau lien solide peut tout transformer. Toute nouvelle rencontre authentique et tout est rejoué. Dans le cerveau, toutes les possibilités de schémas d'attachement sont disponibles. On peut même, tout petit, avoir un schéma insécure avec ses parents et développer un schéma sécure avec sa nounou. Même les enfants maltraités peuvent se dégager de liens originels délétères. Le pouvoir du lien, de la résilience, de l'amour, est incommensurable. L'amour peut tout, répare tout.

Réparer les *psy*catrices

Je crois que toute la psychologie se rassemble autour de ce sentiment interne de sécurité. C'est, quels que soient les âges, les difficultés, les troubles, les pathologies, les profils de personnalité et les lieux de soin et d'accompagnement, la seule vraie raison des consultations. La base de sécurité est la colonne vertébrale autour de laquelle se déploie l'identité. Et c'est ce sur quoi nous, les psys, devons d'abord travailler.

Sans ce sentiment de sécurité, tout accompagnement thérapeutique, toute prise en charge, toute remédiation, est voué à l'échec à plus ou moins court terme. La base de sécurité est l'axe de travail central.

La première brique pour commencer le chantier ? Le psy lui-même et le regard d'amour inconditionnel qu'il pose sur son patient, sa conviction intime que le patient va changer, la force de son engagement indéfectible qui permet au patient de sentir qu'on lui tient solidement la main et qu'on ne la lâchera pas tant que l'on ne sera pas arrivé à quai.

C'est vraiment, vraiment, notre mission, et cela change, vraiment, vraiment, tout. Nous devons être la base de sécurité à partir de laquelle nos patients peuvent aller explorer en toute sérénité leur monde interne embrouillé et le monde touffu de la réalité. Quand on se sent en sécurité, on peut développer l'audace de changer !

➤ *Et dans la vraie vie ?*

Ce travail de restauration de soi, qui dépasse largement le stade de la confiance en soi, passe vraiment par la capacité de chacun à déclencher et à profiter de situations de vie qui, petit à petit, transformeront cette subtile alchimie.

S'entourer de personnes que l'on admire, qui nous aiment inconditionnellement, se donner la possibilité d'être aimé, apprécié, malgré la peur... Ce n'est pas simple mais cela déclenche cette production sacrée d'ocytocine qui remplira notre vase intérieur. Et nous met dans cette relation intime de neurones miroirs qui nous veulent du bien.

➤ *La force sacrée du lien*

C'est la plus grande étude à ce jour. Elle a commencé il y a quatre-vingts ans, en 1938...

Quatre générations sont passées, y compris chez les chercheurs. Cela a lieu aux États-Unis, dans la prestigieuse Université Harvard[1].

À l'origine, l'étude cherchait à comparer des groupes de jeunes qui ne partaient pas avec les mêmes atouts : d'un côté, des étudiants de l'université, de l'autre, des jeunes des rues de Boston. Plusieurs centaines de participants ont été suivis au fil de leur vie avec des tests cognitifs et de personnalité, des bilans de santé, des explorations neurologiques, l'intégration de leur mode de vie. Tout est passé au crible : un travail ou pas ? Alimentaire ou épanouissant ? Marié, célibataire, divorcé, remarié, en couple, seul... ? Enfants, pas d'enfants ? Maladie ? Niveau de vie ? Lieu de vie ? Bref, tout a été analysé et la conclusion est sans appel.

Qu'est-ce qui permet de vivre vieux, en bonne santé et heureux ? Un seul critère. Indiscutable. La qualité du lien aux autres. Plus on est authentiquement relié, plus on entretient

1. Harvard Study of Adult Development, Robert Waldinger (directeur).

des relations chaleureuses et nourrissantes avec les autres, plus on vit bien, plus on se sent fort et on le devient… Le lien répare profondément le vase fêlé et le remplit de cette potion magique dont nous avons été originellement privés.

➤ *S'aimer soi-même ?*

Cela paraît toujours étrange car, très vite, nos vieux schémas d'égocentrisme, d'égoïsme, arrivent au grand galop. S'aimer soi-même ce n'est pas se mettre sur un piédestal, se considérer le meilleur et dédaigner les autres. S'aimer soi-même, c'est plutôt toucher sa part d'humanité, reconnaître son sentiment intime de vulnérabilité, accepter profondément que l'on a besoin de cet amour qui répare tout. S'aimer soi-même, c'est penser, au fond de soi : si les autres peuvent m'aimer, alors moi aussi je peux le faire, et si je le fais, je n'en deviendrais que plus aimable car je ne serais plus dans une quête d'amour à sens unique mais dans un partage de ce besoin universel d'être aimé. Plus j'accède à cette possibilité de m'aimer moi-même, plus je peux aimer les autres, plus les autres m'aimeront…

Se prendre dans les bras, s'enlacer au sens propre, se dire des mots gentils, se faire un compliment, se féliciter, dire merci… des petits riens qui changent beaucoup. Non par autopersuasion, ce qui serait très vite factice, mais par activation de notre chimie intime. Aujourd'hui, nous le savons, ces gestes d'autocompassion déclenchent ces fameux cocktails d'hormones et de molécules qui nous rassurent, nous sécurisent, nous procurent de la satisfaction et nous motivent. Nous sommes tous équipés de notre propre spray pour prendre des bouffées d'hormones bienfaisantes. Une DOSE[1],

---

1. Selon le joli acronyme de Jean-François Laurent.

dopamine, ocytocine, sérotonine, endorphine. À consommer sans aucune modération !

➤ *Aimer son passé*

Prendre son passé par la main pour l'emmener vers demain… Comme on prendrait avec soi un objet précieux, même un peu abîmé, mais auquel on tient par-dessus tout.

Cela m'évoque cet art délicat japonais, le kintsugi. La réparation de bols en céramique avec de l'or. Au lieu de masquer les brisures, les fêlures, on les magnifie. Les fines cicatrices d'or rehaussent la beauté de l'objet, son caractère précieux.

Est-ce que ce ne serait pas cela l'art de la résilience, l'art ultime de la résilience ? Accepter que le passé nous a fait souffrir mais recoller les morceaux délicatement pour pouvoir le regarder avec une forme de tendresse ou même d'amour. C'est mon passé, je ne l'aurais pas choisi ainsi, mais c'est celui-là et je peux l'aimer. Car, si douloureux qu'il ait été, c'est lui qui m'a construit, c'est lui qui m'a inscrit dans cette vie, la mienne. Et si je peux lui faire une place dans ma vie d'aujourd'hui, c'est parce que je peux, aussi, en saisir les leçons de choses, les leçons de vie. Dans ce passé tourmenté, j'ai puisé des forces, des talents. Il m'a abîmé mais je peux me réparer, j'ai les fils d'or en moi pour le faire, mes ressources.

Ressasser mon passé comme on remuerait un couteau dans la plaie ne me permet pas d'avancer, honorer mon passé, remercier mon passé, m'ouvrent en grand la porte pour exister.

Et s'il fallait aussi se pardonner ? Se pardonner est une intention active. Ce n'est pas la confession de ses péchés, de ses culpabilités, simplement avouer… Se pardonner, c'est ouvrir grand les bras à son passé, faire de la place à sa fragilité d'humain. On se sent triste et coupable de ce qui s'est passé : je n'aurais pas dû, j'aurais pu, je n'ai pas su… C'est douloureux, c'est vrai. Mais c'est nous aussi, ce passé. On peut l'aimer, on peut s'aimer, envers et malgré cette blessure, cette épine dans le pied. Faire de la place à son passé comme on regarderait un enfant qui a fait une bêtise. Oui, on est fâché mais cela ne va pas entacher notre amour pour lui. Nous ne réduisons pas notre enfant à sa bêtise, nous l'aimons avec toutes ses bêtises, elles font partie de lui avec ses qualités, sa personnalité, ses talents.

Viens mon passé, je comprends que cela te soit lourd à porter, mais pose-toi là, il y a tant d'autres choses que tu as été. Tu es ma ressource, ma force, mon espoir. Je t'aime mon passé, comme tu es.

➤ *Guérir des pièges de son enfance*

Guérir des pièges de son enfance, c'est désobéir. C'est le charme rebelle de ceux qui refusent d'être programmés et prennent la porte de leur liberté. Nous avons compris que nous avions cette trame cérébrale, inconsciente, qui, à notre insu, s'infiltre dans nos vies et décide souvent à notre place. Nous ressentons bien que nous avons ces flux et reflux émotionnels qui viennent de loin et parfois nous brouillent la vue, la vie. Cela s'appelle notre passé, le nôtre, différent de la vie qui est là, la nôtre. À la différence près que celle d'avant je ne peux la changer, alors que ma trajectoire actuelle, je peux la modifier.

Une seule consigne, redevenir conscients, présents à tout ce qui vit en nous, au-delà et en deçà de nous, ce foisonnement de tout ce que nous sommes et que nous avons imprimé aux tréfonds de nos cellules. Devenir conscient, c'est observer, accepter, et décider. Décider de ce que je peux et vais garder, car cela me convient, maintenant. De ce que je vais définitivement jeter, car c'est totalement périmé. De ce que je vais transformer. C'est cela la révolution, la révolution intérieure. En pleine conscience de ce que je suis, en pleine conscience de mon passé, en pleine conscience des pièges dissimulés, je peux choisir de changer.

Inconscient, je reste prisonnier. Nous avons besoin de cette pleine conscience pour nous libérer. C'est en repérant tout ce qui m'anime que je peux me détacher de mon passé, c'est en y trouvant des trésors que je peux m'en nourrir.

Guérir, c'est aimer nos *psy*catrices et ne plus les subir. Guérir, c'est s'ouvrir à la possibilité de ne pas se résumer à son passé mais s'entraîner à conjuguer sa vie au futur. Guérir, c'est avoir la lucidité de ce qui se joue, maintenant, et deviendra mon passé, demain. Guérir, c'est renouer avec l'élan vital, notre réserve de vie.

➤ *Le facteur chance sonne toujours deux fois*

> *« C'est une folie de haïr toutes les roses parce qu'une épine vous a piqué, d'abandonner tous les rêves parce que l'un d'entre eux ne s'est pas réalisé, de renoncer à toutes les tentatives parce qu'on a échoué… C'est une folie de condamner toutes les amitiés parce qu'une d'elles vous a trahi, de ne plus croire en l'amour juste parce qu'un d'entre eux a été infidèle, de jeter toutes les chances d'être heureux juste parce que quelque chose n'est pas allé dans la bonne direction. Il y aura toujours une autre occasion, un autre ami, un autre amour, une force nouvelle*[1]. »

C'est l'idée absolue. Rien n'est jamais joué. Ni avec le passé lointain, ce passé d'enfance, ni avec le passé proche, celui que l'on vient de quitter. Chaque moment de notre présent est

1. Antoine de Saint-Exupéry, *Le Petit Prince*, Gallimard, 1945.

une nouvelle chance. Une nouvelle possibilité. Une nouvelle donne. C'est notre espace de créativité. Nous sommes tous créatifs. La créativité, c'est sortir du cadre. C'est savoir que le cadre existe et s'autoriser à s'en échapper. Ce n'est pas le refus du passé mais la liberté de l'avenir. La créativité, en psychologie, s'appelle aussi la pensée divergente, celle qui emprunte un chemin de traverse. Celle qui a l'audace de ne pas être dans la reproduction du même, dans les codes établis, dans la routine de la programmation attendue. C'est une pensée qui génère des idées nouvelles, une pensée nouvelle, un point de vue nouveau, une façon de faire différente… La pensée divergente est tellement puissante qu'elle peut nous sortir avec brio de nos conditionnements du passé ou de nos certitudes que l'on ne pourra jamais faire autrement. C'est une force sur laquelle on peut s'appuyer quand on a peur. Surtout quand on a peur. La peur indique que l'on prend des risques, et c'est vrai.

La vie devant soi

➤ *La fin de la plainte*[1]

Grégoire recommence. Et encore. Quarante-cinq ans qu'il se plaint ! La plainte est sa signature. Rien ne va jamais. Il dit qu'il souffre. Que c'est horrible. Que je ne comprends pas. Que je ne prends pas la mesure de sa détresse. Grégoire a été diagnostiqué dépressif. Il est sous traitement. Ce n'est pas la première fois. Il vient me voir ponctuellement mais voit un autre psy toutes les semaines. Et une thérapeute corporelle. Sa plainte lui colle au cœur et au corps et en devient gluante. Cela me donne la sensation

1. Pour reprendre le titre de ce livre magnifique de François Roustang.

que c'est une substance qu'il sécrète pour se protéger. Comme les hérissons. Il se plaint pour déclencher la compassion. Presque pour que l'on ait pitié. Pour exister la plainte a besoin de quelqu'un pour l'entendre et surtout pour la consoler.
Je le lui fais remarquer. Je lui dis que je n'en peux plus de sa plainte. Qu'elle m'oppresse et lui avec. Que, s'il est amoureux de sa plainte, moi, elle me met à distance. Qu'elle ne m'intéresse pas. Que s'il y est si attaché, qu'il s'en débrouille. Que c'est son doudou et qu'il ne peut plus la trimbaler à longueur de vie et de psys. C'est fini. Il faut lâcher l'affaire. Je le lui ai dit presque comme ça, fâchée, déterminée.
Il n'a pas aimé. Je lui ai dit aussi que je comprenais que d'aller bien était beaucoup plus compliqué que de se plaindre à longueur de temps. Que cela demandait plus de courage. Plus de détermination. De la volonté, au sens noble. Prendre la responsabilité de sa vie. Alors il a commencé à se défendre, à être en colère. C'était – presque – gagné ! La colère, c'est un mouvement vers la vie, c'est défendre ce à quoi l'on tient, et pour Grégoire le courage, la détermination, la volonté, l'engagement sont des valeurs qu'il ne voulait pas que je mette en doute chez lui.
Alors, il a redressé la tête. Petit à petit, nous avons pu avancer, déblayer, construire un nouveau paysage intérieur. Aujourd'hui, il sourit spontanément quand il se rend compte qu'une plainte lui a échappé… Et je ris avec lui. Il est redevenu pilote de sa vie… La dépression chronique, c'est fini. Son attachement pathologique à la plainte empoisonnait sa vie. Et l'éloignait des autres.

Il est légitime d'exprimer ce qui ne va pas, ce qui nous fait souffrir, ou ce qui nous inquiète. Pour les parents aussi. La souffrance est toujours à respecter. Personne ne sait combien de temps dure une seconde de souffrance, insiste André Green. La souffrance est ce qui fonde notre métier de psy. Mon métier. La souffrance, nous devons la prendre dans nos bras, la consoler, la cajoler. L'honorer.

Mais la souffrance n'est pas la plainte. La plainte, au lieu de vider la souffrance, l'alimente. Elle nous conduit à garder le fil à la patte. À ruminer. À refuser de voir la réalité. À être dans la réalité. Celle qui pourrait être modifiée, mais cela demande un effort : c'est fatigant de faire bouger les lignes.

La plainte est une forme de refus de soi.

« La plainte est là pour nous protéger de ce bonheur si proche qui nous emporterait vers les risques de la générosité, de l'invention gratuite ou de l'aventure amicale ou amoureuse[1]. »

➤ *C'est pas ma faute*

Il est tellement plus simple, en apparence en tout cas, d'incriminer les autres, l'autre, le passé, le temps qu'il fait, la société… En consultation, nous l'entendons tellement. Dans la vie aussi.

Mais, ce dont on ne se rend pas compte, c'est que ce fonctionnement externaliste, comme on dit en psychologie, le fait de toujours rejeter la faute sur l'extérieur, nous immobilise complètement. Nous cédons le pouvoir. Comment agir sur ce qui ne dépend pas de moi ? Comment faire évoluer les choses ? Le « c'est pas ma faute » nous enferme dans cette fameuse plainte et nous bloque toute possibilité d'évoluer. Et nous maintient dans la dépendance. La dépendance affective surtout. Qui freine toute possibilité d'autonomie de vie.

« Je n'ai pas le choix » en est une autre version. Tout aussi fausse. En général bien évidemment. Certaines vies sont dans de telles impasses, il ne faut pas l'oublier.

Se défausser sur l'extérieur est une démission. Il est très rare que l'on puisse changer les autres. Mais on peut se changer

1. François Roustang, *La Fin de la plainte*, *op. cit.*, p. 12.

soi-même ! Nous ne sommes pas tenus de rester sous emprise, « c'est la faute des autres ». Nous pouvons prendre nos responsabilités. Nous devons les prendre. Je crois que c'est un vrai poison de nos vies d'aujourd'hui ce refus d'obstacle, cet évitement de toute prise de responsabilité. Dans tous les domaines.

On peut, on doit, être les acteurs de nos vies. Pas les spectateurs !

Ce n'est pas toujours facile, mais c'est toujours possible. Le mouvement est toujours possible. L'intention. Et c'est l'intention qui compte et qui, souvent, commencera à transformer ce qui paraissait immuable. L'intention. Juste l'intention.

➤ *En espoir de cause*

> « Laissez la vie vous arriver, croyez-moi, la vie a raison, toujours. »
>
> Rainer Maria RILKE.

« Prendre la vie comme elle vient », c'est aussi le leitmotiv de Mary Poppins. Mary Poppins, c'est ma star. Celle que j'admire le plus au monde. Pourquoi ? Parce que tout au long de ce film aux mille métaphores, elle nous explique que l'on ne peut pas changer les choses, mais que l'on peut changer son regard sur les choses et que c'est ça qui change tout !

Ne nous y trompons pas. Il ne s'agit pas de résignation mais d'ouverture, de capacité à regarder un peu plus loin que le bout de son nez. Prendre la vie comme elle vient…

C'est aussi ce que cherche à traduire l'idée de sérendipité, un anglicisme. Le mot est *serendipity*. En français, le terme n'existe pas. Même sur mon ordinateur, pourtant d'origine anglophone, le correcteur d'orthographe ne le connaît pas.

Il signifie « don de faire des trouvailles » et a été inventé par un bibliomane anglais du XVIIIe siècle, Horace Walpole.

La sérendipité, c'est déjà un joli mot car, si on le prononce à haute voix, on entend « serein ». Cela fait partie des mots qui donnent envie. La sérendipité, c'est découvrir autre chose que ce que l'on recherchait. Ce qui suppose une authentique capacité à la curiosité, une capacité à sortir de sa zone de confort : Christophe Colomb qui découvre l'Amérique alors qu'il souhaitait rejoindre l'Inde, la pénicilline découverte au hasard de la moisissure dans le laboratoire de Fleming, le Post-it qui est la fourniture de bureau la plus répandue alors que son inventeur cherchait à mettre au point une colle forte, la radioactivité, terme proposé par Marie Curie et dont les propriétés se sont révélées au hasard d'expériences connexes…

Faire confiance aux richesses de la vie. Croire en ses possibilités qui sont souvent si loin de ce que l'on pensait. Avoir les yeux grands ouverts. Accepter de se tromper comme la preuve que l'on a essayé. Que l'on a pris des risques. Prendre l'erreur comme l'expression du courage d'avoir osé plutôt que comme une punition bien méritée. S'autoriser l'audace. Un mot que l'on n'entend pas beaucoup. L'audace, c'est l'anticritique, l'antiplainte. C'est un bouclier contre la morosité ambiante et la chape de brume sombre qui pèse sur nos têtes : rien ne va plus, rien ne va bien, tout fout le camp… L'audace comme illumination de nos vies. L'audace qui fait peur mais qui fait vivre. L'audace comme antidote à la non-vie.

Christophe a 18 ans. L'école ? Il s'en fout. Le bac ? Pour quoi faire ? L'école a été un calvaire. Il est arrivé en terminale grâce à l'énergie de ses parents qui n'ont jamais faibli. Mais là, vraiment, non, il ne franchira pas le dernier saut d'obstacle. Il traîne, fume, sort. Il vient quand même me voir, pour apaiser l'inquiétude familiale. La consultation est musclée. On se confronte, on s'affronte, on se défie…

Je le défie, je le bouscule, je lui dis que je comprends qu'il se fiche du bac mais pas de sa vie. Que la vie, on ne la traite pas comme ça. C'est précieux la vie. Je le reprends à la volée quand il tente de me faire des discours creux, qu'il utilise des excuses bidon, des mots-valises, ces mots qui veulent tout dire et ne disent rien… Je ne relâche pas mon attention, je le regarde sans interruption, comme si je tendais une corde solide entre lui et moi, entre la vie et lui. J'ai seulement l'intention de l'aider mais aucune idée sur la manière dont je peux y parvenir. Mais je ne lâcherai pas la corde. Jamais. Soudain surgit de nulle part une question : « C'est quoi le cursus pour être psy ? » Un tressaillement me parcourt. Je comprends qu'à cet instant tout peut basculer. Je me recentre. Je lui explique. Christophe est en stage avec moi en ce moment, tandis qu'il suit ses études de licence de psychologie. C'est un peu ça la sérendipité. Nous n'allions pas dans cette direction ni l'un ni l'autre. Et nous avons trouvé une issue que nous n'avions pas prévue.

La flexibilité est la vraie clef

➤ *Résiste, prouve que tu existes*

Pour se développer, notre pensée doit être inhibée[1]. Si on ne l'inhibe pas, l'intelligence n'évolue pas. Inhiber, ça veut dire bloquer, barrer la route.

Souvent, nous avons une croyance ou une perception qui nous paraît être la réalité. Mais c'est l'automatisme de ce que nous avons appris jusque-là qui crée cette illusion !

Imaginons un enfant de 5 ans. Nous disposons devant lui une ligne de jetons en nous appliquant à bien les espacer. En dessous,

1. Olivier Houdé, *Apprendre à résister*, Le Pommier, 2014, et *Le Raisonnement*, PUF, « Que sais-je ? », 2018.

nous reformons une ligne avec le même nombre de jetons, mais plus serrés, puis posons cette simple question : « À ton avis dans quelle rangée y a-t-il le plus de jetons ? » Avant 5 ans, l'enfant est piégé par ce qu'il voit et pense que plus la ligne est longue, plus il y a de jetons. Plus âgé, cette pensée lui vient à l'esprit, mais il la bloque, marque une pause et comprend qu'il faut qu'il compte, qu'il dénombre, pour répondre. C'est l'inhibition d'une forme antérieure de pensée qui lui permet de franchir une étape intellectuelle décisive.

Les pièges que nous tendent notre cerveau et notre perception de la réalité sont légion. Si nous ne savons pas que ce processus existe, nous nous trompons, nous égarons et, surtout, nous sommes le jouet de notre mental automatisé et des illusions de la réalité. Les illusions d'optique nous amusent et c'est le même principe. Pour voir ce que l'on nous propose d'observer, il faut faire un effort avec notre cerveau, pour le tordre dans une autre direction. Notre cerveau combat, car pour lui c'est tellement plus simple de voir ce qu'il a l'habitude de voir ! Nous sommes des êtres intelligents mais notre cerveau, lui, est binaire : est-ce que ça me fait plaisir, est-ce que ça me fait souffrir, c'est le seul langage qu'il comprend. Le conflit cognitif – c'est le mot savant – l'épuise. Alors il préfère rester dans ses habitudes. Voilà comment nous sommes nous aussi sous le joug de notre inconscient qui a codé des pensées, des émotions, des comportements, prêts à l'emploi pour la plupart de nos situations de vie.

Résister, c'est prendre conscience de ce qui nous semble si naturel mais qui peut-être n'est plus ou pas adapté à ce que nous vivons dans l'ici et maintenant. Pour inhiber, il faut avoir cette lucidité sur soi, sur ses croyances intimes, sur ses convictions profondes, qui sont soit adaptées, soit complètement périmées. Fixer son cap, décider de son destin, c'est aussi reprendre son cerveau en main.

Extrait de consultations : « C'est toujours comme ça ! J'en ai marre ! Oui, je sais, c'est nul. J'avoue... » Vous les connaissez ces petites phrases qui ponctuent spontanément nos propos ? Cela fait partie de mes « traques » pendant les consultations. C'est réjouissant car, lorsque j'ai repéré ces automatismes dans ce que me raconte le patient, je le lui souligne, je l'écris sur une feuille, et chaque fois que le petit tacle est prononcé, je fais une croix. Au début, c'est irrépressible, les phrases sortent sans contrôle, puis apparaissent les premiers « oups », après, puis les apnées, avant... Petit à petit l'automatisme s'épuise. Cela ne paraît rien ou bien superficiel, mais c'est le début de l'épopée pour aller ensuite traquer toutes ces habitudes de pensée qui jaillissent de nous, en toute impunité et à notre insu ! Pour le meilleur... ou pour le pire.

Avez-vous résisté à l'air de la chanson de France Gall dans la tête en lisant le titre de ce paragraphe ? Oui, probablement, parce que sinon vous n'auriez pas pu être attentif à la compréhension de ce que vous lisiez... Vous voyez où ça va se nicher ?

➤ *De toute façon, c'est ma nature*

Je le dis, tu le dis, nous le disons, vous le dites... Parfois parce que ça nous rassure, d'autres fois parce que nous nous sentons impuissants. Et toujours parce que nous y croyons. *C'est ma nature.* Point. Point final. C'est comme ça, c'est tout. Je n'y peux rien.

Ce que je trouve très touchant, c'est cette notion de tempérament. Une idée vieillotte et une conception qui ne se trouve plus dans les manuels de psychologie mais qui, malgré tout, nous semble à chacun une évidence. C'est important le tempérament. C'est presque comme la personnalité, mais c'est plus profond. Et on y est tous un peu attaché à cette idée de tempérament. Les magazines féminins l'ont bien compris et nous proposent régulièrement ces questionnaires censés nous indiquer dans quelle case nous nous trouvons. Ce qui renforce notre conviction que nous appartenons bien à un segment de fonctionnement, et que l'on s'identifie, et que, comme le veut le biais de confirmation, nous ferons tout pour nous y conformer, toujours à notre insu.

C'est aussi cela le poids de nos croyances et ce dont parfois il faut arriver à se dégager.

C'est ma nature, ou est-ce toute ma vie qui s'inscrit dans cette reproduction à peu près à l'identique de comportements qui viennent de loin et que je confirme chaque jour, aujourd'hui plus qu'hier et bien moins que demain ?

Nous y tenons à cette « nature », à ce tempérament, à cette personnalité, et nous préjugeons vite de ce que sont les autres : ah, oui, mais toi, de toute façon, tu n'aimes pas quand il y a trop de monde, c'est ta nature ; j'ai bien remarqué que tu étais une battante, c'est ta nature ; tu es toujours isolée dans un groupe, c'est ta nature ; tu n'aimes pas prendre la parole en public, c'est ta nature… Ça, c'est vraiment toi, insiste notre entourage qui vient confirmer notre croyance solidement ancrée. Et notre peur. Un frein au changement. Si c'est moi quand je suis comme ça, qui serai-je quand j'aurai changé, est-ce que les autres me reconnaîtront, est-ce que les autres m'aimeront ?

➤ *Nos aïeux nous ont programmés, l'épigénétique peut nous en libérer*

Non, ce n'est pas un gros mot ni un mot compliqué. Mais une réalité réjouissante à partager. Nous avons tous appris dans nos cours de sciences naturelles, pardon, de SVT, ce qu'était la génétique. Nous souvenons-nous exactement de quoi il s'agit ? Pas sûr. Mais nous avons retenu qu'il y a une histoire d'ADN, et que ce capital génétique initial nous détermine grandement.

Donc, notre ADN nous programme mais… c'était sans compter sur ces sciences qui évoluent chaque jour et qui confirment : oui, nous transportons dans nos gènes des déterminants majeurs, y compris ceux qui viennent et sont transmis par les générations au-dessus. Donc l'histoire de nos ancêtres, leurs traumatismes, leurs particularités, leur destin, a un impact sur la nôtre. La psychogénéalogie nous le proposait, les sciences l'ont démontré. Bonne nouvelle ? Oui et non, car cela signifierait que nous avons assez peu de liberté.

Et puis soudain a surgi l'épigénétique, qui oblige à tout repenser.

Oui, nous avons bien en nous les gènes qui nous inscrivent dans notre généalogie, dont, vous en conviendrez, l'étymologie ne fait pas secret. Mais l'épigénétique nous dit ceci : vos gènes sont les disques durs dont des marqueurs, posés sur eux au fil du temps, vont modifier l'expression. Des marqueurs comme les logiciels de nos ordinateurs. Ce qui, en langage plus courant, signifie que tout ce que nous vivons va renouveler la programmation initiale et lui donner de nouvelles possibilités pour fonctionner. Cerise sur le gâteau, nous transmettrons à nos enfants cette nouvelle programmation !

C'est une avancée scientifique majeure. Elle enferme en son sein toute la subtilité de nos vies : fruits de notre passé, porteurs de notre avenir et de ceux qui viendront.

Je suis parce que tu as été, je peux devenir différent et en faire profiter mes enfants, qui, à leur tour, auront la liberté de bouleverser ce patrimoine, toujours unique et pourtant différent. La vie est mouvement…

➤ *Souple comme un roseau, solide comme le chêne*

La flexibilité, c'est cette possibilité de ne pas se figer, de ne pas se rigidifier, de ne pas reproduire *ad vitam aeternam* les mêmes schémas. C'est tellement plus facile de ne pas changer ses habitudes. Alors, on s'entête. On se bute. Cela peut arriver dans des moments très simples, vouloir absolument avoir raison, par exemple, et ne pas prendre en compte les arguments de l'autre. Vouloir absolument prendre tel chemin, car nous sommes absolument certains que c'est le plus rapide, et ne pas se donner la possibilité de tenter un autre itinéraire. Cela peut aussi prendre des formes plus complexes et nous empêcher de tenter, de tester, d'essayer… et donc de changer notre regard. D'enrichir notre palette de possibles. De nous faire vivre des émotions inconnues. C'est celle-là la bonne définition de ce fameux lâcher-prise. Lâcher nos habitudes de penser, de ressentir, d'éprouver, de nous comporter. Un pas de côté, et tout est différent. Dans notre corps, dans notre cœur, dans notre cerveau.

La flexibilité élargit notre univers et nos points de vue. La flexibilité est la clef de l'équilibre psychologique. Elle nous rend solides et forts, capables de tout envisager. Avec tout ce qui a été, avec tout ce qui est là, avec tout ce qui sera. La flexibilité est notre souplesse intérieure.

#FONDEMENT 2

La nouvelle psychologie est une psychologie des ressources

> « La vie ce n'est pas d'attendre que les orages passent, c'est apprendre comment danser sous la pluie. »
>
> SÉNÈQUE.

L'art de cultiver son jardin

Ceux qui jardinent le savent : les mauvaises herbes sont une calamité. Robustes, vigoureuses, elles envahissent sans relâche nos jardins et nous passons de longues heures, à genoux par terre, pour les arracher. Tenter de les éradiquer. Mais, elles sont tenaces, vivaces, et elles reviendront, nous le savons. Notre acharnement aura, à long terme, peu d'effets. En revanche, si nous plantons des brassées de fleurs aimées, si nous semons en rangs bien serrés les graines de nos plantes préférées, leur épanouissement étouffera ces mauvaises herbes qui, faute de soleil et d'espace, ne pourront plus continuer à se développer, ou très peu.

Cette image n'est-elle pas étonnamment proche de toute la dynamique de la psychologie ? Nous pouvons nous focaliser sur les difficultés, vouloir absolument faire remonter du passé ce qui nous a blessés, nous entêter à déterrer nos traumatismes, à éradiquer le mal qui nous ronge, à gratter nos plaies. Nous avons aussi le choix de nous tourner vers ce qui brille en nous, vers nos ressources qui sont bien là, elles aussi, mais qui semblent laissées en jachère tant nous sommes occupés à ruminer, à ressasser, à revenir en boucle sur ce que nous ne pouvons plus changer. Comme dans l'art du jardin, nos ressources sont des fleurs qui ne demandent qu'un peu d'attention, de l'eau et sûrement de l'amour, pour s'épanouir. Pour prendre une place de plus en plus importante qui finira par asphyxier nos « mauvais souvenirs ».

Mauvais souvenirs, mauvaises herbes, la psychologie des ressources ne cherche pas à les nier ni à les oublier. Il ne s'agit pas de les supprimer mais de les minimiser, de les sublimer. La psychologie des ressources est d'abord une invitation, une invitation à faire fructifier tout ce qui est en nous et dont souvent, trop souvent, nous n'avons pas conscience. Nous avons au fond de nous beaucoup plus de ressources que ce que nous croyons.

Quand j'étais enfant, ma maman avait inventé le Jardin de Sagesse. Elle était douée en dessin. Au-dessus de nos quatre lits, avec mon frère et mes sœurs, nous avions chacun notre jardin. Une grille délicatement travaillée, des arbres majestueux, des parterres de fleurs cerclés de pierres. Chaque soir, le rituel donnait à maman ce pouvoir que nous vivions comme magique de dessiner une fleur dans notre jardin. Nous avions été sages ? Une fleur magnifique. Elle était fâchée, une mauvaise herbe venait nous attrister. Maman avait tout compris de la psychologie contemporaine, ou presque. Il aurait simplement fallu n'agrémenter nos jardins que de jolies fleurs et insister sur le bonheur qu'elle éprouvait à nous féliciter. La force de ce jardin en aurait été démultipliée. C'est ce que valide la psychologie d'aujourd'hui : valoriser ce qui fonctionne, renforcer le positif sont des leviers puissants de changement.

De l'archéologie de la souffrance à la psychologie des ressources

➤ *La chasse aux trésors du passé*

Notre passé, tout notre passé, celui qui nous a construits, est aussi une immense réserve de ressources. Nous l'oublions ! Nous sommes si habitués à n'y voir – et donc à n'y trouver ! – que des tristesses, des mélancolies, des accrocs, des regrets, de la culpabilité, des douleurs vives ou diffuses. Nous sommes conditionnés par cette image du passé. C'est ce qui nous décide à aller pousser la porte d'un psy, pour qu'il nous aide à nous en débarrasser. Nous avons assimilé le psy à un archéologue qui a tous les outils pour aller fouiller et repérer les sédiments enfouis, d'emblée désignés coupables, sans aucune présomption d'innocence. Le formatage de la psychologie est très puissant, partagé par beaucoup. Mais pourquoi ne rechercher que les souffrances ?

Dans ce passé se trouve aussi tout ce qui fait le talent de nos vies ! Et tant de trésors cachés… À l'occasion d'un vide-grenier, nous déballons nos objets, ceux qui nous ont appartenu et qui ont parfois beaucoup compté ; nous les nettoyons, les faisons reluire, et les exhibons comme des biens précieux qui doivent faire envie au chaland. Nous en sommes fiers, de nos vieilleries ! Nous en faisons l'article à ceux qui semblent s'y intéresser et qui vont, peut-être, les acheter.

Cet art de recycler notre passé matérialisé, nous devrions l'avoir pour les fragments accumulés de notre vie passée. Les ressources, nos ressources, ne sont pas à aller chercher en dehors de nous, elles sont au fond de nous. Ce n'est pas parce que nous ne les voyons pas, ne les ressentons pas, qu'elles n'existent pas. Ce n'est pas parce que nous sommes absorbés par nos difficultés qu'elles ne peuvent pas trouver une seconde vie, ou plutôt devenir l'intention de nos vies. De toute notre vie. Une intention de tous les instants.

La psychologie ou l'art de restaurer. Restaurer n'est pas tout détruire et tout recommencer mais enlever ce qui est abîmé pour faire ressortir ce qui est beau. Avec les matériaux qui sont là. Le merveilleux universel en chacun de nous[1].

➤ *Nous sommes des hommes préhistoriques*

Notre cerveau se transforme. Au fil de nos vies personnelles et au fil des siècles. Mais, à l'échelle de l'humanité, il ne s'est pas encore tout à fait adapté. Nous le savons par exemple avec les exigences du traitement des images aujourd'hui omniprésentes. Les zones du cerveau qui leur sont attribuées évoluent mais ne sont pas encore suffisamment performantes pour réguler leur invasion massive. La même chose se produit avec nos ressources attentionnelles. Nous sommes bombardés d'informations sans discontinuer du lever au coucher, et notre système attentionnel s'essouffle et peine à absorber la densité et la rapidité de tout ce à quoi nous sommes exposés. Notre cerveau rame comme l'ordinateur contre lequel nous pestons…

1. Merci à Fafou, mon amie de toujours, psychothérapeute, pour cette jolie image.

Sur un plan émotionnel, c'est pareil. Notre amygdale, cette petite zone du cerveau nichée au fin fond de notre système le plus archaïque, est le siège de nos émotions et en particulier de la peur. Un danger se profile, l'amygdale déclenche toute une série d'actions neurobiologiques en cascade pour nous permettre de faire face à la menace. Ce qui, vous en conviendrez, avait, au temps de la préhistoire, une vraie utilité. Mais le temps a passé, et notre amygdale continue à s'activer, parfois à s'affoler, comme si notre vie, chaque fois, en dépendait.

➤ *Le syndrome des trains en retard*

Notre cerveau, notre cœur, notre esprit perçoivent toujours en premier ce qui ne va pas. C'est le résidu non métabolisé du passé de notre humanité. Nous remarquons les nuages, nous soulevons le point négatif d'une conversation, nous discernons les erreurs, nous nous focalisons sur ce qui nous trouble, nous dérange, nous fait peur. D'abord, toujours d'abord. Ce n'est pas une question de tempérament comme on l'entend souvent. Ah, mais toi tu ne vois que le mauvais côté des choses ! Non. Nous sommes tous comme ça, spontanément. C'est notre mode automatique, neurobiologiquement automatique, piloté par l'amygdale. La leçon à en tirer est majeure : pour repérer ce qui va bien, ce qui nous convient, la lumière dans l'obscurité, le sentier dans la forêt, il faut faire un effort. Un vrai effort. Il faut être mobilisé dans cette intention et y revenir dès qu'on l'a lâché, qu'on a oublié et que notre naturel revient au galop. Et le galop est fougueux, si nous n'y prenons pas garde, il aura vite fait de nous emporter très loin de notre bonheur de vivre.

Les petits bonheurs de vivre. Ceux qui sont là, à notre portée et que nous ne voyons pas. Ouvrir les yeux sur ce qui brille est une action qui engage nos vies dans une autre dimension. Après l'effort le réconfort, cela sonne comme une réclame, et en est bien une : notre attention réclame un effort pour nous permettre d'être attentifs aux belles choses. « Au milieu de l'hiver, j'apprenais enfin qu'il y avait en moi un invincible été », nous murmure Albert Camus[1]. Tout est dit. Tout est là. Il nous faut être en action, dans cette intention, tout le temps.

De quoi la psychologie des ressources est-elle le nom ?

➤ *La psychologie des ressources est d'abord une intention*

Une intention forte. Déterminée. L'intention est une tension vers un objectif identifié et qui nous permet d'y revenir dès que nous nous en éloignons. Elle n'est pas un succédané d'action mais au contraire un acte résolu, un mouvement ferme dès qu'elle est engagée. L'objectif est au loin, l'intention agit à chaque instant.

L'intention de la psychologie des ressources est de changer de focus. Il ne s'agit plus de penser mais de faire émerger. On ne travaille plus seulement sur les difficultés mais on s'applique à repérer toutes les possibilités. Ce sont elles qui sont cachées et qu'il nous faudra traquer. La psychologie des ressources considère que nous avons tous des forces inouïes, des possibilités infinies, des qualités et des talents. Les ressources sont là, au creux de nous, parfois recouvertes par des strates d'oubli, de sédiments déposés depuis une éternité, qu'il faudra beaucoup gratter. Oui, il faut gratter aussi avec

1. Albert Camus, *L'Été*, Gallimard, 1954.

la psychologie des ressources. Mais pas au même endroit, pas de la même façon, pas avec la même intention.

L'intention n'est pas non plus d'ignorer ce passé, le nôtre, et auquel nous tenons, ce passé qui nous permet d'exister, ce passé qui peut être le terreau pour mieux faire pousser nos richesses. L'intention de la psychologie des ressources est de mettre le projecteur sur ce qui fonctionne, sur ce qui nous fait du bien, sur ce qui nous alimente en énergie de vie et en satisfaction de vivre.

➤ *La psychologie des ressources se nourrit de la psychologie positive et la transcende*

La psychologie positive est le tout dernier-né des courants de la psychologie. Un courant venu de la recherche. En psychologie positive, les fondateurs sont les chercheurs. Ceux qui ont tenté de comprendre et de débusquer ce qui contribuait activement à notre bien-être et notre santé psychologique et physique. Et pas seulement de façon individuelle mais collective : le mieux-être des institutions et de la société tout entière. L'ambition d'améliorer l'humanité ? Oui, un peu. Et tant mieux.

Nous voilà donc avec nos trois mousquetaires, ceux par qui la psychologie positive est arrivée : Martin Seligman, Mihaly Csikszentmihalyi, Sonja Lyubomirsky, et le quatrième, comme il se doit, Tal Ben-Shahar.

Leur démarche, séduisante et vraiment pertinente, consiste à se demander : pourquoi ceux qui vont bien vont-ils bien ? C'est la question qui fonde le socle de cette psychologie du XXIe siècle. Elle a poussé son premier cri, de joie probablement, dans le tout début des années 2000.

La confusion avec la méthode Coué, appelée aussi pensée positive, est fréquente et parfois obscurcit l'apport majeur de la psychologie positive. Coué est ce pharmacien génial du XIXe siècle dont on a principalement gardé cette prophétie autoréalisatrice, à se répéter en boucle : je vais bien, tout va bien. C'était malin car, si on pense que les choses peuvent s'arranger on fait inconsciemment en sorte de mettre en place ce qui convient, et, de fait, notre vie s'améliore. À cela s'ajoute l'effet placebo que Coué ignorait mais qui peut faire des miracles neurobiologiques : si je suis convaincu que tout va mieux, mon cerveau se prépare à aller mieux ; il sécrète les substances nécessaires, et je me sens mieux… Mais, et le *mais* est d'importance, la pensée positive a généré beaucoup de dérives. Vous avez peut-être entendu parler de la loi de l'attraction, le pouvoir qu'aurait notre pensée à créer les formes de vie espérée : je pense très fort à la maison de mes rêves et, selon la pensée positive, cette intention s'inscrit dans l'univers qui concrétisera mon rêve. J'exagère à peine… Même si qui peut affirmer comprendre tous les mystères de la vie ?

La pensée positive a pourtant des effets pervers, elle peut nous conduire à ressentir de la culpabilité : si je suis responsable de mon destin par mes pensées alors je suis aussi responsable de mes malheurs… Vous voyez, c'est compliqué.

La psychologie positive n'entretient aucune parenté avec ce courant. La psychologie positive est une psychologie scientifique qui montre et démontre ce qui peut au quotidien nous faire du bien.

➤ *La psychologie positive ne sert que si on s'en sert*

Les propositions de la psychologie positive paraissent parfois si simples, presque simplistes, que nous y adhérons volontiers. Nous en acceptons facilement les principes, l'évidence, et applaudissons des deux mains. Pourtant, peu d'entre nous l'appliquent vraiment. Les études là aussi le montrent. C'est une étrange résistance : tout prouve que ça marche, c'est à la portée de chacun et on ne le fait pas...

Par exemple, la psychologie positive valide que si nous revisitons tous les soirs notre journée avant de nous coucher et que nous repérons les trois événements qui nous ont remplis de joie ou dont nous sommes fiers, en nous appliquant à les ressentir... alors cela améliore significativement notre santé psychologique et même physique. Qui le fait vraiment ?

La psychologie positive est une réserve de propositions ingénieuses qui ont montré leur intérêt, aussi bien en prévention que pour favoriser d'authentiques améliorations. C'est une psychologie de santé publique. Essentielle. Pourtant, elle apparaît parfois comme un simple guide de mieux-vivre et n'arrive pas à remplir tout à fait sa noble mission. La psychologie positive doit gagner en cohérence pour se tricoter de façon plus serrée avec la complexité de l'esprit humain et les mécanismes psychologiques qui sous-tendent nos freins et nos motivations profondes. La psychologie positive a encore une marche à grimper, une étape à passer, une tresse à tisser avec l'intimité de nos âmes.

À la recherche de nos ressources perdues

➤ *Les ressources sont nos réserves d'éternité*

De quoi parle-t-on quand on évoque les ressources ? On le comprend bien quand il s'agit des ressources naturelles, des ressources de la planète, ou des ressources économiques, mais quand il est question des ressources humaines ? Pas celles des directions du même nom mais nos ressources personnelles, intimes…

Nos ressources, ce sont toutes ces qualités, toutes ces compétences, toutes ces capacités, tous ces talents, toutes ces intelligences, qui se nichent au creux de nous. Nos émotions aussi. Ce sont de vraies richesses, les émotions. Vous verrez !

Mais ces ressources, nos ressources, nous les avons souvent perdues de vue. Elles nous échappent avec une facilité déconcertante. Comme si rien de notre éducation, de ce que nous renvoie le monde, de nos modes de vie qui font que nous sommes tendus en permanence vers un idéal de perfection, ne nous permettait d'entrer en contact avec cette source intarissable qui continue à jaillir au creux de l'intime de chacun de nous. Les enfants, nos enfants, sont prisonniers du même système : on remarque et on les reprend sur tout ce qui ne va pas, tout ce qu'ils doivent améliorer. Nous ne prenons pas le temps de les féliciter pour toutes ces petites victoires ordinaires qui passent totalement inaperçues. Nous attendons leurs grandes réalisations et les trophées évidents, mais nous ignorons tout ce qui constitue cette trame invisible qui fait la vie et qui pour être solide doit être constamment renforcée.

Nos ressources, c'est toute cette énergie, toujours disponible, mais qui devient trop fréquemment inaccessible, car nous doutons, nous nous jugeons, nous culpabilisons, nous craignons le regard des autres, nous avons peur de ne pas être à la hauteur… Alors nous nous limitons et verrouillons notre combinaison secrète. Celle qui nous ouvrirait la porte vers notre sentiment de liberté.

Les ressources, c'est comme l'eau claire au fond d'un puits : il faut parfois lancer un caillou pour s'assurer qu'il est bien rempli, car à l'œil nu on ne voit pas l'eau danser.

Les ressources, c'est ce que la vie a déposé, ce que nous avons fait fructifier. C'est notre humanité, notre éternité. Nous avons tous des ressources, nous pouvons tous y puiser, nous pouvons apprendre à semer des cailloux pour en retrouver le chemin. Comme le Petit Poucet.

➤ *Mes émotions bien-aimées*

Mais comment avons-nous fait pour passer si longtemps à côté des émotions ? Ces incroyables émotions qui mènent nos vies par le bout du nez et que nous avons fait semblant d'ignorer ? Descartes a laissé des traces profondes et nous sommes souvent persuadés que la raison ne fait pas bon ménage avec les émotions. Nous pouvons même penser que les émotions peuvent nous perturber, qu'elles ne sont pas bonnes conseillères et qu'il faut s'en méfier.

Et puis Antonio Damasio[1] est arrivé. Il a été le premier chercheur de haut niveau à balayer toutes ces croyances périmées. Grâce à lui, les émotions sont revenues sur le devant de la scène et nous ne pouvons plus les ignorer : sans émotion,

1. Antonio R. Damasio, *Spinoza avait raison. Joie et tristesse, le cerveau des émotions*, Odile Jacob, 2003, et *L'Erreur de Descartes. La raison des émotions*, Odile Jacob, 2006.

pas d'intelligence ; sans émotion, nous pouvons agir dangereusement pour nous ou pour les autres ; sans émotion, nous perdons toute compétence humaine.

Les conceptions autour de l'intelligence émotionnelle ont aussi fait leur chemin, et nous comprenons, petit à petit, que les émotions ne sont pas nos ennemies mais nos alliées pour la vie.

Mais qu'est-ce qu'une émotion dans le fond ? Nous en avons tous l'intuition, sans en avoir vraiment l'explication. Une émotion (*ex movere*) nous met en mouvement, en action. Une émotion est la réaction physiologique de l'organisme pour s'adapter. L'émotion, c'est du corps, d'abord du corps. C'est lui notre antenne, notre guide émotionnel. Nous les connaissons bien ces sensations : gorge serrée, transpiration, palpitations, point de côté, mains moites, tremblements, accélération cardiaque, picotements... Chaque émotion a sa signature, propre à chacun. Apprendre à la repérer, c'est comprendre son message, décoder la situation. Les émotions nous guident, ce sont nos indices intérieurs, comme les panneaux de signalisation routière, elles balisent notre chemin.

Chaque émotion a une fonction : la peur nous informe d'un danger ; la colère, qui n'est pas l'agressivité, protège notre territoire intérieur, nos valeurs ; la tristesse est essentielle pour revenir à soi quand on a été blessé, meurtri, elle métabolise la peine et recrée un espace vital ; avec le dégoût, nous savons ce qui ne nous convient pas ; la surprise aiguise nos perceptions pour nous ajuster à une nouvelle situation ; enfin, la joie, la reine des émotions, la plus puissante physiologiquement, nous inonde de ses hormones qui nous font voir la vie en rose. Avec la joie nous nous sentons fusionner avec le monde. Tout devient possible.

➤ *Gérer ou ne pas gérer ses émotions ?*

C'est l'expression consacrée. Pourtant, il faudrait l'oublier. On ne gère pas ses émotions comme on gérerait un dossier. Un dossier qu'ensuite on classerait. Nous voyons bien là la méprise courante autour des émotions et la mauvaise presse dont elles sont l'objet. Les émotions, il faudrait s'en méfier, elles risqueraient de nous embrouiller, nous entraver, il faudrait s'en débarrasser ! Toute notre énergie doit être mise pour tordre le cou à cette idée reçue des siècles passés et que les neurosciences ont totalement balayée. Les compétences émotionnelles sont nos ressources parmi les plus importantes. Ce sont nos guides. Nos alliées. Notre sève de vie. Notre intelligence incarnée. Sans compétences émotionnelles, notre vie est en péril quotidien.

S'entraîner à percevoir ses émotions devrait être un apprentissage fondamental de la toute petite école maternelle. Cette sensation, je la connais, c'est la colère, que se passe-t-il donc en moi ? Avec ce picotement, voici la peur… où est le danger ? Est-il en dehors de moi ou à l'intérieur ? Cet embrasement que je perçois, tous mes sens en émoi, la joie est là ! Je m'en abreuve, m'y plonge avec délice, ouvre grand mon cœur à ce que je vis. Chaque émotion éclaire, m'éclaire, sur les événements de ma vie, me donne le discernement de ce que je vis, de ce que je suis. Sans émotion on n'est rien, on ne peut rien, on ne vit rien.

➤ *Et si ça venait du ventre ?*

Plus récemment, nous l'avons appris, ce serait le ventre notre deuxième cerveau et le premier à capter ce qui se joue dans l'environnement. C'est lui, ce cerveau que l'on appelle entérique, qui envoie les premiers signaux. Notre ventre capte l'information quelques millisecondes avant qu'elle ne parvienne au système nerveux central. Son chemin de communication est ce fameux nerf vague, le plus long de tout notre système nerveux, celui qui peut provoquer des malaises. Une émotion difficile à métaboliser, une surcharge émotionnelle positive ou négative, une émotion inattendue et déstabilisante, c'est le court-circuit entre le ventre et la tête, nous vacillons.

Ventre noué, mal au ventre, boule dans le ventre, papillons dans le ventre… nos expressions traduisent cette intelligence universelle. Intuitive. Le ventre est aussi le siège de l'intuition. C'est dans le ventre que l'on sent. Et nous le disons : cette situation, je la sens bien ; cette personne, je ne la sens pas ; je ne sens pas bien cette affaire ; je ne me sens pas bien ; je me sens si heureux…

Apprendre à se relier à ce théâtre animé qui se joue dans le ventre nous redonne toute légitimité pour affirmer : je le sais, je le sens.

➤ *Le secret de fabrication des ressources*

Nous ne sommes pas égaux. En rien. C'est injuste. C'est vrai. Mais c'est en l'acceptant comme une donnée de la vie humaine, que nous retrouverons notre liberté pour avancer. L'autre voie est celle de la plainte, des gémissements et de la colère stérile. C'est très douloureux l'injustice, bien sûr. Le *pourquoi moi* ou le *c'est encore sur moi que ça tombe* ne promettent pourtant aucune embellie. Seulement la cristallisation de notre conviction que nous n'en sortirons jamais. La psychologie sociale a bien étudié le phénomène que nous avons tous vécu, cette conviction qui est la nôtre que la file d'à côté avance plus vite… Un biais de négativité et une perception erronée se combinent pour nous ramener à l'illusion de malchance qui est la première option que sélectionne notre cerveau.

Toutes les files avancent, toutes les files arrivent en même temps à destination, toutes les études le confirment. Mais chacune a son tempo. Toutes nos vies peuvent avancer, chacun dans sa file. Et, quelle que soit la file, si on n'en prend pas soin, l'embouteillage est assuré et nous serons immobilisés.

Nous naissons avec un « capital ressource » personnel. Nous savons par exemple qu'il y a des petits et des gros porteurs de sérotonine, cette hormone qui nous veut du bien, et que la propension à se sentir serein est donc inégalement répartie. L'intelligence aussi : nous n'avons pas tous le même QI[1], les mêmes possibilités intellectuelles, les mêmes capacités cognitives. L'intelligence est une ressource qui peut être décisive. La force physique, les capacités d'endurance, l'apparence ne sont pas non plus des atouts également attribués et ce sont aussi des ressources sur lesquelles nous pouvons nous appuyer quand nous en avons été génétiquement dotés. Tout cela est vrai.

Mais ce que nous vivons va modifier la donne. Notre environnement affectif, social. Nos réussites. Nos succès. Les encouragements. La fierté. Le plaisir partagé. Autant d'ingrédients qui vont alimenter notre base de sécurité, notre réserve intérieure.

Nos choix seront déterminants, les grands et les petits, les visibles et les secrets, les assumés et les inquiets, les décisions et les renoncements. Nous alimentons, enrichissons, dépouillons, vidons, remplissons nos réserves de vie tandis que nous poursuivons nos rêves et accomplissons nos

1. QI : quotient intellectuel évalué avec des tests d'intelligence scientifiquement validés.

destins, regrettons les paradis promis et nous lamentons de cette drôle de vie. Chaque mouvement de vie façonne ce que nous sommes et ce que nous pourrons être demain. Nous sommes la somme de nos choix.

Le mal qui ronge les ressources ? La comparaison, un de nos penchants le plus équitablement partagés. L'herbe du voisin nous semble toujours plus verte, alors, plutôt que de nous centrer sur toutes nos possibilités, nous souffrons de tout ce qui semble nous manquer. Une illusion qui nous entraîne dans une course parfois folle et toujours perdue d'avance. Il n'y a aucune ligne d'arrivée. Il y aura toujours plus, plus grand, plus fort, plus haut, et la comparaison ternira sérieusement le décor de nos vies.

Nos ressources sont celles qui nous ont été données et celles que nous avons fabriquées, celles que nous avions à la naissance et celles que nous avons brûlées dans l'insouciance, celles que la vie a distribuées et celles que l'on a développées.

Nos ressources, on les tient dans nos mains, on a le détonateur juste à côté du cœur. La bombe humaine, c'est toi, elle t'appartient. Les ressources sont le cœur du réacteur. Notre réacteur. Celui qui nous propulse et dont nous sommes responsables. Avec la vie. Collé à la vie. En symbiose avec la vie.

➤ *Un, deux, trois... ressources !*

Les ressources, nous pouvons en dresser l'inventaire. Ou presque. Certaines ont leurs études, leurs validités scientifiques, leurs bienfaits attestés, d'autres sont plus secrètes, plus cachées. Ces dernières auront-elles leur heure de gloire ? Peut-être. Mais je préfère penser que l'humain garde une part de mystère, d'inaccessible, et qu'il convient parfois de s'y abandonner. Si tout était seulement déterminé par des programmations neuronales, il suffirait d'un programme à appliquer et tout serait transformé.

Beaucoup de nos ressources sont plus subtiles. Sentir. Ressentir. Les ressources se perçoivent avec le corps et le cœur, elles ne se comptent pas avec la tête. Mais notre décision consciente permettra de les renforcer, de les alimenter, de les traquer. Alchimie, alchimie de vie, tout est lié, tout le temps.

➤ *Les ressources qui nous veulent du bien et qui le prouvent*

Les travaux en psychologie positive ont mis en lumière des ressources aux pouvoirs scientifiquement validés. Des ressources dont nous disposons naturellement ou qu'il nous faudrait repérer, faire fructifier. Toutes les ressources peuvent se déployer. Avec nous. Pour nous.

– *L'optimisme*, qui ouvre grand nos cœurs, nous rend responsables de nos actions, oriente positivement notre attention. L'optimisme nous permet d'avoir plus de facilité pour voir la vie du bon côté. Et plus on relève les aspects positifs de la vie, plus on alimente le cercle vertueux qui nous montre la vie sous ses meilleurs atours. L'optimisme, c'est s'attendre au meilleur.

– *L'espoir* : il fait vivre, dit-on ! L'espoir est cette croyance indéfectible que nous pourrons toujours trouver des voies éclairées, porteuses d'avenir, même dans les pires moments. L'espoir soutient notre motivation pour atteindre nos objectifs, proches ou lointains. Il est la conviction que la lumière est au bout du tunnel. Il permet de tenir debout quand tout tangue autour de nous. L'espoir est une mixture de cognitions et d'émotions, de décisions et d'évidence intime, de confiance en soi et de confiance en la vie. L'espoir n'est pas la passivité, la résignation, la soumission mais une disposition dans le regard que nous portons sur la vie. Il peut faire naître l'espérance, cette conviction engagée, cette foi à faire bouger les montagnes, cette flamme qui nous porte et que nous entretenons, comme le feu dans l'âtre.

– *La bienveillance envers soi.* Ce mot revient souvent. Il ne faut pas en lâcher le sens profond sous prétexte qu'il est à la mode et se trouve conjugué à toutes les sauces. La bienveillance envers soi est cette disposition magnifique à être touché par sa propre souffrance comme on le serait par celle des autres. La bienveillance envers soi, l'autocompassion, c'est se pardonner. Se pardonner enfin. Ne plus se juger. Se consoler. Pouvoir s'aimer[1].

– *La gratitude*[2]. Dire merci, ça change la vie. Nos vies. À l'infini. Merci pour ce rayon de soleil dans ce ciel sombre, merci d'être là, merci pour cet oreiller douillet, merci d'être en sécurité, merci pour ce sourire, merci de m'avoir permis, merci de me tendre la main, merci pour ce pain tout chaud. Merci, merci, merci… Nous avons mille et une occasions, à chaque instant, de dire merci, ou plutôt de ressentir cette gratitude infinie pour les petits et les grands cadeaux de la vie. La gratitude, que les scientifiques appellent du nom plus chic d'orientation reconnaissante de l'attention, est cette intention, encore et toujours, de repérer, de prendre conscience, d'intégrer, que la vie nous offre de minuscules bonheurs avec une générosité illimitée. Apprendre à dire merci malgré les péripéties de la vie, au milieu de ses vertiges et de ses précipices, quand tout semble nous lâcher, est une potion à consommer sans modération. La gratitude a tant de ver-

1. Kristin Neff, *S'aimer. Comment se réconcilier avec soi-même*, Belfond, 2013.
2. Rébecca Shankland, *Les Pouvoirs de la gratitude*, Odile Jacob, 2016.

tus, y compris curatives, que dire simplement que ses effets sont spectaculaires sur notre santé, sur notre bien-être, sur notre satisfaction de vie, doit nous convaincre de ponctuer de mille mercis chacune de nos journées. S'endormir avec ses mercis comme avec un doudou, ça change aussi les nuits et les insomnies. Si, si. Simple comme un merci. Vous aurez compris qu'il ne s'agit pas du merci de politesse et des conventions sociales, qui a son importance mais pas dans le même champ : ici, on cultive son jardin intérieur. Et on gagne sept ans de vie, merci !

– *Le sens*. Le sens que l'on donne à nos vies. Pouvoir donner un sens à ce que l'on entreprend, à ce que l'on fait, est une force qui nous propulse avec confiance et détermination dans cette immense étendue de la vie. Une étendue dont nous avons tous peur, devant laquelle nous avançons dans la même nudité, cette nudité qui transforme nos prétentions en gris-gris. Les balises, il en existe quelques-unes, celles posées par notre culture, par la société, par notre éducation, par notre expérience, par nos convictions. Mais les illusions comme les mirages nous surprendront souvent. C'est avec la peur que nous cheminons, avec nos tâtonnements, nos égarements. Le sens, c'est nous qui l'imprimons à nos pas. C'est nous qui le déterminons. Personne ne peut répondre à cette question insondable du sens de la vie. Ceux qui sont croyants, quel que soit leur dieu, ont une forme de protection, ils sont moins exposés à la quête de sens, les études l'ont validé, même si c'est un peu plus compliqué, vous vous en doutez. Dans cette marche de la vie, le sens se superpose avec l'idée d'accomplissement. De mission. Une mission qui nous transcende. Les missions n'ont pas besoin d'être spectaculaires, elles doivent seulement nous habiter : s'occuper de ses enfants, de ses voisins, de sa famille, faire du pain, faire du bien, défendre une cause, s'enrôler pour une cause, se dévouer pour une cause, soigner, aider, accompagner, créer... Toutes les missions sont des créations, toutes les missions sont nos phares qui indiquent la direction, préviennent des dangers et éclairent le chemin.

– *Le pardon.* Le grand pardon. Ce grand mot est lâché, très compliqué. Un mot qui a souvent des relents de bondieuseries et de morale. Un mot dont le sens s'est beaucoup dévoyé et que l'on ne comprend plus que sous l'angle de la résignation, de la soumission, de l'absolution. Le pardon est pourtant un acte de grand courage. C'est reconnaître, vraiment reconnaître, que l'on a été blessé. Que l'on a souffert. Par la faute de l'autre. Qu'on est la victime, en effet. Le pardon, c'est renoncer à se venger pour se décider à aimer. Impossible ? Impossible de pardonner cet acte, ce crime, cette abomination, cette humiliation, cette trahison ? Difficile, oui, immensément difficile. Mais nécessaire, vraiment. Pardonner n'est pas oublier, n'est pas absoudre l'autre ou la situation, pardonner n'est pas abandonner, ni excuser, ni relativiser. Le pardon pourrait se vivre en deux temps, d'abord souffrir, ressentir, vivre la colère, lui laisser ce temps. Nous avons besoin de ce temps. L'évitement serait de pardonner trop vite, par peur, par précipitation, pour effacer. Faire semblant d'oublier ce qui, en arrière-plan, alimente notre douleur. Le second temps du pardon est l'acceptation. Accepter car ce qui a été, je ne peux le changer. Accepter que je suis meurtri, que ce que j'ai vécu, ce que l'on m'a fait vivre, est horrible, ignoble, insupportable. Quand j'accueille cette blessure de vie, j'élargis en moi de l'espace pour me redonner de la liberté. Le désir de vengeance, le ressentiment sont des poisons pour l'âme. Ce sont des sentiments qui nous gardent prisonniers, comme un hameçon auquel nous resterions accrochés. Le ressentiment nous ramène sans relâche à ce qui nous a tant blessés. Un lien invisible qui nous bloque l'accès à tout ce que la vie, ma vie, celle qui est là, celle qui avance, continue à brasser, à m'offrir. Tout le reste de ma vie que je ne vois plus, que je ne vis plus. Je reste immobilisé, je ne peux plus avancer. Pardonner, c'est se libérer. C'est une des choses les plus difficiles à écrire, à faire comprendre, à proposer tant le pardon et son désir de vengeance, tant ce refus de se résoudre à ne pas réagir sont forts. Pouvoir pardonner a pourtant montré tant de bienfaits, vivre en bonne santé, se sentir heureux, jouir d'un bon équilibre psychologique, gagner en sérénité, en sentiment de sécurité. Savoir pardonner c'est savoir aimer. Savoir pardonner c'est redonner à la vie toute sa force, sa dynamique. Toute sa richesse.

– *Le sentiment de compétence personnelle.* Se sentir efficace. Se dire *Yes, I can,* même si c'est difficile. Cette conviction que nous pouvons le faire, y arriver, réussir, s'alimente de nos victoires, de nos microvictoires. De ce que nous avons déjà accompli et dont nous pouvons être fiers. Dont les autres sont fiers aussi. Pour activer notre sentiment d'autoefficacité, nous sommes au départ dépendants de ce que l'entourage va souligner : « Bravo, c'est bien, tu as réussi… » Alors, on peut, progressivement, s'y relier et alimenter cette ressource en nous. La renforcer. C'est une ressource autocentrée. Une ressource liée bien sûr à l'estime de soi avec laquelle elle entretient une relation de proximité et même de corrélation. Plus je me sens compétent, plus ma confiance en moi grandit, meilleure est mon estime de moi-même, plus je réussis.

C'est déterminant, cette disposition à se sentir compétent. Nous sommes responsables de son poids. Penser, quelles que soient les circonstances, qu'on n'y arrivera jamais grignote jusqu'à parfois détruire cette conviction personnelle d'efficacité. *Je suis nul* lui porte le coup fatal. Dans nos métiers, cela s'appelle la métacognition, c'est-à-dire la pensée que j'entretiens sur ce que je pense, sur ce que je fais, sur ce que je suis.

Les métacognitions négatives sont une entrave à notre sentiment de compétence et à nos réalisations. Les métacognitions négatives sont les grandes productrices de stress. Ce stress dont on connaît l'action destructrice. Le stress, neurobiologiquement, bloque la possibilité d'accéder à nos compétences. Même si j'ai ces compétences, le stress brouille les pistes. Le retour est immédiat : je savais que je n'y arriverai pas, le cercle vicieux est enclenché. À l'inverse, avoir foi dans nos capacités, dans nos ressources, dans nos possibilités, déclenche l'effet tant recherché : le passage s'éclaircit, la connexion s'établit, nous pouvons retrouver le chemin vers nos trésors intérieurs et la spirale vertueuse est enclenchée. C'est elle qui est notre alliée et qui va nous aider. C'est elle qui va renforcer notre sentiment d'efficacité. C'est elle qui va consolider notre sentiment de compétence, comme un bien sacré.

> *« Je suis une* drama queen. *Je me mets dans de vrais états de désespoir. J'ai tout exploré, je m'excuse auprès des psys de ne pas avoir de traumatismes. J'ai exploré tous les nœuds du problème, les relations avec ma famille, mon père, une éventuelle fusion avec ma mère… J'ai passé des heures à la recherche du péché originel. Je tombe à l'envers du monde. »*
> *L'entrée en matière est dense. Sophie, 24 ans, étudiante brillante à l'ENS[1], fait des malaises constants, ne dort pas, mange peu, n'arrive à entrer en relation avec personne. Sa souffrance doit être cajolée, accueillie, respectée. Tendrement. Mais qu'attend Sophie ? Que nous reprenions encore une fois son histoire, qu'elle me raconte sa vie, son enfance, ses errances ? Que l'on cherche dans ce fouillis à tirer un fil qui serait, enfin, le bon ? « Les choses sont dites mais elles ne me soulagent pas », ajoute-t-elle. Changement de focus : « Et qu'est-ce que vous aimez faire ? En quoi vous sentez-vous compétente ? Quels sont les moments de*

1. L'École normale supérieure.

votre vie dont vous êtes le plus fière ? Vos principales qualités ? Vos talents ? Vos plaisirs ? »
Sophie est incrédule. Ce ne sont pas des questions de psy, me dit-elle. Mais si, oui, ce devraient toujours être les questions du psy. Dans toutes les circonstances. Face à tous les patients. Quelles que soient les difficultés ou la pathologie. Toujours, vraiment toujours. Ce sont des leviers thérapeutiques puissants. Ce sont des socles sur lesquels construire. C'est la possibilité – trop peu explorée – de faire une carte d'identité de soi-même avec ses ressources. C'est donner au patient la possibilité de se voir autrement. Sous un angle lumineux, même si c'est la face la plus cachée de lui-même. Nous sommes tous double face, personne ne peut se définir et se réduire à ses difficultés, à sa part d'ombre. Personne. C'est notre métier. C'est notre mission. C'est aussi dire à notre patient : je crois en tes forces, en tes talents, en tes possibilités de sublimation, de résilience, en tes richesses de personnalité qui peuvent tout changer. J'y crois et je t'invite à y croire avec moi. À deux, nous serons plus forts, nous pourrons combattre l'adversité, ton adversité, et nous en sortirons probablement gagnants car nous nous engageons à redonner toute leur place, leur place de choix, aux ressources, immenses, qui sont en toi.
Sophie a joué le jeu, elle a fait des listes, des dessins, des posters, qu'elle a affichés au-dessus de son bureau. Elle s'est endormie en se répétant ses fiertés du jour. Elle s'est entraînée à repérer les moments où elle se sentait forte, puissante, capable. Petit à petit elle s'est remise à manger, à dormir, à rire, à aimer les autres. Trois mois après, elle est sortie major d'un des concours français parmi les plus difficiles. Ce n'était pas le but, c'est un bénéfice secondaire. Sophie rayonne aujourd'hui, ses yeux se sont remis à briller, elle est toujours une reine, mais une reine de beauté.

Dis-moi quelles sont tes qualités, je te dirai qui tu es

➤ *Nos qualités n'ont pas que des défauts !*

Nous connaissons bien ce mot. Nous l'employons dans des contextes variés : la qualité de l'air ou de l'eau, notre qualité de vie, la qualité d'un mets, la qualité de l'accueil qui nous a été réservé... Il existe même des normes « qualités ». Y compris dans le management. Et nous pouvons agir en qualité de citoyen, d'élu, de représentant de telle ou telle cause... Les qualités semblent définir tant de choses. Pourtant, sauriez-vous dresser en quelques minutes votre carte d'identité avec vos principales qualités ? Dis-moi quelles sont tes qualités et je te dirai qui tu es ! Un jeu que l'on fait parfois à l'adolescence, quand on se cherche justement. Mais après ? Nous apprenons à nous focaliser sur ce qui ne va pas, nous cherchons à minimiser nos défauts, nous remarquons ce qui chez les autres nous irrite... L'humanité cherche l'erreur. La psychologie « travaille » sur les difficultés, les sorties de routes, les entraves pénalisantes. Et si le rôle de la psychologie s'inversait ? Si la psychologie des ressources nous orientait vers nos qualités ? Les qualités qui fondent, aussi, notre unicité. Ces qualités que nous pouvons tous défricher, sans nous culpabiliser. Il n'y a aucun mal, aucun péché à dresser la liste de nos qualités, à repérer quand elles s'activent, à les remercier d'exister. Nous sommes gentil, généreux, aimable ? Ressentons-le, affirmons-le ! Rien de niais à cela. Vous voyez, vous l'avez pensé ! Nous sommes franc, honnête, authentique, sincère, conciliant, parfait, ce sont de merveilleuses qualités. Efficace, brillant, astucieux, intelligent, curieux, voilà encore des qualités, des qualités que nous pouvons affirmer.

Les qualités constituent notre identité intime. Même si on les a perdues de vue, même si on trouve que là n'est pas le plus important, même s'il faut bien accepter ses défauts. Oui, mais tout est une question de lecture : et si percevoir nos défauts était aussi une ressource ? Les défauts ont une fonction, un rôle, ils nous adressent un message, nous pouvons les observer, les explorer, les animer sous leur angle constructif, porteur, qui nous aide à avancer. Nos défauts sont aussi notre richesse. « Je t'aime avec tes qualités et tes défauts », disent nos amis. Nos défauts, c'est ce qui nous permet de ne pas être parfaits, d'être juste humains, uniques, et c'est très bien !

Nos qualités, nous avons tant appris qu'il ne fallait pas nous en vanter, les exhiber, que nous en sommes presque arrivés à les cacher ou à douter de leur présence, de tout ce qu'elles nous apportent, de leur participation active dans nos liens, nos actions, nos réalisations. Apprendre à choyer ses qualités, à les aimer, à leur dégager la place qui leur revient est un acte engagé dans le sens de nos vies. Nos qualités sont une ressource à ressentir, à ressentir vraiment, souvent, infiniment. À consommer sans aucune modération !

➤ *Débrider la créativité*

La créativité est une fonction supérieure de notre cerveau, en lien avec les messages émotionnels qui en donnent les battements, l'impulsion, qui en assurent le tempo. Le cerveau produit des idées. Le cerveau est créatif. Nous sommes tous créatifs. Mais souvent nous ne le savons pas. Nous nous en défendons. Ou nous dénigrons : cette idée ne peut vraiment en être une ; si c'était une bonne idée, cela se saurait, cela existerait déjà. En psychologie, la créativité est aussi appelée pensée divergente, cette pensée qui sort du cadre pour se déployer sans les repères auxquels nous sommes habitués.

Ce qui est important, c'est de saisir qu'une idée a sa vie propre... Quand nous avons une idée, de quelque nature qu'elle soit, dans le cadre d'un projet ou spontanément, au bureau ou dans notre bain, nous avons tendance à oublier qu'une fois l'idée lancée, elle nous échappe, et c'est tant mieux. Les idées ont leur propre dynamique. Certaines s'éteindront d'elles-mêmes, d'autres feront leur chemin, et quelques-unes se réaliseront. Pas forcément celles auxquelles on croyait le plus d'ailleurs ! Car ces idées-là ont rencontré les bonnes personnes. Les synchronicités se sont alignées, les portes se sont ouvertes... Pourquoi ? Parce que la vie est comme ça ! Et toutes les autres idées qui ne verront jamais le jour sont le terreau qui a alimenté la possibilité pour certaines d'aboutir. Aucune idée n'est jamais perdue, elle a servi de ferment pour en nourrir et en propulser d'autres, et pour nous enrichir de cette créativité qui régénère constamment notre cerveau et nous booste en hormones bienfaisantes ! La créativité, c'est bon, très bon pour la santé. La créativité est un talent à encourager. Une ressource à alimenter. Sans discrimination. La créativité donne à chacun de nous la possibilité d'explorer et de rencontrer de nouvelles opportunités, de nouvelles formes de vie, qui nous avaient échappé jusqu'ici.

➤ *La pleine présence à soi, la pleine conscience de vivre, vivre pleinement la vie qui est là*

Cette capacité à être présent à ce que l'on est en train de vivre, à être relié à son expérience du moment, fait partie des ressources psychologiques considérablement validées.

Des milliers d'études scientifiques sont actuellement, et dans le monde entier, consacrées à cette méditation de pleine conscience et à ses multiples bienfaits. Des milliers. Pourquoi ? Parce que la pleine conscience est un condensé d'aptitudes, de compétences et de façon d'être et de vivre qui ouvre l'accès à d'incroyables défis. Dont le plus majestueux d'entre eux, le défi de vivre SA vie. De passer du mode survie au mode vie.

Nous sommes très occupés à revisiter hier, à ruminer, à regretter, à se dire « si j'avais su… ». Nous gardons ce lien constant avec ce qui n'est plus. Notre passé est une de nos plus grandes addictions. Nous avons aussi cette attirance vers le futur, le très proche et le plus lointain, les anticipations sur ce que sera demain, qui, comme un aimant, entraînent nos pensées dans un festival de « Quand je serai… quand j'aurai… quand je pourrai… alors… ». Alors la vie va commencer ? Pas si sûr. Que celui qui a planifié dans les moindres détails un événement particulier et constaté qu'il s'était passé exactement comme prévu lève le doigt. Personne ? Non, personne car il est bien rare que nos lendemains ressemblent à ce que l'on avait programmé ! Pourtant nous consacrons un temps inouï à repenser à hier, dont rien ne peut plus changer, à miser sur des lendemains qui chantent. Une étude récente de Harvard nous alerte : nous passons 49 % de notre temps dans notre tête. La moitié de notre vie ! Et pendant ce temps, la vie ; la vie qui est là. La vie qui se joue au moment présent, à l'endroit où l'on est. Un espace-temps fragile, précieux. Un instant éphémère car notre cerveau nous entraîne automatiquement vers le passé, vers le futur. C'est sa programmation. Le présent, il ne sait pas s'y installer tout seul. Pour être relié à cet instant, il en faut l'intention. Je suis là, je le sens et je reviens à cette sensation encore et encore dès que je m'aperçois que mon esprit vagabonde et que je suis déjà à mille lieues de ce moment privilégié. Je reviens. Doucement. Gentiment. À mes sensations, à mon corps, à ce que je vis, en moi, autour de moi, là, juste là, juste maintenant.

S'aligner cœur, corps, cerveau[1]. Ancré. Avec tout ce que l'on est. Toute notre densité, notre intensité. Cela paraît si simple, si facile. En réalité, c'est un entraînement difficile, qui demande de l'engagement, de la persévérance, de la conviction, de l'humilité, de la sincérité, du travail. Mais, et ce n'est pas une promesse marketing, c'est un entraînement qui change la vie[2]. Qui change la vie vraiment. Profondément. Sérieusement. C'est très sérieux, la méditation de pleine conscience ! On peut en sourire, on peut se moquer, on peut la regarder en biais. C'est pourtant ce que l'on a trouvé de mieux, à ce jour, pour transformer nos vies en apnée en lucidité de vivre. La méditation de pleine conscience est à la mode, c'est vrai. Son origine et son nom américains – *mindfulness* – y ont contribué. Mais si la mode fait de cette pratique une hygiène de vie comme le sport est désormais prescrit sur ordonnance, c'est un bienfait pour l'humanité. Je n'exagère rien. La méditation n'est pas un retrait du monde, une glorification de soi, une sanctification de l'ego, un nombrilisme égoïste, ni même une seule technique antistress, antifatigue, anti-insomnie, et tous leurs dérivés, mais une attitude qui ouvre à l'autre, aux autres, à la vie, qui déclenche de la bienveillance pour autrui, de la gratitude pour ce qui nous est offert, de la compassion pour l'humanité. Je pourrais décliner sur des pages tout ce que cette pratique si accessible et si puissante peut nous apporter de concentration, de motivation, de capacité d'engagement, de satisfaction de vivre, de bonne santé, de liens renforcés… Je vais juste insister sur un point à côté duquel il ne faut pas passer, un point tellement important que cela donne le

1. Merci à mon mari, Alain Facchin, d'avoir popularisé ce concept des 3C.
2. Jeanne Siaud-Facchin, *Comment la méditation a changé ma vie… et pourrait bien changer la vôtre !*, Odile Jacob, 2012.

frisson : la méditation nous offre la liberté. L'instant présent est le seul qui nous appartient, la minute d'après n'est déjà plus à nous. C'est dans cet instant que tous les choix, mes choix, peuvent se faire. J'observe mes émotions, mes pensées, mes automatismes, et je choisis. Je choisis qui je suis, qui je peux être, qui je veux être, je décide quoi faire, comment et pourquoi le faire. Là, seulement là. Sur hier, je ne peux rien, sur demain, je n'en sais rien. Là, je peux m'engager. Je peux changer. Je peux bouger. Je peux vivre.

La méditation n'est pas une fin en soi. Ce n'est pas la panacée, le remède à tous les maux, il serait naïf de le penser. La pleine présence, l'attention consciente sont pourtant inépuisables. Plus on est conscient, plus on est relié à ses ressources, plus elles nous sont accessibles, plus on se sent en sécurité, en confiance, solidement arrimé à l'humanité.

Un dernier mot, l'instant présent n'est pas la panacée, notre passé nous a construits, nous pouvons l'aimer et prendre du plaisir à nous y promener, le futur est nécessaire pour faire des projets. Il ne s'agit pas de jeter le bébé avec l'eau du bain mais d'inscrire la présence dans l'instant, non pas comme une option, mais comme une obligation.

➤ *Le flow, l'expérience optimale pour se sentir heureux ?*

L'histoire du *flow* est une histoire que l'on pourrait raconter sur le mode conte de fées tant l'intrigue est bien ficelée et le *happy end* plein de promesses. Il était une fois, dans les années 1990, un psychologue américano-hongrois au nom imprononçable et au talent incontestable, Mihaly Csikszentmihalyi[1]. Avec son

---

1. Mihaly Csikszentmihalyi, *Vivre. La psychologie du bonheur*, tr. Léandre Bouffard, Robert Laffont, 2004.

labo de Harvard, il lance un projet un peu fou : 250 000 questions, 5 000 participants de 8 à 88 ans, 83 nationalités différentes. L'idée est simple, lumineuse, comme toutes les bonnes idées : chaque participant est équipé d'un biper qui sonne à des moments aléatoires de la journée.

Au signal, les participants doivent répondre à trois questions : qu'êtes-vous en train de faire ? Êtes-vous concentré sur ce que vous faites ? Comment vous sentez-vous ?

Et la conclusion qui tombe, magnifique, de multiples fois reproduite : plus on est centré sur ce que l'on fait, plus on est engagé, plus on éprouve de satisfactions. Le lien entre sentiment de bien-être et présence incarnée est définitivement fait !

Et ce fameux *flow,* cette concentration optimale, se manifeste quand nous sommes face à un défi, à une tâche à accomplir suffisamment difficile pour nous mobiliser, mais qui correspond à nos compétences, de sorte que nous ayons confiance dans nos capacités à la réussir. Le *flow* est cette jubilation intense que l'on a tous ressentie dans nos vies lorsqu'on est pleinement absorbé, que plus rien autour ne nous atteint, et que notre attention est à son comble. Ne rien lâcher, je vais y arriver, encore un effort, encore, un peu plus, encore… c'est gagné ! L'explosion de sensations fortes nous submerge et son cocktail d'endorphine, d'adrénaline, de sérotonine avec ! Ah, non, j'en oublie une, essentielle, cette fameuse dopamine dont le nom parle à tous. Celle qui nous booste, nous dope, celle qui déclenche et maintient notre motivation jusqu'au bout ; c'est la motivation qui soutient notre effort, et pas le contraire !

Il n'a pas le goût de l'effort… Combien de fois ai-je entendu cette phrase dans la bouche de parents désespérés ! Mais qui a « le goût de l'effort », qui se dit : « Miam, ça va être bon ce petit effort, je vais me régaler ! » On peut, on doit, avoir le sens de l'effort, la pugnacité pour aller jusqu'au bout, pour ne pas se décourager en route, pour ne pas abandonner en chemin. Pour cela, il faut sentir que l'on peut réussir, et il faut l'avoir goûtée cette sensation du succès espéré ; car c'est la réussite qui a bon goût et qui donne envie de faire un nouvel effort. Pour réussir, il faut... réussir. C'est la clef de cette motivation que l'on appelle de tous nos vœux chez nos enfants. Et nous ? Pour nous aussi, la motivation est un moteur puissant qui nous engage dans ce qui nous alimente en sensations, en sensations de compétences, en sensations de vie.

La motivation est au cœur de la passion de faire, de la joie d'accomplir, du plaisir de réussir. La motivation est ce qui nous anime, au vrai sens du terme. L'envers de la motivation, c'est la procrastination. La peur d'agir. La motivation, c'est un concentré de joie dans une action qui nous met en tension, en suspension, et procure cette sensation de jubilation qui n'est que pure émotion. Le cœur, encore le cœur, toujours le cœur.

Trouver, retrouver, débusquer, chercher sa, ses motivations, ses envies, devrait demeurer au centre de nos intentions. Alimenter notre engagement dans ce que nous aimons, dans ce qui nous comble, dans ce qui nous nourrit, est un carburant puissant.

« Quelle est ta passion de vivre ? » Ce pourrait être LA question des psys dès leur première rencontre avec un patient. C'est celle que m'a posée Nathan, 7 ans. Buté, insaisissable, il était assis, muet, en face de moi. Je lui ai proposé d'échanger nos rôles. Il a pris ma place, m'a regardé droit dans les yeux – il n'avait pas levé le nez depuis qu'il était arrivé. Et sa question a fusé, m'a déstabilisée : « Quelle est ta passion de vivre ? »
J'ai réfléchi, vraiment. J'ai tenté des réponses. Il m'a encouragée à creuser. Tout était possible, désormais, avec cet enfant résistant. Cette question était si percutante que j'y pense encore souvent aujourd'hui. Cela fait presque vingt ans. Avec mes patients, mais ça vous l'aurez compris, c'est ma question fétiche, déclinée à l'infini.

➤ *La boîte à soleil*[1] *ou comment capturer une multitude de petits* b

C'est une chasse aux trésors. Une vraie. L'idée fondamentale est toujours la même. L'intention de tourner son attention, son regard, son cœur, son corps surtout – c'est lui qui capte le plus fort – vers ces petites choses de la vie. Ces minuscules instants chargés de gratitude, de plaisir, de joie, de sensations douces. Ces petits bonheurs de l'existence qui parsèment nos vies et qui glissent sur nous, ne laissent aucune empreinte si nous ne sommes pas dans cette attitude engagée de les saisir, de les attraper, de les capturer. Ces bonheurs transitoires, éphémères, fugaces qui nous échapperont. Les grandes joies n'ont pas besoin de cette même attention : nous les voyons, nous les vivons, nous les connaissons. Les petits *b* sont infiniment plus subtils, ce sont pourtant eux qui, au fil de nos vies, fabriquent le bonheur majuscule. Ce bonheur qui se construit dans des petits riens, les petits riens du quotidien.

J'aime beaucoup cette histoire, j'adore cette image. La boîte à soleil !

C'est l'histoire d'une petite fille qui veut faire un cadeau à son grand frère pour son anniversaire. Elle a cette idée magnifique : elle décide de lui offrir du soleil ! Alors, elle prend une boîte, une boîte à coulisse, et toute la journée, elle gambade dans le jardin pour capturer du soleil. Elle ouvre sa boîte, la referme, s'applique à attraper le moindre rayon de soleil. La petite fille est très concentrée. Son frère, intrigué, ne comprend pas ce que fait sa petite sœur, qui, en plus, cache la boîte dans son dos. « Mais qu'est-ce que tu as donc dans cette boîte ? » demande-t-il. Et la petite fille malicieuse

---

1. Albertine Deletaille, *La Boîte à soleil,* Flammarion, « Les albums du Père Castor », 1954.

lui répond : « Ah ! Avec ce que j'ai dans cette boîte, on peut créer et transformer des milliers de choses ! Mais il faut que tu attendes ce soir ! » Le soir arrive, la petite fille attrape sa boîte et, là… inimaginable : la boîte brille ! De la lumière jaillit de tous les interstices. Alors, elle se précipite dans la chambre de son frère, sa boîte à bout de bras. Elle a un peu peur quand même, elle sait bien que ce n'est pas tout à fait possible. Suspense, ils ouvrent ensemble cette boîte soudain devenue magique… La petite fille avait attrapé un ver luisant !

C'est très important, une boîte à soleil. C'est essentiel d'en avoir une au fond de soi et d'accumuler précieusement ces fragments d'existence qui peuvent briller longtemps.

Je me souviens de Mathieu, 8 ans. Je le reçois au cabinet en urgence. Mathieu est assis en face de moi. Il est effondré. Il sanglote sans pouvoir s'arrêter. Il hoquette. La veille au soir, il regardait tranquillement la télé avec ses parents, leur a fait un baiser, est parti se coucher. Au petit matin, le drame absolu. Son papa, jeune, était mort brutalement d'une rupture d'anévrisme. Effroyable. Et moi, en face de ce petit bonhomme, noyé dans ses larmes, je me sens complètement désemparée.

Qu'est-ce que je peux faire pour l'aider ? Et à quoi ça me sert d'être psy ? Bien sûr, dans mon métier, j'ai appris des tas de théories, accumulé des ribambelles de connaissances, je suis formée à de multiples techniques psychothérapeutiques. On m'a théoriquement appris à soulager la souffrance.

Mais là, en face de cet enfant qui pleure si fort, qui est totalement ravagé par la tristesse, tout ce que je sais ne me sert à rien.

Alors je me tais, je me centre, je prends une grande respiration, je ferme les yeux. Enfin je crois, je ne me souviens plus bien, et surtout je me relie à ce que je ressens au plus profond de moi, pour capter une idée, pour trouver quelque chose à lui dire.

Je plonge littéralement dans mes ressources. J'essaie en tout cas. Je sais que je ne peux pas le consoler. Il a 8 ans, son papa est

mort ! Mais j'aimerais tellement l'apaiser, même un tout petit peu. Je rouvre les yeux, je plonge mon regard dans les siens et je m'entends lui dire : « Tu sais, au fond de toi il y a un trésor… Un immense trésor. Et ce trésor, c'est tout l'amour que tu as partagé avec ton papa, tous les moments que vous avez passés ensemble. Tous les baisers, tous les câlins que vous avez eus tous les deux. Et ce trésor, tu sais quoi ? La mort ne l'a pas emporté. Tu l'auras toujours au fond de toi. Et tu pourras y puiser à chaque instant de ta vie, et aussi dans les moments les plus difficiles de ton existence, même quand tu seras grand. C'est ta boîte à soleil. »
Pendant quelques petites secondes, Mathieu me regarde, retient sa respiration, comme en suspens. Et ses larmes reprennent. On se tait tous les deux.
J'ai revu Mathieu, il n'y a pas très longtemps, un Mathieu presque adulte. Et il m'a dit qu'il se souvenait bien de ce jour-là parce qu'au milieu de ses larmes il avait ressenti quelque chose de chaud et que ce trésor dont nous avions parlé l'avait profondément marqué et qu'il s'en était toujours souvenu et que ça l'avait beaucoup aidé.

C'est tellement important, une boîte à soleil ! Et surtout d'avoir cette intention de la remplir, à chaque instant de nos vies. Tout le monde peut capturer du soleil.

➤ *Les ressources, notre équilibre en balance*

La boîte à soleil n'empêche pas les malheurs de l'existence, elle n'évite pas les souffrances, mais elle permet de les amortir, elle permet d'avoir des ressources dans lesquelles puiser pour ne pas être « vidé », au sens propre, pour ne pas se faire engloutir. « Je suis épuisé », entend-on si souvent. C'est là le cœur de cette proposition : alimenter ses ressources permet de rétablir, un peu, beaucoup, l'équilibre quand la vie bascule, quand la souffrance nous aspire, quand rien ne va plus. Les ressources sont une réserve de vie. Une réserve d'énergie. Être attentif à ses ressources, c'est être la fourmi de la fable. La fourmi qui sait, sage fourmi, que l'hiver viendra, qu'il faudra se nourrir, que cela n'empêchera pas d'avoir froid, mais que ce qui a été engrangé permettra de subsister jusqu'à la saison nouvelle. Car nouvelle saison il y aura. Même quand tout semblera figé. La vie n'est qu'impermanence. Tout change, tout le temps.

➤ *Qu'est-ce qu'on attend pour être heureux ?*

> « Je me souhaitais mélancolique. Je n'avais pas encore compris la supérieure beauté du bonheur. »
>
> André GIDE.

Parler de bonheur, n'est-ce pas un peu vulgaire, trop ordinaire ? Ne faut-il pas être tourmenté pour créer, inquiet pour penser, fiévreux pour écrire ? Étonnant bonheur qui semble ne pas vouloir se conjuguer avec l'intelligence, la créativité, la pensée. En France, cette idée reste tenace et le bonheur ne bénéficie d'aucun chapitre ni d'aucun amphi dans nos cours universitaires. Le bonheur ne relèverait pas de la psychologie. N'est-ce pas sidérant ? Ainsi, on soigne, on soulage, on accompagne, on diagnostique, on traite, on traque les symptômes, on rééduque les troubles, on se penche sur les souffrances, on fait parler pour soulager, on met en place des thérapies, on applique des programmes, on fixe des séances sur des semaines… et on ne parle pas de bonheur. Mais si la recherche, pour nos patients, d'un sentiment de mieux-être, de mieux-vivre, n'est pas la destination, que fait-on ? Alors, c'est vrai, en psychologie, le bonheur ne s'appelle pas comme ça. On parle de sentiment de satisfaction de vie. C'est plus chic. Plus précisément, ce sont les Américains qui en parlent, car c'est par eux que le bonheur est arrivé dans le champ de la psychologie.

Bien sûr, nous avançons avec nos patients pour améliorer leur existence, bien sûr. Mais trop souvent, avec cette idée en toile de fond que notre mission est d'apaiser et pas d'entraîner, de soulager, pas d'imaginer, d'adoucir, pas d'accomplir. Il me semble que nous passons à côté de ce que nos patients attendent impatiemment, de ce que tous ceux qui souffrent espèrent secrètement, de ce que tous ceux qui font la démarche demandent ardemment : s'il te plaît, aide-moi à être heureux !

C'est le métier de la psychologie de tendre vers le bonheur, de faire l'hypothèse du bonheur. Oui, le bonheur est une dynamique psychologique centrale au carrefour de toutes nos compétences. Oui, c'est en nous adossant à toutes nos connaissances que le bonheur et les stratégies pour y parvenir doivent trouver une place de choix. C'est à la psychologie de se confronter et de relever ce défi du bonheur. S'improviser bonheurologue, au prétexte d'avoir appris ou seulement compris les grandes ficelles de la psyché humaine, proposer des formules toutes faites ou des instructions codifiées, des carnets à remplir ou des challenges à accomplir, n'est pas le gage d'un bonheur durable. Un bonheur qui est celui de l'équilibre retrouvé, de la flexibilité restaurée, des motivations personnelles revenues et assumées. Ces motivations, toujours les mêmes et toujours différentes, qui façonnent nos vies. C'est cela que doit être la nouvelle psychologie, notre psychologie contemporaine.

Le bonheur, cependant, ne se laisse pas si facilement attraper. Ce bonheur après lequel nous courons n'est pas tout à fait celui auquel nous rêvons. Nous avons si souvent tendance à parler du bonheur au futur : « Je serai heureux quand… » Comme si le bonheur arrivait un jour, en disant majestueusement : « Bonjour, je suis le bonheur, je crois que vous m'attendiez depuis longtemps. » Non, ce n'est pas ça le bonheur. Et les études nous disent que nous nous trompons le plus souvent quand nous imaginons ce qui nous rendrait heureux. L'argent ? Non, ce n'est pas le bonheur, confirment les recherches. Une jolie maison, une voiture rouge, des vacances au soleil… Non plus ! Le mariage, alors ? Un peu, pendant deux ans, pas plus. Les enfants ? Oui, trois ans, le temps qu'ils soient autonomes biologiquement.

Et puis l'on apprend[1], ô injustice parmi les injustices, que le bonheur est génétique. Considérablement génétique. Pour une proportion de 50 %. Voilà. Nous ne sommes pas égaux, nous ne le serons jamais. Nous avons une chance sur deux d'avoir plus de facilité à être heureux, un risque sur deux de voir, d'abord, le côté sombre des choses.

Les conditions extérieures, notre lieu de vie, nos revenus, la société dans laquelle on vit, le nombre de chaussures dans le dressing ou de vestes dans la penderie, les bijoux précieux ou en toc, les voyages en *low cost* ou luxueux, la cabane en bois ou le palais doré, le job de rêve ou le boulot alimentaire, les hautes études ou la débrouille… tout ce pour quoi nous dépensons tant d'énergie à longueur de journée, ça compte n'est-ce pas ? Patatras ! Les recherches sont formelles, cela n'intervient que pour 10 % dans notre camembert du bonheur. 10 %, seulement ? Seulement. Bien sûr, il ne saurait être question ici de ceux qui vivent dans la précarité, qui n'ont pas de quoi manger ni se loger. Ce serait indécent. Mais pour ceux qui ont passé les premiers étages de cette

1. Sonja Lyubomirsky, *Qu'est-ce qui nous rend vraiment heureux ?*, Pocket, 2015.

fameuse pyramide de Maslow[1], besoin physiologique et besoin de sécurité, tout ce qui nous donne l'illusion d'avoir touché le gros lot est un leurre pour notre bonheur. Voilà pour les mauvaises nouvelles.

La bonne nouvelle, l'excellente nouvelle, celle qui change tout, c'est que 40 % de notre fameux bonheur dépend… de nous ! De ce que nous sommes, de notre façon de vivre, et surtout, surtout, de notre engagement. De notre engagement avec nos valeurs comme boussole, comme direction, nos valeurs qui sont là pour nous permettre de prendre le sens du vent. Pour être emporté, transporté, pour vivre une vie qui nous plaît, une vie qui nous ressemble. Et là nous redevenons égaux, ou presque. La différence, et elle est importante, est notre capacité à nous jeter dans le grand courant de la vie ou notre propension à nous asseoir sur le bord et à la regarder passer…

➤ *Mes valeurs, ma boussole*

J'aime ces mots à double sens. Un objet de valeur est un bien précieux, précieux à nos yeux. Nos valeurs, celles qui sont les piliers de nos vies, sont notre boussole intérieure. Si précieuses pour nous sentir engagés dans nos vies, alignés, cohérents. Les valeurs nous indiquent notre chemin. Nous montrent la direction qui nous convient, à nous. Vivre dans ses valeurs, se mettre en mouvement avec ses valeurs arrimées au cœur et au corps, et sentir notre vie riche, pleine de sens.

---

1. Dans les années 1940, le psychosociologue Abraham Maslow établit une pyramide des besoins, pour illustrer notre motivation vitale. Le premier étage concerne les besoins physiologiques (boire, manger), le deuxième est le besoin de sécurité (avoir un toit), au-dessus le besoin d'appartenance (être dans un groupe, dans une société, dans une communauté), le quatrième est le besoin d'estime de soi (avoir confiance en ce que l'on est), le dernier, l'ultime, le sublime, le besoin d'accomplissement.

Nous sommes souvent en quête du sens de nos vies, les valeurs sont notre sens de vie. Connaître, repérer ses valeurs devrait être une démarche familière. Elle reste pourtant encore très subsidiaire. Ce sont pourtant nos valeurs qui nous éclairent. Et puis, et puis, les valeurs, nous les ressentons fort au creux de nous quand nous sommes blessés, en colère, tristes, parce que les valeurs, nos valeurs, sont aussi ces piliers qui délimitent notre territoire intérieur. Notre confiance est trahie alors que c'est une de nos valeurs fortes ? Quelqu'un tente de forcer notre intimité ? Nous déployons une énergie puissante pour nous protéger et éloigner la menace. Nos valeurs jouent ce double rôle : elles nous entraînent, nous poussent, nous exaltent, pour tracer notre vie ; elles sont aussi les gardiennes de notre intégrité, de ce qui constitue, profondément, notre identité. Et quand nous n'agissons pas, ne vivons pas, dans le sens de nos valeurs, nous nous sentons tiraillés. Comme l'aiguille de la boussole qui tend sans relâche vers le nord magnétique, nos valeurs nous tirent constamment vers le sens de nos vies. Nous le disons d'ailleurs : je suis tiraillé… Magie des mots…

Nous avons, tous, entre cinq et six valeurs principales. Ne pas connaître ses valeurs, c'est avancer comme une coquille de noix au gré des flots, au gré des autres, de la vie. En pleine possession de nos valeurs, nous avons enfin notre carte routière qui, à chaque bifurcation, nous précisera le chemin à suivre, celui qui nous correspond. Vraiment. Intimement. C'est ma vie : c'est moi qui la choisis !

➤ *La psychologie, changement de cap*

Et si la ressource suprême, la ressource de toutes les ressources, était le don de métaboliser toutes nos ressources !

Un concentré de ressources qui les agrégerait et les sublimerait. Une polarisation de toutes leurs énergies, de toutes leurs forces de vie, de leur talent d'accomplir. Nos ressources, il faut nous entraîner à les repérer, avoir appris à les aimer, à en être fiers, à leur faire de la place, à les choyer, à les remercier. Plus nous les alimentons, plus elles entraînent nos vies, comme le courant du fleuve qui fait tourner les pales du moulin, de plus en plus vite, de plus en plus fort, pour dégager de plus en plus d'énergie, de plus en plus de possibilités.

C'est cette chasse aux ressources, nos trésors, qui doit être mise en exergue quand on s'engage dans une thérapie. C'est cette dimension qui doit guider le psy. La psychologie ne peut se contenter de réparer, elle doit s'engager à mobiliser, enrichir, faire fructifier les ressources de chacun. Mais pour cela il faut en avoir l'intention. Oui et oui : l'intention. Les psys sont si formatés à « travailler sur les difficultés » que cela leur demande un réel effort pour soutenir cette intention de dénicher, repérer, faire jaillir, embellir, toutes ces ressources que porte chacun de nous et dont parfois nous n'avons aucune conscience.

Merci la psychologie de s'intéresser à cet inconscient-là, celui qui cache nos trésors et nos infinies possibilités ! Les souffrances ne sont jamais niées, la psychologie des ressources prendra le temps et l'amour de les consoler, de les chouchouter, mais prendra le parti aussi de ne jamais ignorer toutes les ressources qui continuent à exister et à cohabiter même avec la douleur la plus envahissante. On tourne la tête, on fait un pas de côté, on regarde où aller dénicher ce que le patient a en lui comme carburant pour l'alimenter et lui donner l'impulsion de redémarrer. C'est une tout autre posture, qui ne dénie rien mais qui élargit le champ des possibles, qui réconcilie les patients avec ce qu'ils sont. Ils ne sont pas réduits à leur difficulté, à leur passé, ils peuvent, ils doivent recomposer avec tout ce qu'ils ont à disposition. C'est une incroyable libération.

Dans les consultations avec les enfants et les ados, nous avons mis en place une grille semi-directive pour nos premières consultations. L'une des questions concerne l'école. Je suis frappée de la tension que les premiers mots créent chez les parents comme chez l'enfant : « Et à l'école… en quoi es-tu fort ? » La deuxième partie de la phrase est occultée, comme si je ne l'avais pas prononcée. Il est entendu que si je m'intéresse à l'école, c'est pour savoir ce qui ne va pas… Cette question laisse souvent les enfants eux-mêmes perplexes et il me faudra parfois proposer aux parents de se taire, pour l'instant, car ils répondent souvent spontanément : « Ah, mais c'est bien ça le problème, je vais vous expliquer. » Non, pas maintenant, pas tout de suite. J'insiste auprès de l'enfant, surpris : « Tu veux dire, les matières où j'ai de bonnes notes ?
– Peu m'importe, ce que j'aimerais savoir, c'est en quoi, toi, tu te sens fort. Ce que, toi, tu aimes. »
Les yeux brillent et l'enfant se lance. Il me parle de l'histoire, des maths, du sport, des arts plastiques… Les parents bougonnent, « avec les notes que tu as », ou « les arts plastiques, ce n'est pas une vraie matière »… Quelquefois, l'enfant ne peut répondre à cette question et, penaud, la tête baissée, murmure qu'il n'est fort en rien. Je reviens à la charge : « Ce n'est pas possible d'être fort en rien. Peut-être que toi ton truc, c'est la récré. Tu es fort pour te faire des copains, pour avoir des idées de jeux, pour la bagarre, pour trouver des cachettes, ou pour faire des blagues, ou pour faire le pitre en classe… » C'est réjouissant de tirer sur ce fil. L'enfant est en confiance, soulagé. Il relève la tête et on réfléchit ensemble à toutes les qualités qu'il faut avoir pour être fort dans tout ce qu'il m'a finalement avoué. Il m'arrive alors de me tourner vers les parents et de leur demander : « Vous le saviez que votre enfant avait toutes ces qualités, tous ces talents, toutes ces compétences ? » Changement total de tonalité. Nous n'avons

pas pris les difficultés comme porte d'entrée, nous nous appuyons sur les ressources comme leviers.

Je pourrais insister et l'écrire sous forme de devinette. Quelle est la phrase la plus prononcée par les psys ? Qui résonne des milliers de fois, chaque jour, toutes consultations psychologiques ou médicales confondues. Vous le savez, vous l'avez entendue : « Qu'est-ce qui ne va pas ? »

➤ *Le lien qui guérit*

« Aimons-nous les uns les autres », « Tendre la joue gauche… ». L'amour, trop souvent pour nous, a des relents de charité chrétienne qui nous agacent. Incroyable paradoxe de cette humanité qui ne souhaite que l'amour et le met à distance dans le même mouvement. Nous cherchons tous, tout le temps, à aimer, être aimés, reliés. C'est dans cet interstice de nos vies que les réseaux sociaux et sites de rencontres de troisième type se sont engouffrés pour le bonheur des uns et le malheur des autres. Notre société a créé l'illusion du lien, l'illusion de l'amour, l'illusion d'avoir des amis… et son corollaire, le sentiment d'absolue solitude… Je l'ai déjà souligné, toutes les études montrent que le lien, le lien authentique, est le facteur déterminant pour vivre vieux, pour vivre heureux. Le dernier rapport mondial sur le bonheur précise que le plus important est de pouvoir compter sincèrement sur quelqu'un[1]. Quelqu'un qui nous aime et qui est là pour nous. Au milieu des péripéties de nos vies. Épicure nous l'avait bien dit : l'amitié, c'est la félicité. Dans ses *Maximes capitales*, il écrit : « Ce n'est pas tant l'intervention de nos

1. Source : *Rapport mondial sur le bonheur* sous l'égide de l'ONU par l'Université Columbia, États-Unis : 300 personnes interrogées dans 150 pays.

amis qui nous aide mais le fait de savoir que nous pouvons compter sur eux. »

Lions-nous, créons du lien, c'est le lien qui guérit. La psychologie ne peut être que celle du lien qui se tisse, se renforce, pour être à la fois cette trame serrée sur laquelle le patient peut compter et cette passerelle, comme un doudou, qui donne à chacun la force d'être cet humain dans le grand bain du monde.

➤ *La joie de vivre*

> « Celui qui a senti une fois dans ses mains trembler la joie ne pourra plus jamais mourir. »
>
> José HIERRO[1].

S'émerveiller. Garder notre âme d'enfant. Être bouleversé par un bonheur minuscule ou une œuvre majuscule. Écarquiller ses yeux et son cœur face à ce mystère de la vie qui recèle des trésors infinis. S'abandonner, faire confiance à cette vie. Celle qui est là. Maintenant. Avoir la foi. S'enthousiasmer quand nous créons, quand nous trouvons, quand nous aimons. Laisser cette joie palpiter en nous, crépiter, nous dilater. S'abandonner à ses tressaillements. Ne pas avoir peur de cette joie, ne plus s'en méfier comme d'un piège qui, obligatoirement, va se refermer. Nous les croisons ces « rabat-joie », qui voudraient nous entraîner dans leur sillage, qui sont imperméables à la magie de la vie, comme si elle pouvait leur faire perdre la maîtrise, le contrôle. La vie serait donc dangereuse ? Oui, toute vie est dangereuse, puisqu'elle nous emmène vers la mort, et c'est cela qui doit

1. Poète espagnol (1922-2002).

nous alimenter en joie de vivre. Je vis, merci ! Je suis ici, merci ! Je peux prendre les rênes de ma vie, merci ! Je suis toujours et encore en vie, merci. La joie de vivre est une force puissante que l'on peut alimenter quand on accepte que tout est possible, même le bonheur. Le bonheur de vivre. Celui qui n'empêche pas les malheurs, mais qui nous met du baume au cœur. Un baume sacré.

➤ *Nous sommes libres*

Libres d'inventer nos existences. Libres de tracer nos chemins. Libres de prendre en main nos destins. Le sens de nos vies nous appartient. La seule vraie liberté est celle de choisir. En pleine conscience. En toute lucidité. En pleine confiance. Nos ressources nous en donnent la source, la force, cultivons-les avec amour, avec passion, avec conviction.

#FONDEMENT 3

La nouvelle psychologie est une psychologie intégrative

Au commencement, la complexité

➤ *Nous sommes des milliers*

Peut-être avez-vous déjà expérimenté cette sensation étrange de n'être vu, compris, que par une seule facette de vous-même ? Peut-être avez-vous déjà ressenti cette frustration immense que l'on tentait de vous réduire à une seule dimension de votre personnalité ? Peut-être vous êtes-vous déjà débattu pour faire entendre que vous n'étiez pas uniquement cela, que c'est tellement plus compliqué ?

C'est si étonnant cette simplification dont nous sommes parfois l'objet. Il y a des raisons à cela. Ne prendre qu'une partie du tout demande moins d'efforts, moins d'analyses, moins d'explications. Nous sommes des êtres intelligents, le cerveau est simpliste. Il cherche à aller vite, à mettre dans des cases. Le système analogique[1] s'active dans plus de 80 %

---

1. Daniel Kahneman, *Système 1/Système 2. Les deux vitesses de la pensée*, Flammarion, 2012.

des situations vécues. Alors on entend : « Tu es comme ceci ou comme cela », « De toute façon avec toi, c'est toujours comme ça », « Tu ne sais pas faire autrement… » Vous voyez, c'est incroyablement blessant de se sentir réduits à une portion congrue de nous-mêmes. Pourtant, nous en sommes victimes si souvent, et nous le faisons si fréquemment.

Le « tu » condense ce que nous avons à reprocher, parfois à valoriser : « Tu es désagréable », « Tu es trop exigeant », « Tu es tellement généreux », « Tu es insupportable, égoïste, de mauvaise foi… », « Tu es paresseux, cynique, comique », « Tu es formidable », « Tu, tu, tu… ». Non, non, et non ! Je peux être celui dont tu parles mais je suis beaucoup plus que cela. Je suis pluriel, je ne peux pas me conjuguer au singulier.

Nous sommes divers à l'intérieur de nous-mêmes, nous sommes même parfois opposés, blancs un jour, noirs le lendemain, lumineux et sombres, forts et faibles, agréables et mutiques, sympathiques avec les uns, distants avec les autres. Nous le savons bien pour chacun de nous, nous l'oublions facilement quand il s'agit des autres. Aucune case ne peut nous contenir, nous sommes un damier sur lequel se joue la partie de nos vies.

➤ *L'être humain est si complexe*

Son alchimie est si subtile. Mais aussi volatile. Nous nous sentons un, nous sommes des milliers à l'intérieur de nous. Des facettes aussi nombreuses que les moments vécus qui ont façonné comme une mosaïque ce que nous sommes devenus, ce que nous sommes en train de devenir. Nous sommes à la fois uniques, jamais identiques, toujours identifiables. L'identité, c'est d'être toujours le même tout en étant différent. L'identité, c'est ce que l'on ressent en soi : « C'est moi. »

L'identité, c'est ce que ressentent les autres : « Ça, c'est tout toi, c'est vraiment toi ! » L'identité, c'est ce qui ne vieillit pas en nous[1]. Nous sommes ces personnalités aux arcanes intimes, qui ne peuvent se résumer dans un profil de magazine, dans un tableau clinique. Nous en aurons les grands traits, jamais la subtilité. Qui peut se targuer de nous connaître vraiment, de nous comprendre vraiment, de nous saisir totalement ? Le pouvons-nous nous-mêmes ? Ainsi, cet humain va dans le monde, ancré dans son identité, porté par ce qu'il est, guidé par ses étoiles secrètes, avec cette incroyable force et sa profonde fragilité. Vous le sentez ?

La psychologie qui tenterait de nous segmenter nous perd en chemin. La psychologie ne peut être qu'une psychologie du tout, du tout humain.

➤ *Le monde dans un grain de sable*

Marie arrive en consultation les traits tirés. Trop de nuits sans sommeil, trop d'alcool, d'angoisses. Dans son univers professionnel, Marie donne le change. Personne ne s'aperçoit de sa détresse. Elle sait se revêtir de ce faux self, cette identité d'emprunt, qu'elle joue à merveille. Elle est considérée, admirée, douée. Marie déploie une énergie inouïe pour masquer ses failles. Pour créer l'illusion. Elle est au bout, à bout. Elle est là, en face de moi. Muette. Rien ne sert de lui poser des questions. Elle lâche, du bout des lèvres : « On m'a dit de voir un psy… c'est pour ça que je suis ici. Je n'ai pas envie, tout est trop compliqué à expliquer, et je ne vois pas à quoi cela pourrait servir de vous parler… »
Silence. Je respecte. Je la respecte. J'ouvre mon espace intérieur pour qu'elle ressente ma présence. La consistance de ma présence.

---

1. Marie de Hennezel, *La chaleur du cœur empêche nos corps de rouiller. Vieillir sans être vieux*, Robert Laffont, 2008.

Je tente de capter ce qui convient. Ce qui pourrait lui convenir. Ce que je pourrais introduire pour enclencher un premier mouvement. Je sors une photo. Une photo tirée d'un livre d'art. La photo d'une commode sur laquelle règne un fouillis indescriptible. Une photo tout en ombre et lumière. Une photo troublante. J'ai une idée derrière la tête. Je pense que le problème de Marie est, entre autres, que tout est embrouillé dans sa tête, dans son cœur, dans sa vie. Que rien ne trouve de place, elle non plus.

Elle jette un œil. Spontanément, s'exclame : « Tiens, on dirait la commode de ma chambre ! » Je n'en attendais pas tant, c'est presque trop facile. Je ne relève pas. J'aurais pu m'engouffrer dans cette brèche et lui proposer de me dire en quoi ça lui ressemblait. Mais l'impasse était assurée. Elle se serait fermée.

Je me mets à commenter tout haut les objets hétéroclites que j'observe sur l'image. Cette image qui me sert de médiateur thérapeutique. Je m'étonne d'y distinguer un bijou précieux à côté d'une carte postale défraîchie. Je m'amuse de ce sablier qui semble avoir été oublié là alors que le sable continue à s'écouler. Dans le miroir qui surplombe le meuble sont glissés des photos, d'enfants, de paysages, des cartes postales, des billets de spectacle… Les bricoles s'amoncellent et débordent de tiroirs entrouverts.

Marie se prend au jeu. Regarde avec moi. Commente à son tour ses découvertes car les jeux de lumière cachent beaucoup, suggèrent beaucoup. Nous devenons des chercheuses, des découvreuses, des curieuses. De quoi ce fouillis se compose-t-il ? Nous nous posons des questions sur sa propriétaire, sûrement une fille. Quels indices pourraient nous permettre de faire du profilage : qui est-elle, quel âge, quelle est sa vie ?

Marie s'amuse mais, intérieurement, je guide la séquence. Mes relances, mes propositions, mes interactions liées à cette commode devenue « objet à penser » sont des invitations pour que Marie puisse élaborer sa propre histoire, ses problématiques, ses questionnements identitaires, ses peurs. Marie se prête au jeu car elle n'en perçoit pas les méandres. Pas encore. Quand on parle d'apparences et des objets qui indiquent que leur propriétaire a besoin de séduire, c'est d'elle dont je parle et elle qui apporte des détails, sans avoir toutefois l'impression de se livrer. Quand nous nous interrogeons sur la provenance des cartes postales, quand Marie cherche d'où viennent les timbres, est évoquée en filigrane l'appartenance à une culture. Marie a été adoptée et cela fait partie de son trouble d'identité. Quand nous repérons la photo d'un cheval, nous nous interrogeons sur la diversité des espèces qui peuvent exister, en quoi elles se ressemblent, et en quoi elles diffèrent. Nous les cherchons dans le dictionnaire, évoquons celles qui se laissent facilement apprivoiser, et les sauvages. Celles qui ont des robes magnifiques et d'autres plus ordinaires. Les pur-sang et les chevaux de trait. Les bêtes à concours, admirés de tous et qui valent des fortunes, et ceux qui finiront à la boucherie.

Nous sommes ici en plein questionnement sur l'identité, sur les facettes de l'identité, sur ce qui nous distingue les uns des autres. Sont évoqués aussi les chevaux que l'on aime, auxquels on s'attache. Marie m'explique qu'elle faisait de l'équitation petite fille et qu'elle avait remarqué que son lien avec les chevaux l'apaisait car elle se sentait aimée comme elle était. Il suffisait qu'elle s'occupe d'eux. L'un d'eux, son préféré, est mort. Elle en a été durablement attristée, s'est sentie, encore, abandonnée. Nous avons fait une pause. Je lui ai proposé de sentir, là, dans son corps, ce que cette émotion de tristesse provoquait en elle. Dans quelle partie de son corps elle le ressentait.

Nous sommes restées ainsi, les yeux fermés, pendant un moment. Puis, nous sommes revenues à cette commode, pour continuer notre travail. Car c'en était bien un ! Un travail d'élaboration où nous abordions, l'un après l'autre, tous les aspects de la problématique de Marie sur laquelle je souhaitais travailler. Petit à petit, nous avons fait le tri, puis des colonnes, pour ranger ce qui pouvait se regrouper. Puis, nous avons hiérarchisé : ce qui semblait le plus important d'un côté, ce qui semblait secondaire de l'autre. Nous nous sommes interrogées sur le dessin, remarquable, accroché au miroir. Qui dénotait un talent certain. Et plus généralement sur le choix des objets, peu ordinaires malgré leur apparente banalité. Pour mieux connaître la « jeune fille à la commode », nous avons cherché des objets plus cachés qui nous aideraient à mieux la cerner… Pendant ce temps-là, mes relances continuaient à parler de Marie alors que nous étions focalisées sur la commode et que Marie était soulagée de ne parler ni d'elle ni de ce qu'elle vivait… La séquence de la commode s'est renouvelée. Maintenant, Marie vient volontiers, amusée par ce jeu de piste qui l'entraîne au fond d'elle-même par des voies détournées. La curiosité de soi s'est invitée. Pas à pas, nous avons ensemble trié les nombreuses questions qui l'encombraient, nous avons abordé le contexte culturel dont le doute polluait sa vie, nous avons évoqué l'importance de l'amour et la peur de l'abandon qu'elle rejoue souvent, nous avons parlé, toujours grâce aux chevaux, du lien, de l'attachement, qui change tout, nous avons discuté des leurres de l'apparence que l'on accumule pour se sentir belle, appréciée, mais qui souvent nous éloignent de ce que l'on est. Qui nous perdent dans le besoin de plaire, pour se sentir exister. Nous avons pu aussi parler de son sentiment de n'avoir jamais reçu d'amour inconditionnel. Nous avons compris le vide ressenti et imaginé comment elle pouvait le combler, le réparer. S'aimer soi-même, tel que l'on est. S'aimer vraiment. Alors l'amour circule à nouveau et cette fameuse hormone, l'ocytocine, est elle aussi libérée. Les psycatrices s'adoucissent. Celles que les neurosciences affectives nous ont apprises, ces empreintes douloureuses qui marquent notre mémoire émotionnelle.

Avec Marie, nous avons élaboré avec le cognitif – observation, attention aux détails, catégorisation et hiérarchisation des objets et donc des priorités. Nous avons évoqué le schéma d'abandon et la tristesse que cela peut engendrer, nous avons feuilleté le questionnement existentiel infini. Nous avons exploré, dans le corps, les émotions qui affluaient. Nous avons regardé les pensées se déployer, les croyances qu'elles véhiculaient, nous nous sommes demandé quelles étaient les valeurs qui semblaient les plus importantes pour la propriétaire de cette drôle de commode et nous avons constaté ensemble qu'elle faisait preuve de goût et de discernement dans le choix de ces nombreux objets dispersés, des ressources sans aucun doute. Les valeurs qui donnent le sens de la vie.

Marie a souri, m'a dit qu'elle avait aimé ces séances insolites. J'ai pu constater sa grande capacité à conceptualiser, à penser, à se questionner. Elle m'a offert des pistes à foison pour nos prochaines rencontres. Marie a touché du doigt que ce qui lui pesait si fort était son besoin de plaire dans lequel elle s'essouffle, sa peur aussi de ne pas être aimée si elle n'arrive pas à séduire. Elle a ressenti comme il était difficile d'être si confuse dans sa tête, de chercher en permanence la place des choses, sa place à elle, combien elle avait peur de ne pas être capable de discerner ce qui comptait vraiment, peur de ne pas pouvoir tisser de liens véritables.

Mais tout cela, elle n'a pu commencer à me le dire qu'à la deuxième séance. C'est elle qui a parlé sans que je l'y invite : « Vous savez, la dernière fois, quand on regardait cette commode, je me suis dit, j'ai pensé que… » Cette image contenait sa vie. C'est en étant présente à ce qu'elle était, dans le moment de cette première rencontre, que j'avais senti que je ne pourrai pas lui demander de parler d'elle. Pour qu'elle puisse aborder les multiples facettes de sa personnalité, j'avais dû trouver le moyen de lui parler d'autre chose. Ce n'était pas de la conversation. C'était de l'élaboration.

Cette première séance avec la commode nous a ensuite permis de faire des séquences de thérapie cognitivo-comportementale, ces fameuses TCC : classer ses pensées, des plus limitantes aux plus facilitatrices, leur associer les émotions que ces pensées déclenchaient, puis, dans une perspective de thérapie de troisième vague, nous demander comment se défusionner de ces pensées qui s'activaient sans interruption. Penser qu'on est nul n'est qu'une pensée. L'émotion que je ressens, où est-elle dans mon corps, de quoi me parle-t-elle ? En nous posant, en nous concentrant sur notre respiration et nos ressentis corporels, les moments de méditation, de pleine conscience de soi, nous ont permis de faire des avancées spectaculaires. Les émotions peuvent se vivre, elles sont des indices précieux, et si je les laisse évoluer, puis passer, elles ne vont pas me polluer. Être présent à sa vie. La sentir palpiter. Ne pas s'échapper dans le mental, pour fuir, pour éviter, pour vivre à côté. La méditation nous permettra de marquer des pauses pour percevoir le monde intérieur : au début très confus, comme la commode, il est devenu plus fluide, plus léger, et nous a permis de nous retrouver.

Nous aborderons les valeurs, les valeurs qui sont importantes pour Marie et qu'elle avait oubliées pour se conformer à ce qu'elle pensait qu'on attendait d'elle. Nous avons parlé de ses qualités et compris que la générosité, la gentillesse, la préoccupation pour les autres, n'étaient pas de la vulnérabilité mais une force de caractère et de cœur qui était un bien précieux. Nous avons évoqué ses origines, son adoption. Nous avons fait la distinction entre la famille génétique et la famille affective : en général, c'est la même, parfois non et cela donne aussi d'autres ouvertures culturelles. Une autre richesse.

Nous avons exploré sa culture d'origine et fait des recherches ensemble. Nous avons observé les drapeaux, leurs différentes couleurs, leurs similitudes et leurs différences. Cette comparaison réfléchie, fondée sur le cognitif, sous l'angle de l'observation, de l'interrogation, lui a permis d'approcher ce sujet délicat. Elle n'avait jamais pu l'aborder auparavant. Roumaine ? Elle en avait honte, elle en est fière maintenant. Nous avons pu aussi travailler sur un traumatisme assez récent, une humiliation, qui venait en écho à de nombreuses humiliations vécues plus jeune. Ce traumatisme est arrivé dans nos échanges à cause d'une photo, un portrait déchiré, dont les morceaux étaient éparpillés sur la commode. Nous avons tenté de le reconstituer. Une jolie femme, un peu apeurée. « Cette tête, les yeux baissés, je la connais », avait remarqué Marie. Elle a parlé alors de l'humiliation ressentie quand on lui avait dit qu'elle n'avait rien à faire dans cette réunion-là. Au bureau. Elle s'était sentie blessée, pas respectée, rejetée une fois encore. Incapable. Pas à sa place. Alors elle avait surjoué la Wonder Woman efficace. En force.

À ce stade, c'est l'EMDR qui nous a aidées. En suivant les mouvements de mon doigt qui va et vient de gauche à droite devant ses yeux, tout en se remémorant le dernier épisode de l'humiliation traumatisante, Marie a pu le désamorcer.

J'ai vu Marie une dizaine de fois. Nous avons pu, avec beaucoup de fluidité, retisser tous ces liens que nous avions tramés. Toutes les intrications de sa construction identitaire, de ses difficultés, de ses peurs cachées, la commode nous avait aidés à les clarifier. Doucement. Nous avons pu aussi aborder les ressources de Marie, les valeurs qui la guidaient. Elle a repris des études… de psycho. Elle veut à son tour aider les autres. Elle se sent enfin à sa place. Ne boit plus. Dort mieux. Elle ne cherche plus à plaire à tout prix, mais à se sentir bien avec elle-même. La dernière fois que je l'ai vue, un petit copain était en vue… La commode se range, s'organise. La vie de Marie a retrouvé un ordre, celui qu'elle avait perdu.

La psychologie intégrative est cette coconstruction. Une coconstruction entre le psy et son patient, un « faire-ensemble » grâce auquel on assemble toutes les pièces éparpillées d'un puzzle, tous les morceaux de vie qui sont à l'origine de ce que nous sommes, de notre façon de penser la vie, de nous penser nous-mêmes, d'envisager nos interactions avec le monde.

Une posture de la psychologie. Prendre la vie comme elle vient, comme elle est. Dans toutes ses composantes. Accueillir la vie, celle de l'autre, avec toutes ses dimensions, ses replis, sa diversité, sa profondeur. Ne pas la segmenter. Ne pas réduire sa compréhension à un seul prisme. Les portes d'entrée sont multiples.

Avec Marie, une seule porte d'entrée aurait réduit le champ, n'aurait pas permis de tout aborder. Penser ensemble, trier ensemble, hiérarchiser les objets ensemble, s'amuser de nos découvertes ensemble, se questionner ensemble sur des « objets à penser » qui, *a priori*, étaient loin de sa propre vie, ressentir ensemble les émotions qui surgissent… intégrer, encore et encore, ce qui est là. Ce qui peut se penser, ce qui peut se voir, ce qui peut se comprendre. Intégrer, c'est ouvrir son regard de psy pour guider le regard de l'autre, l'amener à voir, se voir, se penser, avec tous les faisceaux qui façonnent notre mental, nos sentiments, nos comportements, nos liens aux autres, notre rapport au monde. Ne pas se limiter à une seule compréhension de l'humain mais accepter ce pari un peu fou d'embrasser la multiplicité de cet assemblage qui fonde chacune de nos vies, de l'aube au crépuscule.

La psychologie intégrative est le reflet de notre incroyable complexité humaine qui entrelace en permanence, depuis notre premier instant de vie, ce que nous sommes, génétiquement programmé, et la rencontre avec notre environnement. C'est de cette rencontre que tout va naître, se construire, s'ajuster, s'inhiber, se déployer.

La psychologie intégrative, c'est l'histoire de la vie, de notre vie, d'une vie.

Le développement de notre cerveau, de notre identité, de notre personnalité, de nos compétences émotionnelles, de nos capacités d'accomplissement, n'existe que dans ce ballet perpétuel qui se joue entre nous et le monde, entre ce que nous sommes, ce que nous avons vécu, ce que nous vivons, ce que nous sommes en train de devenir. À chaque instant.

Comprendre la psychologie intégrative, c'est aborder nos vies avec cette conviction que l'infiniment petit recèle notre incroyablement grand.

La psychologie intégrative propose une posture qui considère sans relâche que rien ne peut se comprendre sans le tout, que le tout est la résultante d'une multitude de combinaisons qui se tissent dans l'infime.

➤ *Nous sommes des œuvres d'art*

Le tout n'est pas la somme de ses parties. Une œuvre d'art n'est pas la somme de couleurs, de traits, de formes. Une œuvre d'art transcende ce dont elle est composée, sublime ce qui en fait l'unicité. Analyser une œuvre d'art, c'est toujours prendre le risque de la désincarner, de lui enlever sa fulgurance. Celle qui nous touche, qui nous saisit. Nous pouvons aimer, détester. Nos sentiments sont rarement mitigés. Le mental s'invitera, après. Nous nous dirons hermétiques au message, à l'intention, nous tenterons de comprendre, de rationaliser, de découper.

L'essence humaine échappe elle aussi à ce découpage. Nous ne pouvons, nous ne devons jamais, jamais, oublier que l'être humain est plus fort, plus haut, plus grand que ce que nous pourrons en attraper. Que l'être humain ne peut se résumer à une addition de composants ou alors en le comprenant comme un circuit intégré. Chaque pièce, la plus minuscule soit-elle, contribue à la place qui est la sienne à faire fonctionner la machine humaine, une des plus sophistiquées de l'univers.

Une anecdote qui traduit cette idée ? Vous le savez, nos géants de l'intelligence artificielle finalisent la mise au point des voitures autonomes. Des voitures sans chauffeur où nous pouvons faire salon en sirotant un verre, sans nous soucier de la conduite et de l'attention de tous les instants qu'elle réclame. Ce que je trouve particulièrement intéressant est que tout est presque calé mais que nos génies informatiques ne parviennent pas à régler des points cruciaux comme la circulation sur le rond-point de la place de l'Étoile à Paris et l'entrée sur les autoroutes par les rampes d'accès dédiées. Et vous savez pourquoi ? Parce que ce n'est pas rationnel ! Nous le faisons au feeling, nous, les humains. À l'instinct, à l'intuition et avec parfois la peur au ventre : j'analyse rapidement la situation, j'enregistre approximativement la vitesse des uns et des autres, je scanne furtivement la situation des voitures, et, en apnée, je me lance, presque les yeux fermés… Si, si, c'est vrai ! Et ça, cette dimension simplement humaine de l'approximation intuitive, personne, pour l'instant, n'arrive à le modéliser. Personnellement, je trouve cela réjouissant, rafraîchissant et incroyablement inspirant ! Notre part humaine irréductible…

Comprendre le tout humain

➤ *Un miroir grossissant*

La psychologie intégrative est comme le miroir grossissant de toutes les étapes de notre développement, depuis notre premier jour à ce que nous sommes devenus aujourd'hui. La psychologie intégrative se donne les moyens de tout inclure dans la compréhension d'un trouble, d'une vie. De comprendre notre construction intime. Dans tous ses arcanes.

Dans le ventre de notre maman, nos premières cellules ont créé l'ébauche de notre cerveau, ces mêmes cellules qui seront aussi celles de notre peau. C'est fascinant : notre cerveau, siège de notre pensée, de nos émotions, de notre conscience d'exister, et notre peau, qui nous contient, délimite notre intérieur et le monde du dehors, qui nous enveloppe, sont issus des mêmes cellules ! La peau est la surface visible des replis de notre cerveau. La peau est le reflet de l'âme : « Je t'ai dans la peau », « Cette idée me colle à la peau », « Je voudrais faire peau neuve », « Avoir la peau de quelqu'un », « Je me sens mal ou bien dans ma peau »...

Au commencement était le bébé. Les premières interactions avec le monde. Les sens pas encore tous très fonctionnels mais le cœur en éveil. L'intelligence aussi, malgré ce qui a longtemps été dit. Le bébé se saisit de l'environnement, scrute, analyse, déduit, interfère... Il se construit une représentation du monde. Le noyau de son identité se forme : ce qu'il ressent, de lui-même, cette toute première conscience de soi, ce qu'il perçoit de l'amour, du lien avec les autres, ce qu'il comprend du monde. Sa pensée, son identité dessinent leurs contours.

➤ *Ainsi se tresse notre pensée*

Un modèle proposé initialement par le professeur Bernard Gibello[1], modèle qui stipule que toute la pensée se construit à l'intérieur d'un système progressif, dont chaque module, appelé « contenant », s'imbrique petit à petit aux autres.

Chaque élément de notre pensée, chaque contenu, s'inscrit dans un contenant qui lui donne son sens. Une pensée sans contenant serait comme des mots qui nous seraient incompréhensibles car nous en ignorerons la langue, la langue qui est le contenant et donne la signification à ce que nous entendons.

Ce modèle se tisse dans le va-et-vient constant avec l'environnement, l'environnement physique, humain, l'environnement qui sert de « décodeur » pendant le développement et trace les contours de ce que seront nos premiers contenants

1. Bernard Gibello, *La Pensée décontenancée*, *op. cit.*

de pensées. Tout seul, le bébé venu au monde ne comprendrait rien, très peu. Souvenons-nous de l'enfant sauvage…

– Le premier contenant, base de la construction, c'est le *contenant archaïque*. Celui qui contient en gestation les trois premières briques, le trépied sur lequel tout va reposer : le contenant narcissique, le contenant cognitif, le contenant fantasmatique. Intimement imbriqués les uns aux autres, indissociables, ils se développent simultanément.

– *Le contenant narcissique* va me permettre de me sentir moi, différent des autres. C'est l'ébauche du moi, puis de l'image et de la représentation de soi. S'aimer, se sentir aimé sont des sentiments très intriqués avec la cohérence, la congruence de ce premier contenant. Les relations affectives précoces le modèleront. La qualité de notre attachement en définira la solidité, le socle de sécurité.

« Tu n'as aucune raison de pleurer » : le contenant narcissique s'ébrèche. « Je comprends ce que tu ressens » : l'amygdale, zone de la peur, s'apaise, l'ocytocine se libère, je me sens aimé, rassuré. Tu me regardes avec des yeux doux, je me sens protégé, enveloppé, plus rien ne peut m'arriver. Tu fronces les sourcils, je suis perdu.

– *Le contenant cognitif*, c'est l'ébauche de ma compréhension du monde, de ma mémoire qui capte, enregistre, fait des liens. On a longtemps pensé que le bébé naissait dans un flou cognitif, qu'il ne pouvait se saisir de situations externes, les décoder. Nous savons maintenant que le système cognitif est prêt et que le bébé peut commencer à faire ses expériences, à bâtir l'édifice de son intelligence.

« Tu vois, c'est la nuit. Après viendra le jour, chut… » « Ton doudou, où est-il ? Ici ? Là ? »

« Un, deux, trois, je vais te chatouiller. » « Regarde, ce cube est petit, je peux le glisser là, celui-là est trop grand, il ne tient pas… » Comme un commentateur de match, l'adulte donne sens à ce qui joue dans le monde des choses, leurs lois, leurs causalités, leurs logiques…

– *Le contenant fantasmatique* contient tout ce que j'imagine, mes fantaisies éveillées, les protoformes de créativité, les besoins, les désirs, tout ce qui configure cette part de moi qui est mon jardin secret. Dans les profondeurs de mon cerveau, je crée des connexions qui tapissent ma mémoire de sensations, d'émotions, de ressentis. Un contenant particulier qui définit aussi mes premiers liens aux autres et comment je les inscris dans mon théâtre intérieur. Les neurosciences sociales nous apprennent l'importance de ce lien, son impact décisif à toutes les étapes de la vie, le poids des relations interpersonnelles qui nous unissent les uns aux autres.

« Non, ce n'est pas gentil de faire ça, même si tu en as envie. Regarde, tu l'as fait pleurer… Ne le pousse pas, fais-lui un bisou. »
« Oui, c'est étonnant ton dessin, tu as beaucoup d'idées dans ta tête. »
« Tu lui donnes la main, tu l'aides ? » « Ne vous disputez pas, faites-le plutôt ensemble. »
« Tu as fait de jolis rêves ? » « Je sens que tu as besoin de câlins… »

Le noyau central est formé, ce noyau central à partir duquel s'ébauche l'édifice de mon identité, de ma personnalité. Puis arrive la révolution du langage, et tout ce qui n'était qu'images, sensations, impressions, s'inscrit dans une symbolique qui complexifie la pensée, la perception de soi, l'image de soi, mais aussi les interactions avec l'environnement. Le monde symbolique donne sens à de nouvelles compréhensions de ce que je suis, de ce que je vis. Mon monde intérieur s'enrichit de mille nuances. Mon intégration au monde se ramifie et m'offre une panoplie de possibilités qui viendra renforcer, moduler, modifier mes premières ébauches de moi-même.

– *Le contenant langagier* et symbolique nous fait passer d'un monde à l'autre. Je peux mettre des mots sur ce que je ressens, je peux communiquer ma pensée, je peux argumenter, je peux saisir des nuances, je peux combiner toutes sortes d'idées, de pensées. Je peux associer, je peux différer, je peux imaginer, je peux créer.

– *Le contenant culturel*, enfin, le dernier, élargit ce que je comprends en fonction des codes du milieu, de la société, de la culture à laquelle j'appartiens. Le lieu mais aussi l'époque façonnent nos pensées, nos états d'être, nos types de liens les uns avec les autres.

Ce modèle des contenants de pensées est en mouvement perpétuel, chaque contenant s'inscrit dans le suivant, comme des cercles concentriques, du plus petit au plus grand. Ils évoluent, se modifient, s'enrichissent, s'abîment aussi parfois. Leur membrane est poreuse. Si un contenant est affecté, les autres seront perturbés, par capillarité.

Quand je ne vais pas bien, quand je souffre, je peux apprendre à distinguer quelle part de moi a été touchée. Une part de moi qui ne peut exister sans le tout. Je peux discerner les arcanes de ces imbrications, comme les poupées russes, et sentir, oui, sentir, ce qui me fait le plus mal. Je peux choisir de m'y intéresser en priorité, je peux aussi aménager d'autres parties de moi-même moins abîmées. Tout est en lien, tout se diffuse. Arrondir un autre coin et la partie blessée pourra en bénéficier. Petit à petit, les équilibres se retrouvent, l'harmonie se recrée.

Se remettre en mouvement, se remettre à penser

➤ *Rien à dire, rien à penser ?*

Dans nos métiers nous rencontrons souvent des enfants, des ados, des plus grands qui ne peuvent pas parler. Qui n'ont rien à dire. C'est la seule chose qu'ils expriment d'ailleurs : « Je n'ai rien à dire… » On peut attendre, laisser le silence s'installer, démultiplier les séances en attendant Godot[1]… Il arrive aussi que nous brusquions le patient : « Si vous ne me parlez pas, comment pourrais-je vous aider ? » Ou encore que l'ado mutique se retrouve enfermé dans sa difficulté ; à chacune des questions posées, il répondra, au mieux, « je ne sais pas ». Il peut être si difficile, si douloureux d'activer sa pensée, cette infernale machine à penser par qui, souvent, les souffrances sont arrivées.

L'impasse est sérieuse. Nous nous sommes engagés à aider. Il n'est pas question d'attendre mais de trouver des passages, même secrets. Toute discussion peut s'aventurer sur des sujets éloignés du cœur de la souffrance. Une discussion qui n'est pas de salon mais l'occasion d'observer l'élaboration de la pensée, la tonalité émotionnelle, les enchaînements d'idées. Nous avons déjà des fils à tirer, en marge, juste à côté, doucement. Nous pouvons aussi choisir de proposer une activité, en apparence anodine, facile, attractive, ludique. Jouer.

Jouer, c'est créer cet espace intermédiaire, cet espace transitionnel[2], entre l'autre et moi, entre le dedans et le dehors.

---

1. *En attendant Godot* est une pièce de Samuel Beckett où les personnages principaux attendent celui qui ne viendra jamais…
2. Donald Winnicott, *Jeu et réalité*, Gallimard, 1975.

Jouer, c'est inviter à explorer des recoins obscurs de la personnalité et qui permettront d'en éclairer d'autres facettes. On peut s'amuser à faire des catégories, avec n'importe quoi : les objets disposés sur le bureau par exemple. Ou partir du sport favori du patient, comme dans le cas de Marie avec l'équitation, pour trier, organiser, jeter, mettre des priorités.

Cette approche thérapeutique, que nous avons appelée la psychothérapie à médiation cognitive (PMC), est une pratique qui agit simultanément sur les versants cognitifs et affectifs du fonctionnement, qui donne sens à ce que le patient éprouve tout en mettant en scène un médiateur, un « objet à penser », un support quel qu'il soit avec et autour duquel la pensée peut se redynamiser. Tout peut être imaginé, et surtout cocréé, dans un ballet entre le patient et son psy, une œuvre commune, synchronisée. Le psy se met en voix *off* et prononce des mots qui semblent banals, mais qui véhiculent un sens symbolique directement associé au tourment du patient. Petit à petit, en passant par des sentiers de traverse, le patient retrouve le chemin pour se remettre à penser et à SE penser. Une psychothérapie qui est par essence intégrative, car tous les contenants et contenus de penser seront convoqués, les uns et les autres. Le corps est lui aussi notre allié : se relier, aux sensations qui sont là, sans rien chercher à changer ; appréhender les mouvements des émotions, le va-et-vient des pensées, les perceptions corporelles qui s'expriment. Le corps où tout se joue, où tout se dénoue. Le corps qui orchestre la psychologie. Le corps est le creuset d'où proviennent toutes nos souffrances, aussi psychiques, émotionnelles soient-elles, et qui contient toutes nos ressources, nos forces, tout ce qui nous permet d'être bien, d'aller mieux. Les ressources qui se déclenchent et soutiennent l'élan vital. Cet élan que toute psychothérapie ne doit jamais perdre de vue et qui est la combinaison gagnante de la rencontre de toute la psychologie, celle qui intègre, celle qui ne laisse rien de côté, celle qui se préoccupe du tout, de tout, tout le temps.

➤ *Une méthode pour un symptôme ou un psy pour un patient ?*

C'est tout l'enjeu. Le découpage en petites unités ou la globalité ? La réduction à un symptôme ou la prise en compte de toutes les composantes de la personnalité ? Il n'y a jamais chez aucun de nous la totalité qui est touchée. Les endroits où se nichent nos richesses, nos trésors, nos ressources, nos plaisirs de vivre, se cachent toujours quelque part, même si, spontanément, on ne les voit plus, on ne les sent plus. Nos parts « saines ».

Souvent, trop fréquemment, la psychologie resserre son action et ne propose qu'un type d'intervention. Pourquoi ? Parce que la psychologie s'enferme facilement dans une théorie, dans une approche thérapeutique exclusive.

Cette psychologie-là est révolue et doit céder la place à une psychologie holistique. Il ne peut pas, il ne peut plus, être question de segmenter la personne en unités de symptômes, en pièces détachées, avec l'illusion qu'on pourrait les isoler, les traiter, les guérir et… cocher la case… Ça, c'est fait !

La psychologie ne peut être que composite, éclectique, symphonique. Talentueuse.

La psychologie doit combiner ses approches, ses théories, ses pratiques. Revenir à l'essence de l'humain et à sa complexité. Encore et encore. À la transversalité. Aborder la souffrance sous toutes ses formes, sous toutes ses expressions. Explorer chaque ouverture, chaque passage, chaque levier. S'engager avec le patient pour adapter, ajuster, et utiliser l'approche thérapeutique qui sera la plus indiquée, la plus congruente, là, à ce moment-là. Ce n'est pas au patient de se conformer au modèle thérapeutique qu'on lui impose, mais au psy d'élargir sa palette pour lui proposer une gamme de possibilités qui ouvriront d'autres horizons.

C'est toujours dans cette perspective globale que nous nous placerons, nous, les psys, pour accomplir cette mission difficile que nous nous sommes choisie : tout prendre en compte, choisir ce qui pourra soulager le patient, nous adapter à ce qui va évoluer chez lui, inscrire notre accompagnement dans sa réalité quotidienne, nous inquiéter vraiment de ce qui change ou pas, accepter de modifier et de faire évoluer son accompagnement pour maintenir notre objectif thérapeutique : permettre au patient de vivre mieux. Un leitmotiv qui ne doit jamais nous lâcher.

➤ *De la différence et des ressemblances avec le modèle médical*

Notre monde a fait bouger beaucoup de lignes. Le monde médical a suivi, à peu près, celui de la psychologie. Ou peut-être le contraire. Cela étant dit pour ménager toutes les susceptibilités et, surtout, parce que le fond du sujet est ailleurs. Le sujet étant que le médecin, lors de sa consultation, s'inquiétait non seulement de ce dont souffrait son patient mais aussi de sa famille, de son travail, de ses enfants. Qu'il auscultait son patient des pieds à la tête et lui posait de nombreuses questions complémentaires, autour de la plainte principale. Ce médecin de famille s'inscrivait dans le paysage de nos vies et s'intéressait aux petits comme aux grands maux de chacun dans une approche large, humaine, familiale précisément, et surtout, surtout, en ne limitant jamais la personne à son symptôme. Son métier était celui de soigner et, si nécessaire, de traiter.

Le contraire est de mise aujourd'hui. On repère le symptôme, on le circonscrit, on le traite, c'est fini… ou pas. Celui qui s'en occupera sera LE spécialiste qui ne voit que l'oreille, ou le côlon, ou le cœur, ou les artères, ou la peau, ou la tumeur… mais qui ne saura rien du corps de son patient. Le corps comme une entité à la fois une et indivisible, le corps, toujours un peu mystérieux dans son fonctionnement complexe et intimement intriqué, et qui échappe toujours lorsqu'on s'éloigne d'une approche holistique. On peut le croire divisible et devenir technicien d'une de ses parties, considérée indépendante du tout, mais ne devient-on pas alors… technicien de surface ? Le symptôme sera traité, soit, mais le malade est-il guéri ? Le médecin se pose-t-il lui-même la question ? Il va s'assurer que son intervention est réussie, que les suites sont satisfaisantes, que la douleur a disparu et que l'on ne doit pas craindre une récidive, mais est-on bien sûr que le patient va mieux ?

Je me souviens de ce médecin généraliste, marseillais, qui parlait toujours de ses « malades », jamais de patients. Il disait « MES malades », et on sentait dans cette expression toute l'attention et la considération qu'il leur portait. Une forme d'amour. Il était là pour eux, dévoué, nuit et jour. Cela m'a souvent frappée de l'entendre parler ainsi. Je ne l'entends plus jamais car il est mort… d'un cancer du poumon, traité, bien traité, mais pas éradiqué par un pneumologue, éminent spécialiste de cet organe vital. Il était devenu son patient. Son malade ? Je ne sais pas, je ne crois pas. Cela n'aurait probablement rien changé à l'issue fatale mais peut-être aurait adouci sa fin de vie. Être le malade de quelqu'un, c'est ressentir toute la considération du docteur, le bon docteur, qu'il « s'occupe bien » de nous, avec toute sa science et tout son cœur.

➤ *Je souffre dans ma tête, je souffre dans mon cœur, je souffre dans mon corps*

Comment penser la psychologie autrement que comme l'art et la manière de se préoccuper de tout ce que nous sommes ? Une science précise. Une science de l'humain qui ne regarde jamais uniquement la sphère affective, émotionnelle sans s'intéresser à ce qu'il en est de notre fonctionnement cognitif, qui ne néglige rien de ce que notre corps ressent, nous apprend, une pratique qui s'enrichit de chaque événement vécu, une psychologie vivante qui donne à chacun la sensation d'être « entre de bonnes mains ». Une expression qui dit si bien que nous sommes au bon endroit, au bon moment, avec la bonne personne.

J'ai rencontré Jules, 14 ans. Une très bonne tête. Tout blond, des boucles, un look. Il est sympa, avenant, gentil. Il s'enfonce dans le fauteuil en face de moi. Nous avons d'abord parlé en présence de ses parents, pour comprendre ce qui l'avait amené ici. Jules a baissé les yeux, a plaidé coupable, coupable de disputes incessantes avec ses camarades. Il s'énerve pour un rien. Prend son sac comme projectile. Le lance sur les uns et les autres. Tout se passe à la récré. En classe, Jules est appliqué, il ne répond pas aux profs, fait du mieux qu'il peut, il est « sage », insistent les parents. Récemment il a fait pipi dans sa culotte pendant une récitation, devant toute la classe. La honte intégrale. Un adolescent, quand même ! C'est ce qui a motivé la consultation. Les parents sont dépassés. Le collège ne comprend pas. Malgré des résultats scolaires depuis toujours très limites, Jules est passé dans la classe supérieure. Il fera mieux l'année prochaine, disent les profs, on compte sur toi pour te reprendre…
Jules pleure. Il ne sait plus quoi faire, ni comment faire, pour que tout s'arrange. Il aimerait tant faire plaisir à ses parents.

Nous décidons de faire un bilan, une série de tests. Un bilan complet. Un bilan psychologique qui permette de comprendre comment fonctionne son intelligence et quelle est sa dynamique de personnalité. L'analyse du bilan nous apporte une clef. Jules a de vraies fragilités intellectuelles. Il est en force tout le temps. Ses capacités cognitives s'essoufflent pour tenter de le maintenir à flot. La quatrième est une classe compliquée quand on a de telles difficultés de compréhension, de raisonnement, d'analyse. Sa personnalité est marquée par un manque de confiance en soi important. Une image de soi très abîmée et une colère sourde. Jules déploie des trésors de persévérance, d'efforts, de motivation pour ne pas sombrer complètement. Mais il est à bout, à bout de ses ressources cognitives, celles en tout cas qui sont nécessaires pour le collège. Il est vidé, il a puisé tout ce qu'il a pu. Jules souffre et personne ne s'était rendu compte de son manque de compétences intellectuelles car il n'a jamais gêné les cours, a toujours donné l'illusion de travailler, ce qui est vrai, mais à la hauteur de ses moyens. « Peut mieux faire », ont écrit les profs sur ses bulletins, année après année. Sauf que Jules ne le pouvait pas, et sa bonne bouille a fait le reste : un « délit de bonne gueule », un piège pour lui. Les profs ne se sont jamais doutés qu'il pouvait avoir de réelles difficultés, ce qu'ils auraient probablement pensé avec un enfant arrogant, insolent, bruyant. Jules et ses parents ont été rassurés. On a pu l'orienter, il voulait être cuisinier, c'est ce qu'il aime, ce qu'il fait bien, avec toute sa sensibilité.

Faire un bilan, c'est dresser la carte du territoire. C'est dérouler le paysage intérieur. Dans toutes ses composantes. La personnalité ne peut se comprendre qu'à la lumière du fonctionnement cognitif. L'intelligence ne prend sens qu'inscrite dans la perspective plus large de la personnalité, de la dynamique émotionnelle, affective. L'un ne va jamais sans l'autre. C'est une aberration de vouloir évaluer l'intelligence d'une part, de dessiner les contours de la personnalité d'autre part. Comme si on pouvait découper la personne en deux parties distinctes sans aucun lien l'une avec l'autre. Il est facile de comprendre que la structure de notre intelligence participe de la personnalité. Nous ne nous construirons pas de la même façon selon notre forme d'intelligence ou selon les difficultés cognitives, d'apprentissage, qui sont les nôtres. Le cognitif ne doit jamais être isolé au risque de perdre des données capitales qui fausseront tout repérage sur cette carte, celle de notre paysage intérieur.

Tout est intriqué, tout se comprend avec l'éclairage de l'ensemble, les parties avec le tout. Quand le territoire est dessiné clairement, avec ses forêts épaisses dans lesquelles il faudra tailler à la hache, avec ses monts escarpés, avec ses champs en friche, mais aussi ses champs superbement cultivés, ses puits pour se désaltérer, toutes les ressources qui sont autant de leviers, alors on pourra tracer les chemins, déterminer les destinations. Alors, seulement alors, nous aurons sous les yeux, tous, les moyens de déterminer comment nous pouvons avancer.

La carte n'est pas le territoire. Le territoire est toujours plus vaste. Pour s'orienter, c'est tellement plus facile d'avoir le bon plan. Le sien. Avez-vous déjà tenté de circuler à Paris avec un plan de Marseille ?

La psychologie doit s'intéresser en profondeur, avec tous ses outils, à la personne qui est là, qui demande de l'aide, et que nous devons comprendre, accompagner, dans toutes les dimensions de sa personnalité. Toutes. Sans exception. Nous ne pouvons nous résumer à nos particules élémentaires, nous sommes la fusion de tant d'éléments. Tout doit être intégré, rien ne doit être négligé. Ce devrait, toujours, être notre serment, notre engagement, notre promesse.

L'art et la manière de la psychologie : intégrer pour ne plus diviser

➤ *Les combinaisons gagnantes, l'éclectisme comme credo*

Il existe aujourd'hui plusieurs centaines de formes de thérapies, de psychothérapies, d'interventions thérapeutiques, de psychotrucs et de thérapies machins… Nous sommes face à un gros catalogue avec des présentations plus ou moins alléchantes, des offres plus ou moins motivantes. Une offre si fournie qu'elle donne le tournis. Une palette de possibilités qui inquiète plus qu'elle ne rassure. Que choisir ? Comment ? Sur quels critères ? C'est le plus souvent le conseil d'un ami qui fera la différence. Ces thérapies, prises isolément, sont intéressantes, originales, parfois pertinentes, quelquefois anciennes et réaménagées, inspirées, inspirantes… Mais ne sommes-nous pas en train de tuer la psychologie, son essence, sa raison d'être, en développant à l'infini cette pléthore de thérapies ? Trop de thérapies ne tueraient-elles pas la thérapie ? La psychothérapie ne doit-elle pas se distinguer par une approche qui incorpore, qui relie, qui associe ? C'est tout l'enjeu et le défi de la psychologie intégrative. Une psychologie qui se nourrit de tout et n'exclut rien mais qui ne fait pas un patchwork approximatif. Car c'est le danger, bien sûr. La psychologie intégrative n'est pas une pêche aux canards où l'on prend un peu de l'un, un peu de l'autre, avec l'idée que l'on en fera bien quelque chose. La psychologie intégrative est un vrai courant de la psychologie contemporaine. Un courant très développé de l'autre côte de l'Atlantique mais bien discret dans nos contrées. Un courant, c'est-à-dire un mouvement. Un mouvement qui fait le pari de créer, pour chaque patient, à chaque rencontre, aux différents moments de la prise en charge, une recette unique, avec un ensemble d'ingrédients savamment choisis. Une recette qui résulte de l'inspiration d'un chef… Une psychologie de l'excellence où le talent du psy fera toute la différence, car c'est lui qui dosera chaque ingrédient, qui ajoutera sa touche, qui préparera le plat avec amour, conviction, inspiration.

La psychologie intégrative ne peut être que talentueuse. Elle est perméable à celui qui est là, prend en compte le moindre de ses murmures. Une psychologie souple et inventive, mais rigoureuse et solide. Une psychologie du moment présent, ce moment où se fait la rencontre avec l'autre, dans tout ce qu'il est, avec tout ce que l'on est. La psychologie intégrative ne s'invente pas, elle s'apprend, parfois longtemps, car elle est plus exigeante, plus complexe, plus aventureuse que l'application d'une seule technique ou d'une seule théorie. La psychologie intégrative fait le pari de la combinaison gagnante.

➤ *La psychologie intégrative en action*

Il serait facile d'affirmer que la psychologie intégrative est l'art de la psychothérapie.

Il pourrait être tentant de dire que ne pas adopter la psychologie intégrative peut être dangereux pour le patient. Une seule méthode, une seule pratique ne peuvent se targuer de comprendre l'ensemble des phénomènes psychologiques, aucune approche ne peut assurer de mettre en mouvement la profondeur de l'âme humaine, aucune méthode ne peut appréhender les multiples ramifications de notre identité.

La psychologie intégrative est cette psychologie incarnée qui se met en mouvement au service de son patient. Tout son patient. La psychologie intégrative est une psychologie de l'instant. L'instant présent de ce qui est en jeu maintenant, dans cet interstice de temps où tout devient possible. La psychologie intégrative ne peut se targuer de voir son patient que par un petit bout de la lorgnette. La sienne !

Cette nouvelle psychologie est une psychologie mouvante, vivante, souple, flexible. La flexibilité est une notion clef, pour la psychologie qui doit s'en emparer mais aussi pour le patient, pour chacun de nous : ne pas s'enfermer dans une forme de pensée, dans des croyances limitantes, dans des réactions conditionnées, dans des habitudes étouffantes, dans des émotions répétitives. C'est la magie de l'instant présent. De l'entraînement à être présent à ce que l'on vit, à ce qui se joue, dans l'ici et maintenant. C'est dans cet instant que je peux bouger, sortir de l'impasse, emprunter un nouveau chemin, saisir une opportunité, capter la synchronicité.

La méditation de pleine conscience devrait être une formation obligatoire pour les psys. Tous les psys. Cette pratique entraîne à ressentir ce qui est là, à approfondir sa présence, à soi, à l'autre, aux mouvements intimes de soi, en écho aux mouvements subtils de l'autre. Depuis ces années où la pleine conscience a changé ma vie, elle m'a appris à me relier au moment présent, à m'ouvrir à tout ce qui bougeait, en moi, autour de moi, à l'impermanence. Entre deux patients, je fais quelques pas en pleine conscience pour rejoindre la salle d'attente. Je me réaligne. Pendant une consultation, je reviens à moi, l'espace d'un instant, je me recentre sur mes perceptions, sur la sensation de ma présence incarnée, je capte mon patient avec mon corps, il m'envoie des indices, il m'indique ce que je peux tenter, entreprendre, inventer, intégrer. Un frisson de chair de poule, c'est le moment, le kairos*, ce terme grec qui désigne le moment juste, juste celui-là, le bon moment.*

Tiens, ici, maintenant, quel est le besoin de mon patient, qu'est-ce qui pourrait être introduit comme pratique, comme technique, comme exercice qui l'apaisera, le réconfortera, le libérera, déclenchera une amélioration ? Là, juste là, dans quoi puis-je puiser pour apporter un nouvel éclairage, une ouverture décisive ? Voilà, je le sens je sais où trouver, c'est comme ça que je peux construire avec celui qui est là une idée, un projet qui pourra le porter, l'emporter. Comment déclencher la ressource, la valeur qui permettra de sortir de l'engrenage de la souffrance pour explorer le miracle de la vie qui est ? Une posture libre, vivante, incarnée. Toujours prête à accueillir une nouvelle perspective, à s'engager dans une nouvelle voie.

➤ *1 + 1 = 3*

« L'impérialisme possible du psychothérapeute, l'illusion de la toute-puissance, l'immodestie, et la conviction de la suprématie d'une méthode sont des dangers réels. »

Irvin YALOM[1].

La psychologie intégrative est le produit d'une addition, son alchimie, une nouvelle entité. Ce n'est pas la somme de plusieurs thérapies, c'est une thérapie nouvelle inspirée des modèles existants mais unique en son genre. Unique car elle sera singulière à chaque instant et pour chaque patient. Une psychologie adaptative.

Il ne s'agit pas de simplifier mais de composer. Il ne s'agit pas d'alléger mais d'assembler. Il ne s'agit pas d'isoler mais de tisser. De tisser une trame serrée. Une trame qui se renforcera au fur et à mesure. Une trame qui se fera cocon avec des motifs chaque fois différents, pour chaque

---

1. Irvin Yalom, *L'Art de la thérapie*, Galaade Éditions, 2013.

patient. Les fils sont multiples, la trame est personnelle, individuelle.

Tout est une question de posture. La psychologie intégrative oblige le thérapeute à sortir de ses certitudes et de son confort. Il s'aventure. Il bouge au gré de son patient, de ce qui se déploie dans l'instant, de ses besoins mouvants. La psychologie intégrative est un exercice constant de flexibilité. Mais une psychologie fermement lestée, l'ancre l'empêche de dériver.

Le risque d'une méthode unique est de vouloir absolument faire rentrer le patient dans son cadre et couper tout ce qui dépasse ! Comme si on voulait le faire entrer dans une boîte trop étroite. Le filtre du thérapeute est un danger, tout le monde doit s'en méfier. L'appartenance à une seule chapelle – ah ! ces fameuses chapelles – peut aussi occulter tout un pan de la réalité. De la réalité du patient qui est là. C'est de bonne foi, mais le psy ne voit pas. Ce n'est pas dans sa grille de lecture. La psychologie intégrative met le psy en insécurité, il est en dehors de sa zone de confort, celle que lui donne sa chapelle d'appartenance, avec toute sa bénédiction. La psychologie intégrative invite le psy à aller à l'encontre de son patient dans toute sa nudité. À découvert mais confiant dans ses capacités à se relier à tout ce qui va se jouer, confiant dans sa toile de fond de compétences dans laquelle il pourra puiser. La psychologie intégrative est comme l'adolescence, pour grandir il faut s'éloigner de notre famille, de nos modèles d'appartenance, ceux qui jusque-là nous rassuraient, nous protégeaient. Mais, pour bien se détacher il faut avoir été bien attaché, pour manier la psychologie intégrative, il faut s'être imprégné, s'être formé, avoir absorbé ce que chaque théorie, chaque pratique, chaque conceptualisation, chaque technique pouvait apporter.

La psychologie intégrative est une psychologie acérée, pointue, experte. Elle ne s'improvise pas. Son maniement demande une solide expérience personnelle et un approfondissement rigoureux de tout ce qui fait la spécificité de chacune des thérapies et des facteurs transversaux qui appartiennent à toutes les pathologies et à toutes les ressources, les ressources de l'humain. La psychologie intégrative est une psychologie créative qui, comme toute création reconnue, s'enracine dans l'expertise.

Le mouvement infime de mon âme, de l'autre, de la vie, c'est moi aussi…

➤ *Je ne vis, je ne suis, que parce que tu existes*

La dimension de l'autre dans l'identité n'est pas une idée si familière. Elle est pourtant ancienne. Nous n'existons qu'en interaction. Cette proposition à la fois théorique et clinique est appelée désir mimétique[1]. La notion même de moi serait infondée, le moi se réajustant en permanence selon la relation dans laquelle il est engagé. Nous serions si piégés par ce processus d'imitation inconsciente de l'autre, qu'aucune individualité ne pourrait vraiment s'en détacher. Tout l'enjeu serait de prendre conscience de cette subordination inconsciente à l'autre. Les grands ordonnateurs de cette emprise de l'autre sur moi sont les neurones miroirs, ces fameux neurones qui s'activent dès que je suis en relation et qui me synchronisent à l'autre. Je ne suis plus moi mais je me définis par rapport à l'autre, par rapport à cette relation qui m'englobe. Nous pouvons alors partir dans des engrenages automatiques de vies qui nous font souffrir, qui ne nous conviennent pas, qui ne nous ressemblent pas. « La conquête de notre liberté ne

1. Sur ce thème, voir René Girard, *La Violence et le Sacré*, Grasset, 1972.

se fait que par une seule voie : […] le travail sur soi. […] Il est entendu que lorsque je parle de travail sur soi, je désigne en réalité le travail sur le rapport *interindividuel*, c'est-à-dire la relation à l'autre. Concentrons-nous sur ce que nous avons plutôt que sur ce que nous n'avons pas. Apprenons à désirer ce que nous possédons – et que les autres trouvent d'ailleurs tout à fait désirable. C'est le meilleur remède au mal-être individuel, aux malheurs de l'humanité et aux pièges de la rivalité mimétique. […] Dévoiler la réalité derrière toutes les illusions qui nous égarent, telle est la voie de la libération[1]. »

➤ *De l'importance de l'observation*

La psychologie, on l'oublie souvent, est d'abord et avant tout de l'observation. Observer sans attentes, sans préjugé. Observer avec curiosité. Avec les yeux d'un enfant qui découvre. Observer les moindres détails : le regard furtif qui s'échange entre la mère et l'enfant, entre les parents, entre les parents et le psy, observer comment s'installe la famille dans le bureau – qui s'octroie telle chaise, tel fauteuil, à quel endroit –, les modifications de la carnation du visage de l'un ou de l'autre, observer le souffle qui s'accélère ou ralentit, observer les gestes ou les mouvements quasi imperceptibles… Juste observer.

S'entraîner à cette observation. Dans le moment présent. Sans se poser de questions. Sans faire d'inférences ou de déductions. Comme un entomologiste ou un chercheur de laboratoire qui ne lâche pas des yeux la solution qu'il vient de mettre dans son tube à essai.

L'observation attentive, présente, incarnée, nous apprend tant… Presque tout.

---

1. Jean-Michel Oughourlian, *Cet autre qui m'obsède*, Albin Michel, 2017.

Observer tout ce qui se joue, là, à cet instant. Observer ce qui trouble et observer ce qui fonctionne.

Observer, c'est donner de la place à l'autre, lui permettre d'être, lui ouvrir un espace, le laisser respirer. Au sens propre. Au sens figuré. Le laisser reprendre son souffle. Accepter d'être surpris car ce qu'il dit n'est pas ce que nous avions prévu.

Dans nos conversations courantes, nous sommes déjà dans la réponse alors que la question n'a pas fini d'être posée. Nous anticipons nos remarques, nos objections, pendant que l'autre parle. Nous associons nos propres idées avant d'avoir entendu jusqu'au bout… La communication est souvent altérée : dans nos couples, avec nos enfants, dans nos univers professionnels. Écoute-moi, écoute-moi vraiment. Entends ce que j'ai à te dire. Après tu parleras. Ou pas. Laisse-moi te dire. Accepte de m'écouter. Sans critiquer, sans arrière-pensée, sans bonne volonté. Juste écouter.

La boîte de Kleenex est sur la table. Vous l'avez remarquée ? Comme un accessoire indispensable de l'arsenal de la psychologie. Une larme, le mouchoir est déjà sorti. Comme une injonction à arrêter… Tu n'as aucune raison de pleurer. Je n'exagère pas. Dégainer un Kleenex ne laisse pas cet espace de sécurité où l'autre peut se poser, s'épancher. Ce que l'on considère comme de la compassion est, dans le fond, une incompréhension des besoins profonds. Ou notre propre peur de la peine de l'autre, ce qui n'est pas beaucoup mieux, ou peut-être même pire.

➤ *La vie fait partie de la thérapie*

Nous sommes tous dans nos vies. Et puis soudain, le temps est suspendu. Si nous souffrons, si nous avons un trouble, si nous avons besoin d'un psy, c'est bien que cela se passe dans nos vies. Nos « vraies vies ». Pourtant, la psychologie semble s'arrêter à la porte du cabinet. Bien sûr, nous allons évoquer, mettre en perspective les raisons qui nous ont entraînés jusqu'ici. Mais souvent, trop souvent, la réalité, la vraie, ne sera pas incorporée à ce qui se joue dans la thérapie. Si une difficulté existe avec tel ou tel autre membre de la famille, pourquoi le psy ne lui parlerait-il pas, même si nous ne sommes pas dans un contexte de thérapie familiale ? S'il s'agit de la femme, du mari, pourquoi ne pas le ou la convoquer, pourquoi ne pas accepter d'échanger avec elle ou lui ? Si le domaine professionnel est le théâtre de la souffrance, ne pouvons-nous pas mieux en connaître les acteurs, le décor ? Nous pourrions décliner longtemps cette proposition, un peu hors des clous de la psychologie. Ce n'est pas dans les habitudes des psys. Les psys ont pour habitude de cloisonner. Mais si nous invitons, encourageons nos patients à modifier leurs habitudes, celles qui les emprisonnent, comment ne pas être les premiers, nous les psys, à modifier les nôtres ? Est-ce si dangereux ? Mais pour qui ? Pourquoi nous priver d'enrichir notre compréhension du patient, de son fonctionnement, forcément complexe et multiforme, pour mieux en attraper toutes les subtilités en intégrant le regard de ceux qui l'entourent ?

Joséphine me défie. Je la rencontre dans un contexte inattendu. C'est la femme de mon patient. Et le sujet majeur de ses tourments. Son couple qui n'arrive pas à se stabiliser, son couple qui gratte, qui pique, qui blesse… Mon patient, Éric, souffre, car l'amour absolu est sa seule vraie raison de vivre. Et la seule qui lui échappe fondamentalement. Il ne veut pas se séparer, il cherche à réparer, colmater et tout réenchanter. Il y met une énergie infinie. C'est l'histoire de sa vie. Ce soir-là, Joséphine, qui sait que je suis sa psy, m'interroge avec perspicacité : « J'entends beaucoup parler de vous, Éric vous apprécie, mais je ne comprends pas comment vous pouvez l'aider. Tout ce que vous savez de moi, de nous, c'est lui qui vous en a parlé. Il me voit avec ce qu'il est, avec ce qu'il croit. Est-ce que vous pensez vraiment que c'est moi ? » J'avoue que je lui ai dit que j'acceptais sa critique, que pour une part elle avait raison, que c'étaient les limites, et aussi la force, de mon métier, mais que si elle était d'accord je pouvais la recevoir, seule. Qu'elle vienne me dire elle aussi ce qu'elle ressent, ce qu'elle vit avec lui, comment elle le vit. Elle n'est jamais venue. Je crois qu'elle a eu peur. C'était trop étrange de venir se mêler à une psychothérapie. Même celle de son mari ; encore plus celle de son mari. Elle voulait exposer son point de vue, c'était légitime, mais elle n'a pas pu. Je ne sais pas bien pourquoi. J'aurais beaucoup aimé la recevoir. Éric m'a dit qu'il regrettait, mais je crois que, dans le fond, il était soulagé. Ce n'est pas si facile d'introduire la réalité à cette rencontre psychologique si intime, si intégrative puisse-t-elle être. Ce n'est pas – encore – dans les mentalités. Je rêve que cela pourra bientôt changer. Tout le monde y gagnera, nous avons tous la même intention, mettre notre énergie pour que chacun puisse se sentir pleinement dans sa vie, en pleine possession de ses moyens psychologiques, de toutes ses ressources, de toute son énergie, de toute sa passion, sa passion de vivre.

➤ *De la vie du patient tu ne te mêleras*

Il a longtemps été convenu que le psy ne pouvait sortir de son cabinet. De ce fameux cadre. Le cadre thérapeutique. Ce cadre censé protéger le patient et le psy de toute intrusion de la réalité. Le cadre joue un rôle dans le processus thérapeutique car il protège. Patient comme psy savent ce qui peut se jouer dans ce cadre et ce qui n'appartient pas au cadre. Ce n'est pas un concept, le cadre, c'est une sensation que l'on éprouve. Une sensation de sécurité, de bienveillance, de non-jugement, d'ouverture. Mais, comme tous les cadres, il n'est pas exclu d'en sortir. Ni interdit. Pourtant, nombreux sont les psys qui considèrent qu'ils n'ont pas à s'aventurer dans la vie du patient. Je ne crois pas que ce soit toujours une règle à appliquer. Parfois, c'est important de mieux connaître – ou de connaître tout court – des éléments qui ne sont pas directement ceux de la prise en charge psychologique. Des éléments subsidiaires. Mais qui peuvent apprendre beaucoup et surtout qui donnent au patient la sensation que la psychologie n'est pas hors du temps, n'est pas un voyage dans un espace hors sol, mais qu'elle est intégrée à sa vie. Et que ce sont, aussi, ces passerelles, qui donneront du sens à ce qu'il vit avec son psy, qui lui permettront d'appliquer, de généraliser le « travail » entrepris avec lui. Constater une amélioration des symptômes, un allégement de la souffrance, mais seulement à l'intérieur du cadre alors que ses implications concrètes ne sont pas opérationnelles, pas suffisamment opérationnelles, à quoi ça sert ?

C'est une exigence de la psychologie, de la nouvelle psychologie, de s'assurer que la vie du patient a effectivement changé, que son mieux-être a transformé son rapport à lui-même, aux autres, à la vie.

Le champ de la psychologie cognitive nous en offre un exemple frappant. Certains enfants ou adolescents ont des difficultés avec les apprentissages. Ils n'arrivent pas à mettre en place des stratégies pertinentes d'analyse d'un problème, ils ont du mal à mémoriser ou encore à restituer. Soit. Depuis quelques années, des programmes scientifiquement validés de remédiation cognitive, d'éducation de l'intelligence se sont développés. Et fonctionnent très bien. À la fin d'un de ces programmes, les fonctions fragiles se sont consolidées. Mais, ce qui est vrai dans la séance ne l'est pas à l'école ! L'effet de généralisation n'a pas fonctionné. Ce qui a été appris, compris, ne s'applique pas dans le contexte de la réalité. Alors, les neuropsychologues ont réfléchi et, petit à petit, ils ont créé des rééducations cognitives qui pouvaient se généraliser et vraiment montrer leur efficacité au-delà des séances d'entraînement. Comment ont-ils fait ? Ils ont compris que ce qui permettait d'obtenir une vraie amélioration passait par la transversalité : pour que ça marche, il faut s'intéresser à cette fameuse métacognition, développer la capacité de l'enfant à avoir lui-même une visibilité sur les mécanismes qu'il met en place quand il apprend, quand il comprend, quand il mémorise… Lui donner les clefs de son propre fonctionnement, le lui rendre visible. Alors il peut le régler tout seul et choisir les bons outils au bon moment et les laisser tomber pour en choisir d'autres quand il est coincé. Apprendre la métacognition, c'est retrouver la possibilité de piloter son intelligence et devenir acteur de sa pensée. Avec la métacognition la confiance en soi et en ses compétences est regagnée.

Toute la psychologie est invitée par la même nécessité. Rien ne sert d'aller mieux dans le cadre du cabinet, ou de progresser sur les questionnaires validés. L'enjeu est de vivre mieux, dans la vie qui est la sienne. Alors, et seulement alors, nous saurons ce qui nous fait du bien, nous serons aux manettes, car nous aurons appris, grâce à la psychologie, les secrets de nos rouages. C'est le rôle de la psychologie, un rôle qui ne peut être complet que si elle accepte vraiment d'être transversale, de se centrer sur ce qui est au centre de la psychothérapie, dans le cadre, mais aussi d'intégrer ce qui existe en dehors, hors des clous, là où tout se joue.

➤ *Les uns avec les autres*

> *« Chère consœur, je vous confie ma patiente, Émilie Durand, que je reçois depuis trois ans pour un trouble bipolaire sévère. Je vous remercie de ce que vous pourrez faire pour elle. Bien confraternellement. »*

Ça ne me va pas. Où est le patient dans ces lignes ? Celui qui est là, devant moi. J'ai besoin de comprendre ce qui s'est passé avant. Pourquoi ce diagnostic-là, ces décisions-là, cette prise en charge-là, ce traitement-là... Qu'attend de la psychothérapie le professionnel qui me l'adresse ? Ne faudrait-il pas aussi faire un bilan psychologique, approfondir, explorer d'autres voies ? Que s'est-il vraiment passé avant ? Quels sont les examens qui ont été pratiqués ? Quelles en sont les conclusions détaillées ?

Je ne peux pas me contenter de cette introduction sibylline. Certes, mon patient peut, une fois de plus, tout m'expliquer. Mais il le fera avec sa perspective à lui, avec ce qu'il en a compris lui, avec ce qu'il a bien voulu, pu, intégrer, lui. Et les patients en ont assez de raconter encore, et encore, leur histoire. Est-ce vraiment à eux de le faire ? Sont-ils les seuls passeurs de leur parcours de soins ? L'éclairage de ceux qui les ont rencontrés, suivis, récemment ou plus anciennement, est précieux. Ce n'est qu'ensemble que l'on pourra réfléchir, cerner, approfondir, poser des hypothèses, imaginer des issues. Ensemble, c'est tout[1] !

J'ai besoin de m'inscrire dans une continuité, non pour me tranquilliser, non par crainte de me tromper, non par refus de m'engager, mais par honnêteté professionnelle. Nous sommes une pierre sur le chemin, nous ne sommes pas le chemin.

---

1. Pour emprunter le titre de ce beau romain d'Anna Gavalda.

➤ *Dis-moi ce que tu ressens, je te dirai de quoi tu souffres*

Tout ce que l'on vit a de multiples sens. De multiples sources. De multiples raisons. Il serait si simpliste de considérer qu'un symptôme veut dire ceci et doit être traité comme cela et que tel trouble appartient à telle pathologie et sûrement pas à une autre. C'est le danger des théories. À force de vouloir expliquer, elles enferment et peuvent parfois s'avérer dangereuses. Je pèse mes mots. Dangereuses car, selon l'orientation théorique et clinique du psy, on pourra être très malade, vraiment affecté, juste troublé. Le symptôme sera considéré avec gravité ou légèreté, ou même ignoré. La psychologie a ses limites que le patient doit connaître. La formation du psy peut être un piège. Un peu inquiétant, c'est vrai, mais c'est important d'avoir cette lucidité quand on a besoin d'être accompagné.

Isabelle s'ennuie, traîne sa vie. Rien ne la mobilise, ni son métier d'architecte, qu'elle aime, qu'elle a choisi, ni sa famille, qui pourtant semble tellement idéale. Même les moments complices avec ses amies, sa « bande de filles », n'arrivent plus à la distraire. À l'extraire de cette espèce de marasme intérieur. Pourtant Isabelle ne se sent pas triste, et elle continue à être suractive dans tous les domaines de sa vie. Avec son mari, le couple s'épanouit, ses enfants grandissent tranquillement, son cabinet d'architecture se diversifie. Tout va bien. Elle le sait d'ailleurs. L'ennui est plus compact, sournois. « Je m'emmerde dans la vie…, me confie-t-elle. Et pourtant je fais tant de choses ! » S'ennuyer, est-ce une pathologie ? Toutes les hypothèses peuvent être évoquées. L'ennui, normal, banal, ça fait partie de la vie. Rien à comprendre, rien à chercher. Un ennui existentiel qui met le monde en perspective ? Ou l'ennui comme la face cachée d'un comportement appris,

un schéma d'abandon retourné en son contraire ? L'ennui, c'est aussi se sentir relié à la vie. Une forme de dépendance à l'environnement, aux autres. Si je m'ennuie, c'est la faute des autres… L'ennui comme premier symptôme d'une dépression qui s'installe ou qui, dans sa forme chronique, la bipolarité, grignote dangereusement et chaque jour un peu plus l'énergie vitale ? Et si l'ennui provenait d'une intelligence acérée qui n'arrive pas à s'exprimer, une exigence d'absolu ? L'ennui comme pulsion de mort, comme complexe d'Œdipe non résolu, est-ce pour tous les psys si farfelu ?… L'ennui comme une plainte, juste pour être entendu, aimé, écouté ? Ou l'ennui passager, pour des tas de raisons à explorer ou à laisser tomber… Et si l'on devait chercher le vrai symptôme que l'ennui vient masquer ?…
Je pourrai continuer tant il est facile de décliner. Imaginons un psy avec son instrument de mesure, il se saisira de l'ennui comme d'une donnée qui s'inscrit dans ce que lui, le psy, connaît, a appris. Et entraînera son patient dans une seule explication, une interprétation exclusive qui cadre avec sa théorie. Au risque de transformer son instrument en instrument de torture. Et de travailler sur une difficulté en revenant à l'étymologie de travail, tripalium, *un authentique instrument… de torture.*

Pour accomplir ce drôle de métier, ce métier exigeant, passionnant, une boîte à outils sera toujours plus utile qu'une seule clef à molette, qui ne saurait réparer ou débrider toutes les pièces de notre moteur intérieur.

Il est urgent de sortir la psychologie de ces carcans et que le psy fasse confiance à ce qu'il est, à son patient, à la vie. La vie toujours plus forte, à l'image de ces jeunes pousses d'herbe tendre qui se fraient un passage malgré les couches de lave noire durcie après l'éruption du piton de la Fournaise, le volcan au sud de l'île de la Réunion. Cela m'a vraiment marquée, la puissance de ce qui vient est plus têtue que ce qui n'est plus. Le talent du psy est de fendiller nos carapaces, de passer par tous les chemins possibles, de nous délivrer de la boule à facettes dont nous sommes parfois prisonniers. Le psy ne doit pas rester aveuglé par la lumière reflétée par un seul de nos miroirs qui ne sont que des aspects de nous-mêmes. Au milieu de cette boule aux mille reflets, un petit enfant, nous-mêmes, le pouce dans la bouche, recroquevillé, et qui a peur. Le psy doit nous permettre de retrouver notre triomphe de vivre, en pleine lumière d'exister.

➤ *Le respect*

Le respect, c'est s'incliner. S'incliner devant ce qu'il y a de plus grand que nous. La grandeur est celle que nous percevons, celle que nous vivons, ce ne sont pas des critères extérieurs. Quoi de plus grand que l'être humain, tout être humain, moi, l'autre, tous les autres ? Je peux me sentir immense dans ce que je vis, ou tout petit dans ce que je suis, c'est cela qui me donne cette magnificence. La rencontre avec un autre, c'est la rencontre avec sa part d'humanité. Ce battement de chair et d'âme au fond de notre cœur. Une part d'humanité qui est aussi notre part de vulnérabilité. Qui enferme nos espoirs, nos espérances, nos joies, nos peines et nos tourments, nos peurs d'être et de vivre, nos peurs de ne pas aimer, de ne pas être aimés, nos peurs de ne pas savoir, de ne pas pouvoir, de ne pas être à la hauteur. À la hauteur de la vie. Nous avons tous peur. Quand nous pouvons nous relier à ce fil ténu qui nous tient les uns avec les autres, nous sommes dans le vrai de la vie, le vrai qui est la sincérité, l'authenticité. Nous mettons tant d'énergie à faire semblant, à faire croire, à nous cacher derrière des illusions, des trompe-l'œil.

Benjamin, la cinquantaine, m'amuse dans son application à se créer un personnage. Il est pourtant là, face à moi, dans son impuissance à vivre, malgré sa réussite visible. Benjamin est venu parce qu'il n'en peut plus. Il s'essouffle à feindre, il est en tension, il ne peut rien lâcher pour être toujours le premier, il n'en dort plus, n'en mange presque plus. Sa femme, lassée de cette quête sans fin, l'a quitté… Alors il multiplie les conquêtes, se vante de son pouvoir de séduction. Et là, devant moi, il continue. Tente de me démontrer qu'il pourrait très bien s'en sortir tout seul mais qu'on lui a tellement dit qu'il fallait qu'il voie un psy. Il me fait un show, une prestation – assez réussie – de toutes ses qualités, de tout son talent, mais aussi de sa compréhension de ce qui ne va pas, de ce qu'il peut améliorer. « Je me connais, ponctue-t-il. Je sais. » Tout dans son attitude est un défi. Il rêve de me mettre en difficulté et de me confirmer qu'il n'a besoin de rien ni surtout de personne. Mais le petit Benjamin en lui, celui qui a peur, crie de tout son cœur, de toutes ses forces : « Au secours, j'ai besoin d'amour. S'il te plaît, je suis en train de me noyer, aide-moi, je suis vraiment perdu, je suis épuisé, je n'en peux plus. J'ai mal, j'ai mal à ma vie. » Je me relie à mes sensations et je plonge, quasiment au sens littéral, dans la profondeur de sa détresse. Sa détresse est le seul endroit où je pourrais le toucher, le rencontrer. Je suis là, avec lui, en apnée, dans le noir, comme en plongée sous marine où les fonds sous-marins ne laissent rien voir de leur richesse. Nous avons depuis longtemps quitté la surface et la lumière. Je lui serre très fort la main (pas dans la réalité !) pour l'entraîner, le faire remonter à la surface, respirer. Il lutte, se débat, puis s'abandonne. Cela se traduira par des pleurs, un sourire complice, c'est parti ! La vulnérabilité est sortie de la cosse rigide où elle était soigneusement enfermée. Je ressens un immense respect pour toute cette humanité ligotée.

#FONDEMENT 4

La nouvelle psychologie est une psychologie de l'engagement

Je suis là, parce que c'est toi…

➤ *Viens, donne-moi la main…*

Je ne te lâcherai pas, je suis là, tu peux compter sur moi. Parce que c'est toi, et que tu es un être humain, avec toute sa complexité, avec toute sa fragilité. Parce que c'est moi et que je m'y engage, parce que tu as besoin de moi, et que je vais faire tout ce que je peux, du mieux que je peux, pour t'aider.

Non, je ne suis pas le psy qui sait et toi qui es là, tremblant devant moi. Tremblant de peur de ne pas savoir quoi dire. Tremblant que je pense que ton problème, ton histoire, n'en vaut pas la peine. Tremblant que je ne te comprenne pas. Tremblant que je ne puisse pas. Que je n'y arrive pas. Tu attends tellement de cette rencontre ! Tu as tant souffert, tu souffres tant. Tu n'en peux plus. Je vois ta tristesse, tes effrois dans tes yeux. Tu ne sais pas si tu as bien fait de venir, tu te demandes si ça va servir à quelque chose, tu te demandes en réalité à quoi ça peut bien servir un psy et si tu es au bon endroit. Tu es essoufflé de cette vie contre laquelle tu luttes. Tu cherches des portes de sortie, mais parfois tu as juste envie de te laisser couler. C'est plus confortable, plus doux. C'est un piège, tu le sais, mais tu n'y arrives plus. Tu n'en peux plus d'être tout seul. Même si tu es entouré.

Je suis là, vraiment là, pour toi. C'est mon rôle de te sortir de là. De tout faire pour te sortir de là. Le mieux possible. De toutes mes forces. Corps et âme. Et on trouvera, ensemble, par où passer, on dénichera les trésors, tes trésors, que tu avais enfouis et que tu ne vois plus, on découvrira les passages, même les plus secrets, par lesquels on peut se faufiler, on imaginera des scénarios où tu retrouveras ton talent de vivre, on se saisira de tout ce que tu es pour que tu le deviennes vraiment. Tu verras. C'est normal que tu aies peur. Je suis là, pour toi. Donne-moi la main, nous allons vers demain.

➤ *Prendre un patient dans ses bras*

L'envelopper. L'enlacer. Au sens du *holding* dont parlait Winnicott[1]. Le holding, intraduisible mot qui évoque la mère qui soutient, protège l'enfant en le tenant contre elle. Offrir au patient cet espace de sécurité où il peut se poser. Cet endroit douillet où le bruit du monde, les cris, les aspérités du monde sont atténués. Là, maintenant, tout est possible parce que nous sommes ensemble. Alliés. Soudés. Déterminés. Accueillir pleinement celui qui est là, comme on prendrait un enfant dans ses bras. Pour le consoler. Pour le rassurer. Pour le bercer. Pour lui redire encore et encore, sans mots, qu'il est important. Très important. Nous nous sentons si seuls dans cette vie qui va si vite. Dans cette vie où il faut être

---

1. Donald Winnicott, *Le Processus de maturation chez l'enfant*, Payot, 1989.

performant à chaque instant. Pour aller où, pour faire quoi, pour vivre comment ? L'histoire de nos vies ne le dit pas.

Être accueilli dans la nudité de ce que nous sommes. Dans la vulnérabilité qui étreint nos jours et nos nuits. Dans les doutes qui nous rongent jusqu'à l'infini. Nous ne devons pas banaliser cette notion d'accueil. Ce n'est pas un panneau au-dessus d'un guichet. Ce mot si important est tellement galvaudé. Accueillir, c'est cueillir l'autre sans l'abîmer, c'est aller à sa rencontre avec délicatesse et tendresse. C'est lui faire de la place, toute la place. Accueillir, c'est accepter l'autre tel qu'il est, avec tout ce qu'il est. Accueillir, c'est offrir sa présence pour que l'autre puisse s'y poser, s'y reposer, s'y sentir profondément accepté. Aimé ? Oui. J'y reviendrai.

➤ *Traiter ou soigner ?*

L'étymologie est un bien précieux. « Traiter », c'est éradiquer, enlever, arracher. Faire sortir le mal. Comme les arracheurs de dents ou les exorcistes. Avec toutes les vertus effectives du traitement. Il faut vraiment « traiter » quand cela est nécessaire. Un traitement, un médicament, peut sauver une vie, sur un plan physique ou psychique. Nous ne devons jamais l'oublier et toujours le suggérer, l'exiger, quand cela s'avère une nécessité. Sinon, nous nous trouverons en non-assistance à personne en danger. C'est le risque de cette psychologie diluée dans des pratiques non contrôlées, avec des thérapeutes non formés, des coachs de bonne volonté, des praticiens improvisés. La psychologie repose sur des fondements, des connaissances, une expertise solide, sérieuse, rigoureuse qui permet, en principe, de faire la part des choses. Elle ne permet pas qu'un patient ne prenne pas le traitement qui pourra le soulager et parfois le guérir.

Mais la psychologie est surtout là pour soigner. C'est le rôle central du psy. Et soigner, c'est prendre soin. Prendre soin de l'autre. Lui apporter le soin dont il a besoin. Se soucier de l'autre, s'en préoccuper. S'occuper de rétablir sa santé. Lui permettre de retrouver son équilibre. Tout est une question d'équilibre. La difficulté nous fait sérieusement pencher et menace de nous faire tomber. Doucement, délicatement, mais fermement, le psy doit être là pour faire contrepoids. Quand la stabilité est retrouvée, le psy a fait son métier.

➤ *De quoi as-tu besoin ?*

« Je ne sais plus comment faire avec Arthur. Il me rend folle. Rien n'y fait. J'ai tout essayé. » La maman m'explique, au bord des larmes, que son fils n'est pas motivé. Il ne veut rien faire. Joue à ces sacrés jeux vidéo pendant des heures. Refuse de dîner en famille et se couche aux aurores. Il ne peut pas lâcher sa console… « Comment voulez-vous qu'il puisse travailler à l'école ? S'il continue comme ça, il va, encore, redoubler, et il ne pourra jamais se remettre à travailler… » Ce n'est pas un cas très grave bien sûr, mais cela pourrait le devenir si Arthur décroche vraiment, si son addiction aux jeux le coupe de toute insertion sociale, si le conflit parental flambe et si la maman sombre dans une dépression coupable.

Quand je rencontre Arthur, casquette vissée sur la tête, furieux d'être là, je lui dis que je suis contente de le rencontrer et je le félicite d'être en colère. Cela prouve qu'il va bien. Il serait étrange qu'il soit content d'être « traîné chez un psy », comme il le dit. Ce serait inquiétant. Je dis à sa maman combien je comprends son inquiétude et qu'elle peut compter sur moi, je vais faire tout mon possible pour l'aider, aider son fils.

Nous sommes maintenant seuls avec Arthur, je l'entreprends très directement. En me mettant en voix off, comme si je lisais des sous-titres, je lui propose des hypothèses sur ce que je comprends de lui, de ses talents, de ses difficultés, de ses peurs… Interroger un ado, lui demander ce qui ne va pas, vous expose à une seule réponse : « Je sais pas. » Je propose à Arthur de m'interrompre quand il ne se reconnaît pas dans mes propositions. La trame se construit. Il est là, avec moi. Je ne suis plus ressentie comme une intruse, une donneuse de leçon mais, potentiellement, comme une alliée. À propos des jeux vidéo, nous comprenons combien cette sensation de maîtrise le galvanise : dans le jeu il est chef de guilde, c'est lui qui entraîne les autres, qui met en place les stratégies, qui les conduit vers la conquête de nouveaux territoires. Il est reconnu, c'est un héros. L'adrénaline le booste. Quand il lâche le jeu, tout redevient terne, il n'arrive pas à ressentir ce plaisir de réussir, de conquérir. Sur un plan scolaire, c'est difficile. Il rame depuis longtemps. Ses efforts sont rarement couronnés de succès… Arthur a besoin de réussir. Comme tout le monde. C'est l'enjeu de notre rencontre, je le lui dis. Il sourit. Il en a l'envie… Mais comment l'exprimer alors qu'il ne fait presque rien, tente le minimum ?

Nous ferons un bilan approfondi. Bien sûr, il est intelligent mais un vrai trouble dys[1] l'entrave depuis longtemps, jamais diagnostiqué. Avec une atteinte sérieuse de l'estime de soi. Ceci expliquant aussi cela, évidemment. Les appréciations « Manque de motivation », « Si tu t'y mettais, tu y arriverais », « Peut mieux faire », « Aucun effort » égrènent ses bulletins scolaires depuis le CP… Il s'est enfermé dans ce constat, impuissant, blessé, triste de ne pas y arriver, triste de décevoir sa famille, sa maman, en colère contre ce fils qui ne veut soi-disant rien faire. Ce sont les jeux vidéo qui l'ont sauvé. Enfin, il s'est senti compétent. C'est ce dont il a besoin. Quand tout cela sera mis à plat, quand on aura compris à la fois le trouble dys invalidant mais qui va être rééduqué et le sentiment d'impuissance qui le ronge et le culpabilise, quand il

1. Sont désignés par « troubles dys » les troubles des apprentissages spécifiques comme la dyslexie, la dyspraxie, la dyscalculie, la dysorthographie, la dysphasie… Ce sont des troubles qui se rééduquent. Les troubles dys ne peuvent être diagnostiqués que lorsque l'intelligence est dans la norme ou supérieure.

sera évident que c'est un garçon qui rêve de réussir et de se sentir fort, alors, nous pourrons, chacun à notre place, l'aider vraiment. Et lui aussi pourra reprendre les rênes de sa vie.

De quoi as-tu besoin ? est la question centrale de la psychologie. Une posture d'humilité et d'engagement pour aider l'autre dans ce qu'il est, pas dans ce que l'on voudrait qu'il soit. Une question qui permet, comme avec un tout petit enfant, de se mettre à genoux, se placer au même niveau que lui, de le regarder avec douceur, dans les yeux, qu'il sente notre présence, et notre attention sincère. De quoi as-tu besoin ? Toi. Et si tu ne peux me répondre car tu ne le sais pas, je vais tenter de le comprendre avant de t'accabler, avant de te mettre une étiquette, avant de te résumer à mon prisme de perception. De quoi as-tu besoin ? Il me semble que c'est la seule vraie question. Pour tous. Pour soi. Pour les autres. Quelle que soit notre place dans la vie d'un autre. De quoi as-tu besoin ? C'est cela la bienveillance, la vraie, celle de l'étymologie : *bene volens*, vouloir du bien, qui veut dire aimer, en Italie, *te voglio bene*. Je te veux du bien. Et pour cela je dois comprendre vraiment de quoi tu as besoin.

➤ *Chacun est une énigme*

Rien de plus dangereux que l'illusion de savoir, de comprendre. Chaque être humain est différent. Chacun est une énigme. Chaque patient est un nouveau défi. Le risque est immense de ramener la compréhension de l'autre à nos grilles de lecture, celles que l'on connaît. Le risque est vertigineux d'appliquer un programme, une méthode, une approche thérapeutique comme du prêt-à-porter alors que la psychologie exige de la haute couture, du fait main, du cousu cœur, du corps-à-corps.

C'est la rencontre avec le mystère de l'autre qui doit rester fascinante. Captivante. Avec cette curiosité du débutant. Un regard neuf pour chaque rencontre. Qui es-tu, toi ? Celui qui est là et qui demande de l'aide. Comment vais-je pouvoir te comprendre, t'aider. Laisse-moi t'approcher, t'apprivoiser, et tenter de décoder tes mécanismes secrets.

Quand on perçoit un inconfort avec le psy que l'on s'est choisi, il faut pouvoir se faire confiance. On peut avoir tendance à se dire que le professionnel, c'est l'autre, que celui qui sait, c'est le psy et que si la situation nous semble douloureuse, c'est normal, c'est toujours comme ça avec un psy. On peut même se dire en secret que la douleur préjuge des prémices de la délivrance. Une idée ancrée dans notre culture judéo-chrétienne. Il faut souffrir pour aller bien, la lumière est au bout du tunnel, ce qui signifie bien qu'il y a un… tunnel.
Il y a des psys qui ne nous conviennent pas. Ce n'est pas parce que nous ne sommes pas un bon patient mais parce que cette rencontre n'est pas celle dont nous avons besoin. Point. Je pourrai dire aussi qu'il y a des bons et des mauvais psys, comme dans toutes les professions. Un bon psy est celui qui se remet en question, qui n'essaie pas d'imposer sa théorie, sa compréhension du problème. Un bon psy est celui qui est ouvert, sincèrement ouvert, qui accepte de se tromper, qui peut faire marche arrière ou accélérer, qui cherche, sans relâche, avec détermination et humilité ce qui peut aider son patient.

Nous devons être prudents. Attentifs. Nous pouvons tous avoir tendance à nous endormir sur des certitudes qui semblent nous rassurer et qui pourtant nous empêchent d'avancer. Le psy, ne peut pas, ne doit pas, avoir son regard bloqué dans une seule direction, il doit toujours regarder à 360 degrés, bouger son focus, élargir sa pensée, prendre en compte la singularité de chacun. Et surtout, surtout, ne jamais négliger un seul pan de sa personnalité, une seule de ses fragilités, une once de ses forces, de ses talents. Un patient ne peut se contenter d'être celui qui reçoit un soin, passivement, sans se sentir partenaire, acteur, engagé lui aussi dans cette ronde qui redonne de la vie à la vie. Un psy invite dans une danse, les deux doivent être en mouvement.

Un mot pour les parents. Quand un psy vous parle de votre enfant et que vous vous demandez s'il ne s'est pas trompé de dossier. Quand il vous affirme que votre enfant a tel ou tel problème, fonctionne de telle ou telle manière, et que rien de ce qu'il vous dit ne correspond à ce que vous ressentez, ce n'est pas lui qui a raison. Les parents disent parfois : « Vous mettez des mots sur ce que nous ressentions depuis longtemps. » Quand c'est le cas, vous savez que vous êtes au bon endroit, avec la bonne personne. C'est vous, les parents, les experts de votre enfant. Attention de ne pas vous laisser impressionner par l'impérialisme de certains psys. Et c'est avec le psy qui a pu cerner les difficultés de cet enfant que vous aimez, que vous éduquez, ce psy qui a su vous rassurer et créer, avec vous, la connivence et la confiance nécessaires, que vous pourrez vous poser. Et vous reposer sur lui. Car c'est son métier.

➤ *Les parents aussi ont besoin du psy*

Un parent avec SON enfant est souvent en perdition, c'est si légitime. Touchant. Il n'est plus temps de l'accabler mais de l'accompagner sur ce parcours difficile, laborieux, âpre parfois, réjouissant souvent, de cette incroyable aventure d'être parent. Avec des codes si bouleversés que chaque famille doit inventer son propre modèle, et des propositions de parentalité qui se déploient mais pas toujours très uniformisées. Difficile de s'y retrouver. « On me l'a livré sans mode d'emploi[1] », disent-ils souvent, ce qui renvoie aussi à leur peur, profonde, intime, confuse : je n'ai pas, moi, le guide pour être parent, je ne sais comment faire, je ne sais plus, je n'en peux plus.

Les parents ont besoin d'être rassurés. Ils ne veulent plus être désignés comme coupables tout en restant responsables, ne pas être pointés comme ceux par qui les problèmes des enfants arrivent mais ceux avec qui, nous les psys, nous allons collaborer, activement collaborer pour remettre de l'équilibre. Chacun à sa place mais ensemble. Surtout ensemble.

Un enfant a besoin d'un psy, mais les parents aussi, et le psy ne peut avancer si les parents ne sont pas à ses côtés. Impliqués. Tous impliqués. Tous conscients de cette tâche immense de permettre à un autre humain de rester debout, d'avancer et de s'approprier toutes les ressources disponibles, les siennes, celles des autres, celles de la vie.

La présence engagée

➤ *La présence ne se décrète pas, elle se vit !*

La présence est un mot fort. Un mot plein. Un mot incarné. La présence, ça se voit, ça se sent. Parfois ce mot est utilisé juste pour signifier que l'on peut cocher une case sur une liste : présent ! Comme en classe. Mais déjà en classe, si l'enseignant mettait de l'intention au moment de l'appel, s'il pouvait d'un signe, d'un sourire, d'un mot, dire à l'enfant, à l'élève, je vois que tu es là, cela changerait tant !

La présence est active. Elle ne se décrète pas, elle se vit.

---

1. Selon l'expression de mon ami le docteur Olivier Revol.

En thérapie, en psychologie, la présence n'est plus, ne peut plus être la neutralité, si bienveillante soit-elle. Comment être neutre quand on est déterminé à s'impliquer dans l'histoire d'un autre ? La neutralité serait-elle cette difficulté si partagée de ne pas se sentir responsable ? De ne pas s'impliquer ? Avec tout ce que l'on est, avec tout ce que l'on sait. Avec courage, ce mot si important qui vient de cœur, avec volonté, avec détermination. Déterminé à aider l'autre. Le psy ne peut pas rester sur le bord de la berge à regarder le courant passer. Il doit se jeter à l'eau. L'engagement du psy n'est plus une option, c'est la condition nécessaire pour que le patient, adulte ou enfant, se sente solidement pris en charge. Prendre en charge, porter un poids qui est lourd. C'est à nous, les psys, de le porter. La tradition psychologique s'attache au sens des mots, à leur symbolique. Prendre en charge ne peut être assimilé à une quelconque passivité... À ne pas confondre avec entraîner, pousser, forcer, encourager dans une direction que le psy aurait prédéterminée. C'est une histoire à deux. Une histoire de rencontre, une histoire de lien, une histoire de confiance.

La présence est un cadeau que l'on fait à l'autre. Cette présence qui nous fait sentir importants aux yeux de l'autre. Uniques. Précieux. Que l'on ait 5 ans ou 80 ans, quand la présence est profonde, authentique, sincère, elle devient une promesse qui dessine la possibilité d'une île.

Martin ne me regarde pas. Les parents s'en excusent déjà. Il fonce dans mon bureau, hurle à ses parents qu'il a soif. Les parents s'excusent, se justifient : il fait chaud, le métro était bondé... Martin ne veut pas s'asseoir. Les parents s'excusent encore, il ne tient pas en place, m'expliquent-ils et d'ailleurs c'est pour ça qu'on vous l'a amené... Je les arrête gentiment. Je leur explique que pour l'instant je ne souhaite pas qu'ils me racontent. Ils ont apporté un gros dossier. Martin a 5 ans, déjà un long passé psy et des bilans variés. Martin tourne dans mon bureau, touche un objet, puis l'autre, s'assied par terre, se relève, sort un jouet de sa boîte, en renverse une autre, casse quand ça lui résiste... Les parents s'excusent : ils sont vraiment désolés... Je ne leur réponds pas. Je m'adresse doucement à Martin, il relève à peine la tête. Je ne me décourage pas, il gesticule, je lui pose des questions, tranquillement : quel âge a-t-il, dans quelle classe est-il, comment cela se passe-t-il à l'école, avec ses copains, son amoureuse, sa maîtresse... Et avec sa sœur – un bébé sûrement un peu casse-pieds, ça, c'est moi qui le dis... Martin est dans l'échange à présent. Les objets continuent à valser dans la pièce, les parents continuent à s'excuser, se lèvent pour les ramasser. Je leur propose de se rasseoir sereinement : c'est mon bureau, c'est mon métier, je suis pilote ici, ils peuvent se reposer. Je continue à échanger avec Martin. Il est assis maintenant, trafiquant sans s'arrêter avec tout ce qu'il peut toucher. Nous poursuivons, je le regarde dans les yeux et, petit à petit, il accepte d'échanger un regard.

Il se passe un certain temps avant que je redonne la parole aux parents. La maman fond en larmes. Son mari s'en étonne. Alors, les joues rosies et un sourire aux lèvres, elle me dit, dans un hoquet, que c'est la première fois, depuis qu'ils vont voir des psys, des médecins, des professionnels de santé ou de l'éducation, que l'on parle à son fils comme à un être humain, avec respect et considération. C'est la première fois qu'elle sent que quelque chose peut s'améliorer, que quelqu'un peut les aider. Je n'ai rien fait, rien dit de spécial, rien promis. Je me suis juste ancrée dans ce moment. Ce moment décisif de la rencontre. Je m'y suis installée en conscience, en présence et en humanité. C'est tout, c'est beaucoup. La nécessité de la présence est une évidence.

➤ *La présence n'est pas une injonction, elle est une intention sincère*

La présence n'est pas un concept. Elle ne se loge pas dans le mental. Elle n'appartient qu'au corps. Être présent, c'est se relier à ses sensations. Pleinement. Non pas en se repliant sur soi mais en tournant ses capteurs sensoriels vers les autres. La présence vivante, charnelle, puissante qui ouvre l'espace à l'autre. Ces moments sont forts et riches car nous connaissons maintenant l'incidence de ces fameux neurones miroirs. Dans la relation avec un patient, ces neurones s'activent dans les deux sens. Je sens ce que tu ressens de ce que tu ressens de moi. Je me synchronise. Je suis, comme le dit la sagesse populaire validée par les sciences modernes, sur la même longueur d'onde. Nous sommes branchés. Neuronalement branchés. Émotionnellement branchés. Physiquement branchés.

Dans nos vies, n'est-ce pas ce qui nous manque le plus ? Ce qui nous fait souffrir le plus ? Ce qui nous renvoie sans cesse à notre solitude existentielle ? Le manque de présence. Le manque de l'autre. Le manque des autres. On parle sans s'écouter vraiment. On se sourit en pensant à autre chose. On se dit bonjour machinalement. On réfléchit à ce qu'on va dire plutôt que d'écouter l'autre. On interagit automatiquement. On est là sans y être. La présence est à la fois indispensable et rare. Être là, vraiment là, écouter vraiment, se rendre pleinement disponible, s'installer dans une présence qui dit simplement à l'autre : je suis là, entièrement là, pour toi.

➤ *« Maman, papa, vous ne m'écoutez pas ! »*

C'est tellement et si souvent vrai ! Les enfants l'expriment, ils n'ont pas encore appris à réprimer leur besoin spontané, leur demande impérieuse d'être écoutés, pris en compte, considérés. Nous, les adultes, nous sommes habitués. Nous en souffrons, la gorge nouée et le cœur serré, mais nous ne quémandons plus cette présence adoucissante, régénérante, revitalisante. On se tait, c'est tout. Le plus frappant, c'est que cette blessure quotidienne, nous aussi nous l'infligeons. Comme si nous étions tous prisonniers d'un fonctionnement dont nous n'avons plus conscience. Nous nous en plaignons secrètement sans avoir, sur nous-mêmes, cette lucidité.

➤ *Le corps ne ment jamais*

Julie parle. Elle égrène les détails de sa vie. Une sorte de litanie. Un ronronnement ennuyeux. Je l'interromps. Lui demande pourquoi elle interprète comme une trahison les propos de son mari qui lui reproche de ne pas être suffisamment présente, de rentrer tard, de trop s'investir dans son travail. Elle tente de m'expliquer. Qu'elle a besoin de se sentir soutenue par lui, que c'était un contrat tacite entre eux. Lui serait là pour les enfants, pour le quotidien. Je me moque gentiment d'elle. Elle intellectualise à outrance. Se justifie auprès de moi comme si elle devait se défendre. Je suis plongée dans mes sensations corporelles, pour absorber ses mots, ses émotions et, soudain, j'ai une sensation caractéristique, je sens que nous approchons. Je lui pose une question sur l'amour, sur ses sentiments à l'égard de son mari, et bingo, j'ai la chair de poule, nous y sommes, elle a un amant, j'en ai la conviction. Elle ne peut pas le dire, je lui demande comment il s'appelle. Julie s'effondre en larmes, nous allons vraiment pouvoir avancer.

Quand on est psy, notre corps est une antenne. Une antenne qui capte tous les signaux de l'autre. Bien sûr, nous avons notre « bagage de connaissances », nos compétences, notre expérience, mais tout cela ne sert à rien sans le corps. La tête se trompe, les théories se brouillent, les concepts se floutent... Nous appliquons notre technique thérapeutique, nous suivons le fameux protocole, et... nous tournons en rond ! Parfois, nous avons l'illusion que le patient a compris, a saisi, qu'on a fait un pas. Si le corps n'est pas notre indicateur, si nous n'avons pas appris à être corps et âme dans cet instant-là, dans la présence incarnée à l'autre, alors, je crois que l'on perd quelque chose de précieux et surtout que nous ne sommes pas, pour notre patient, celui qu'il attendait. Avec le corps, nous pouvons être dans ce moment suspendu et laisser les mots se dire. Ils seront justes, alignés, vrais et efficaces. La présence à l'autre ne peut être que corporelle, la présence incarnée est notre seul réel médiateur thérapeutique. Le seul.

« Je n'ai envie de rien... c'est nul, tout est nul. De toute façon, le bac, je m'en fous ! » Je réponds à Hadrien que oui, je comprends, c'est insupportable toute cette pression. Et j'ajoute, un brin arrogante, que je n'ai pas envie de parler de ça. Oui, je sais : ses parents lui mettent la pression et ils s'inquiètent. C'est pour ça qu'il est là. Au départ, contre son gré. Je sais aussi, bien sûr, qu'il est important qu'il ait son bac, pour lui, pour passer à autre chose. Mais je lui pose des questions sur ses loisirs, sur sa vie amoureuse, sur ce qui l'intéresse. On discute. Enfin, je lui donne cette impression, pour le laisser avancer, pour pouvoir me saisir de ce qui pourra créer une bascule. Je le taquine, je le relance, je le pousse dans ses retranchements, je lui fais saisir certaines évidences, de celles qui lui avaient échappé. Le temps s'écoule, je garde en tête que la fin de la consultation approche, et qu'il est hors de question que ce moment se termine en queue de poisson. Je dois l'aider. Je n'ai aucune idée du comment.

Nous parlons télé, reportages… Nous évoquons la façon de traiter l'information, la différence entre les médias. Il m'expose son point de vue, je le fais approfondir et, quand un frisson me parcourt, je comprends, et le lui dis, abruptement : « Et pourquoi pas journaliste ? » Il me regarde ahuri, ce n'était pas le sujet de nos échanges… Et puis il est en terminale S, en route vers une prépa scientifique. Je l'ai revu cinq ans après : il sortait de Sciences Po, avec des options et des stages qui lui avaient permis d'intégrer une grande radio. Il était fier, heureux, épanoui. Il m'a remerciée, chaleureusement. Je n'ai rien fait, mon corps a su.

➤ *De l'importance de s'entraîner à la présence*

S'entraîner à la présence, c'est s'entraîner à ressentir. À se familiariser avec tous ces signaux que nous transmet le corps, notre corps. Les émotions, qui ont leurs manifestations particulières, les pensées qui vont et viennent et parfois s'installent, envahissent le champ du mental, ou nous tirent très fort là où elles l'ont décidé, nos perceptions corporelles qui mobilisent notre attention et nous fournissent de nombreuses indications. La présence est une vibration qui accorde le corps, le cœur et l'âme.

Je suis là, juste là, avec toi. Je le sens, je le sens vraiment.

Être présent à son patient semble si simple. Le vivre est incroyablement compliqué. La présence est une gymnastique du corps, du cœur et de l'esprit pour vivre le moment, l'expérience qui est là. La présence est cette chimie subtile qui nous permet d'être simultanément, totalement là, branché sur soi et sur l'autre, tout en gardant une perspective qui se déploie. Focalisé et ouvert.

Dans nos réunions hebdomadaires d'équipes, nous partageons entre psys nos questionnements, nos doutes ; nous réfléchissons ensemble à ce que nous pourrions proposer de plus pertinent à tel ou tel patient. Un moment riche où chacun s'exprime en confiance, sans peur d'être jugé, sans lutte de territoire, dans un partage sincère et humble. Il arrive que l'un ou l'autre parle de son sentiment d'incompétence, d'impasse, avec un patient. Le psy évoque alors qu'il ne sait plus quoi faire *avec ce patient. J'ai souvent proposé de tenter la présence. Ou même le silence, mais un silence qui signe cette présence vivante, incarnée, chaleureuse. La présence qui fait que chacun se sent en sécurité et que, même si rien ne se passe, tout redevient possible. C'est un sacré pari la présence, surtout pour des psys, qui ont toujours cette volonté de s'impliquer pour faire avancer leur patient. Ça fait peur, la présence…* Être *avec son patient, bien différent de* faire.

➤ *Discuter, parler, se confier*

Ces termes ne sont pas synonymes. Lorsque l'on échange avec son patient, ce n'est pas une discussion banale. L'attention du psy va capter, ressentir, repérer ce qui, dans ce discours, ces paroles, a du sens, de l'importance. Dans les mots, le psy distingue ceux à partir desquels rebondir. À partir desquels l'élaboration va se faire et la construction thérapeutique s'activer. Se confier peut être un soulagement, un besoin, une nécessité. Certains moments doivent y être pleinement consacrés. Parler en thérapie est un foisonnement de possibilités.

« Qu'est-ce que tu as fait avec la dame ? » demande la maman à sa fille pour qu'elle lui raconte sa séance avec la psy. « On a parlé », répond Léonore. « Vous avez juste parlé ? »

Tout dialogue en psychologie est une opportunité. Inciter le patient, quand il raconte un épisode de sa vie, à penser autrement.

L'interrompre, lui proposer un nouvel éclairage, une autre lecture, une autre compréhension, une autre façon de penser, de se penser, de nouvelles voies, de nouvelles perspectives… Ne pas le laisser ressasser toujours la même histoire. Pour reprendre une expression à la mode, la psychothérapie doit être *disruptive*.

Jusqu'au bout de ce que je peux, pour toi

➤ *L'engagement est une promesse*

La promesse de ne pas s'en tenir à la seule écoute, même bien attentionnée. L'écoute est indispensable au processus de changement. « Dans la vie, la seule chose dont nous avons besoin, c'est d'être entendu », nous rappelle, inlassablement, Thich Nhat Hanh[1]. Être entendu passe par une écoute active de l'autre. Je me mets dans cette disposition où tout mon corps, tous mes sens, tout mon cœur, sont ouverts pour t'entendre vraiment. C'est mon corps qui me sert d'instrument de réglage pour t'écouter.

L'écoute active est très différente de la seule écoute bienveillante où, tout en accueillant la parole de l'autre, nous tentons de comprendre, d'analyser, d'anticiper. Sur ce qui viendra après, sur ce que nous devrons interpréter, après. L'écoute active est pure présence à l'autre et c'est déjà l'esquisse de la promesse. Celle qui donne à l'autre la sensation d'exister vraiment. D'être entendu sincèrement. Sans jugement et avec tendresse. Douceur.

La promesse est ce mouvement qui dit à l'autre, clairement : oui, je vais m'impliquer pour t'aider, pour trouver des idées,

---

1. Thich Nhat Hanh, *Le Miracle de la pleine conscience*, L'Espace bleu, 1996 ; Pocket, 2008.

pour imaginer des solutions. La promesse est une forme d'assurance sur l'engagement. L'engagement à n'exclure aucune piste, aucune possibilité, aucune opportunité. Et à coconstruire avec acharnement, patience et persévérance, avec le patient, petit ou grand, toutes les actions qui seront les ferments du changement.

L'engagement est un serment. Une profession de foi qui affirme que l'on croit en l'autre, que l'on croit à l'alchimie de la psychologie, que l'on croit en soi. Confiance, *cum fidere*, « avoir foi ».

➤ *L'effet Pygmalion*

Pygmalion appartient à la mythologie grecque. La légende raconte l'histoire d'un sculpteur qui tombe amoureux de sa création. De son œuvre de pierre. Une femme rendue ensuite vivante par la grâce des dieux. Cette histoire a donné naissance à une expression devenue courante. Être un Pygmalion, c'est être un inspirateur, un bienfaiteur, par qui la gloire, le succès peuvent arriver.

En psychologie, l'effet Pygmalion est le nom donné à un mécanisme puissant : si je crois profondément en tes possibilités, en tes capacités, alors, cela te donne des ailes, cela te permet d'être au maximum de ton potentiel et de réussir au-delà de tes propres espérances. L'effet Pygmalion a été très étudié. Il est devenu un des effets les plus argumentés et validés de la psychologie expérimentale.

Le levier est si puissant qu'il doit être au centre de toute prise en charge psychologique. Croire profondément dans les capacités de son patient à changer. Croire profondément dans notre capacité de psy à l'aider. Croire profondément en toutes ses potentialités. Même et surtout si tout semble indiquer que l'amélioration sera longue et difficile.

Poser ce regard sur l'autre permet toujours, toujours – et l'adverbe est employé à dessein –, de faire émerger ce à quoi, parfois, on n'osait plus croire.

Nous avons tous vécu, à un moment ou à un autre de notre parcours, cette bascule de la rencontre, même furtive, avec celui qui nous a regardés avec cette conviction inconditionnelle que nous pouvions réussir. Si nous l'avons vécu, nous pouvons encore le ressentir dans nos corps, dans nos tripes. L'effet Pygmalion est plus une sensation qu'un discours. Si je pense sincèrement que tu peux le faire, alors tu y arriveras. Une prophétie autoréalisatrice qui provoque une amélioration observable et souvent spectaculaire.

Mais, comme souvent, l'effet Pygmalion ne fonctionne... que si l'on s'en sert. Un psy qui applique une méthode ou un programme persuadé que c'est ce qui va faire la différence pour son patient, un psy qui se place dans la neutralité pour surtout ne pas interférer dans ses mécanismes intimes, un psy qui fait son métier comme un technicien des sciences humaines, ce psy-là passe à côté du plus robuste des ingrédients du changement.

Célia va avoir 30 ans. Sa vie semble un désastre. Un champ de souffrances. Elle a vécu des épisodes anorexiques sévères à l'adolescence. A été hospitalisée. Perfusée. Coupée de sa famille pendant des semaines comme on le fait encore, ce serait soi-disant thérapeutique, je trouve cela révoltant. Elle s'est souvent scarifiée. Sévèrement. Elle en porte des traces sur les poignets. A fait des tentatives de suicide à répétition : des fausses, des vraies, des essais... Célia n'a pas fait d'études. N'a pas de métier. Elle est encore sous neuroleptique, ce médicament antipsychotique pour les malades qui souffrent d'adaptation à la réalité. Les psys, elle en a vu depuis le CP. Des psys de toutes les couleurs, de toutes les formes, de toutes les tendances.

Quand je la reçois pour la première fois, j'avoue que je ressens une forme d'aversion. Son look, sa tenue, son regard abattu, sa main moite et molle... Elle ne fait pas « envie »... Les psys sont des êtres humains comme les autres. Mais, pas tout à fait comme les autres : ils peuvent, ils doivent, ils se sont engagés à bouger leur focus, pour se recentrer sur le noyau humain, sur l'humanité, la même chez tous ceux qu'ils vont rencontrer.

Je m'aligne à l'intérieur de moi-même et je ne vois plus qu'une petite fille « au bout de sa vie », comme disent les jeunes d'aujourd'hui. Une petite fille laissée seule sur le bord de la route. Personne n'a eu vraiment envie de l'aider. Personne n'a jamais cru en elle. Personne ne l'a jamais vraiment aimée. Elle n'a jamais été tout à fait « aimable » au vrai sens du terme. L'expression populaire dit qu'il vaut mieux faire envie que pitié. Célia fait pitié...

Je me ressaisis, je lui souris, c'est parti ! Je ne la regarde plus comme cette jeune femme paumée qu'elle croit être – image que tous, sa famille, la société, lui renvoient –, mais comme une jeune femme qui a sûrement des talents cachés, qu'il m'appartient, qu'il nous appartient, de dénicher.

Ce n'était pas une décision rationnelle mais un élan du cœur et du corps. J'étais là pour elle comme pour tous les autres, je croyais en elle, comme en tous les autres. Je me suis attachée à elle. Je l'ai trouvée touchante, sensible, créative.

Célia crée maintenant des bijoux qui ont un certain succès. J'en porte un au poignet.

➤ *Aimer son psy, aimer son patient...*

Est-ce que j'ai le droit d'aimer mon psy ?

Est-ce que je peux aimer mon patient ?

L'amour ne doit-il pas être tenu à distance de la relation thérapeutique ?

L'amour n'est-il pas dangereux pour cette relation ?

Car il s'agit bien d'une relation. Nous sommes liés l'un à l'autre pendant ce temps privilégié de la relation thérapeutique.

Parler d'amour en psychologie est un sujet tabou. De cet amour-là en tout cas. En français, nous n'avons qu'un seul mot pour évoquer ce sentiment universel, ce sentiment à l'origine de tout, que nous recherchons tous, qui nous permet de nous sentir vivants.

Mais nous aimons indifféremment nos parents, les éclairs au chocolat, le chat, partir en vacances au soleil. Nous aimons nos enfants, notre métier, notre nouveau collaborateur, nos doigts de pied, notre mari, notre amant caché. Nous aimons la danse, les couchers de soleil, le vernis rouge de chez Chanel ou celui de notre voisine de palier. Nous l'aimons bien, d'ailleurs, elle aussi. Pour nuancer, vous l'avez remarqué, on ajoute parfois cet adverbe : je l'aime bien… Nous pouvons dire aussi : j'aime beaucoup. J'aime beaucoup mon amie Charlotte ou cette maison de campagne. J'aime beaucoup les petits restos italiens et j'aime beaucoup les réunions de famille. *Beaucoup* dit aussi que nous régulons notre propension à aimer : les gens, les choses, les instants, les aliments, les animaux, la vie… En général, nous n'aimons ni la vieillesse, malgré ses promesses[1], ni la maladie, ni la mort. Ce sont les exceptions qui confirment la règle.

Aimer, ce n'est pas se regarder l'un l'autre mais regarder ensemble dans la même direction, propose Saint-Exupéry. Cela devient plus facile ainsi de penser l'amour en thérapie. Aimer son psy, c'est lui faire confiance au point de lui livrer l'intime de soi-même, ses moindres méandres, ses hontes cachées, ses secrets inavoués. Et de le faire en toute sécurité. En sachant que l'on ne sera jamais jugé. L'amour ne juge jamais…

Aimer son patient, c'est faire tout ce que l'on peut pour l'accompagner, le guider, l'éclairer, le consoler, le rassurer, pour l'emmener vers un avenir où il sera pilote de son destin.

---

1. Perla Servan-Schreiber, *Les Promesses de l'âge*, Flammarion, 2018.

« Vos enfants ne sont pas vos enfants,
Ils sont les fils et les filles de l'appel de la vie à elle-même,
Ils sont venus de vous mais ne vous appartiennent pas.
Vous pouvez leur donner votre amour et non point vos pensées, car ils ont leurs propres pensées.
Vous êtes les arcs par qui vos enfants, comme des flèches vivantes, sont projetés.
L'archer voit le but sur le chemin de l'infini, et il vous tend de sa puissance pour que les flèches puissent voler vite et loin. »

Dans cet extrait du recueil *Le Prophète*, ce cadeau fait à l'humanité par le philosophe-poète Khalil Gibran[1], tout est dit, tout est résumé.

Comme les parents, les psys sont ceux qui, par leur amour, leur présence, leur engagement sincère et inconditionnel, permettent aux patients de s'envoler vers demain.

Les psys aiment leurs patients pour leur donner la force d'être et de vivre. Leur vie.

La question n'en est pas une, il ne s'agit pas de savoir si les psys peuvent aimer leurs patients, il convient d'assumer que les psys doivent aimer leurs patients. D'un amour qui n'étouffe pas, d'un amour qui ne crée pas la dépendance, d'un amour qui n'enferme pas, mais d'un amour qui ouvre, soutient, propulse. L'amour est un matériau vivant, quand il est là, tout le monde le ressent. Ressentir l'amour, c'est sentir l'amour qui vit en soi. Au creux de soi. L'amour vital.

1. Khalil Gibran, *Le Prophète* (publication originale anglaise 1923), Pocket, 2012.

➤ *Le psy est un passeur de vie*

Quand j'étais enfant, je vivais à Avignon, ma ville natale, au bord du Rhône. Pour passer ce fleuve majestueux, il existait encore un bac avec son passeur. Cette embarcation légère était reliée à un câble tendu entre les deux rives pour traverser le fleuve sans être emporté par le courant mais soutenu par lui. Le passeur donnait au bac l'inclinaison nécessaire pour s'appuyer sur le mouvement de l'eau et propulsait l'embarcation en poussant le fond avec une perche ou en tirant sur la corde reliant le bac au câble. Selon le temps. Un métier incroyablement physique avec une attention de tous les instants pour régler la vitesse et la stabilité de l'embarcation et faire traverser les passagers en toute sécurité.

Le psy fait un métier similaire : de toutes ses forces, il assure la stabilité qui permet à son patient de passer d'une rive à l'autre, d'un état à l'autre, d'une façon de penser à une autre, d'une vie à une autre. Le psy est un passeur qui, sans relâche, veille à la sécurité de son patient. À bras-le-corps, comme le passeur de mon enfance, il s'efforce de le faire avancer en étant attentif à tous les instants.

Pour pouvoir passer, il faut savoir danser, dit la chanson traditionnelle, que les enfants chantent en passant sous les bras des autres et en tapant des mains : « Pour passer le Rhône il faut être deux, pour bien le passer il faut savoir danser, allons passe, passe, passe, allons passe donc. » Être deux et danser. Danser en se laissant porter par les bras, de l'autre… Le psy est un passeur qui nous prend dans les bras, nous fait traverser les passages difficiles et nous entraîne dans la ronde et le mouvement de la vie.

➤ *La peur comme alliée*

La peur est cette émotion forte qui signale la présence d'un danger et mobilise nos ressources, soit pour l'affronter, soit pour s'en échapper. En psychologie, la peur est partagée.

Je trouve très courageux d'aller voir un psy. Il faut d'abord accepter que l'on ne va pas bien. Accepter ensuite que l'on ne s'en sortira pas seul. Cela signifie aussi que l'on tient à la vie, à sa vie. Une indication importante qu'il faudra intégrer et valoriser. Même dans des situations plus pathologiques, où l'injonction de soins est posée, la démarche n'est pas anodine. Se montrer dans toutes ses vulnérabilités, aller évoquer ses difficultés, ses doutes. Demander de l'aide… ce n'est pas rien de demander de l'aide !

Il faut ensuite choisir le psy, SON psy. Malgré la généralisation intensive et parfois abusive de la psychologie, quand on se décide à aller voir un psy, l'angoisse monte subitement. Un psy, d'accord, mais qui ?

Comment choisir, comment se décider pour l'un ou pour l'autre ? La nébuleuse psy est si touffue que je défie quiconque, non spécialisé, de pouvoir clairement se repérer.

Alors ce sont les avis des uns et des autres qui seront compilés avant de sélectionner l'élu et de téléphoner pour prendre le premier rendez-vous. La date est arrêtée, l'heure et l'adresse bien notées, les questions et le doute s'emballent, la peur grimpe d'un cran. Nous y voilà. Tout est scanné : l'accueil, la salle d'attente, les tableaux au mur, la tête des autres patients qui sortent du cabinet ou lisent sagement dans la salle d'attente. Les questions s'entrechoquent : ai-je bien fait de venir ? Qu'est-ce que ça va m'apporter ? Qu'est-ce que je vais lui dire ? On a peur. Vraiment peur.

La peur du patient que le psy doit envelopper, cette vie précieuse, délicate, fragile que le psy doit protéger, respecter, ce défi que cette rencontre introduit, pour le patient, pour le psy.

Le psy a peur aussi. S'il n'a pas peur, ça ne va pas. S'il n'a pas peur, c'est qu'il ne va pas prendre de risque. Cela signifie qu'il fait son métier, comme on en ferait un autre, avec application, mais sans réelle détermination. Être confronté à la vie d'un autre est toujours un défi. La peur indique que nous aurons besoin d'une grande énergie, d'une indéfectible volonté, d'une persévérance engagée. La peur aussi de ne pas y arriver, de ne pas savoir, avec ce patient-là, dans cette situation-là. La peur peut faire douter, et douter doit permettre une remise en question, jamais une démission.

Vivre l'engagement, ensemble

➤ *Toute distance tu aboliras*

La fameuse distance… prétendument nécessaire entre le patient et le thérapeute. La distance qu'il ne faut surtout pas réduire au risque de mettre en péril tout effet thérapeutique… Mais non, c'est le contraire qui marche, c'est le contraire qu'il faut faire, que l'on DOIT faire. Être proche de son patient. Proche affectivement. Proche dans les échanges. Et même, parfois, dans notre capacité à partager. La « révélation de soi » du psy devient un élément puissant de la thérapie.

Un psy, parler de lui ? Pas n'importe comment, pas avec n'importe qui, pas sans que cela prenne sens dans l'ici et maintenant de la consultation. Mais oui, et encore oui, quand se dévoiler sur un pan de son histoire de vie permet au patient de se sentir moins seul et qu'un échange authentique, de cœur à cœur, peut s'engager. Le patient n'est pas cet être fragile et faible, et le psy ce héros sans cœur et sans reproche. Tous deux sont des êtres humains, juste humains, lancés dans la vie et qui font de leur mieux pour ne pas chanceler, pour avancer, pour tomber sept fois et se relever huit…

Comprenons-nous bien. Il ne s'agit pas d'aller pleurer ensemble et de se lamenter sur nos sorts similaires, ils ne le sont jamais, mais d'oser s'ouvrir pour que l'autre se sente profondément compris et admis dans sa fragilité humanité.

Marielle me raconte. En larmes. Plus jeune, elle a été violée. Dans des circonstances complexes. Elle ne se sent pas coupable mais éprouve une insondable honte. La peur des hommes, mais pas de tous, la peur des autres, mais pas toujours. La confiance qu'elle avait en elle et dans la vie, surtout dans la vie, s'est effondrée. Elle est mariée aujourd'hui et n'a jamais pu l'évoquer avec son mari. Elle a peur de l'impact que cela pourrait avoir sur leur couple. Sans pouvoir bien sûr s'expliquer pourquoi. Elle n'en a jamais parlé. À aucun psy. Elle a pourtant beaucoup consulté. Pour des angoisses récurrentes. Dont aucune prise en charge n'est venue à bout. Alors, je lui ai dit. Ce que je n'avais jamais dit à aucun patient, ni écrit dans un livre d'ailleurs, que moi aussi, j'ai été violée, à l'âge de 20 ans. Que c'était une expérience qui faisait partie de mon histoire. Qu'elle m'avait permis de comprendre beaucoup de choses. Sur moi. Sur mon courage. Sur ma résilience. Sur mon audace. Je ne vous en raconterai pas ici les détails mais c'est vraiment ce que je peux en dire aujourd'hui. Et ce que je lui en ai dit à elle, à cette Marielle qui soudain était ma sœur d'âme. Je ne lui ai pas raconté en mode pathos mais comme une histoire de vie, semblable à mille autres histoires de vie traumatisantes. Comme une histoire qui s'inscrit dans sa propre histoire et qui est aussi source d'inspiration pour soi. Le crime de viol est abominable et inadmissible. Condamnable. Lourdement condamnable.

Partager ce fracas de vie avec Marielle lui a permis de transformer ce magma noir en un événement que l'on pouvait observer et analyser ensemble, dans une communauté émotionnelle et intellectuelle toute différente d'une quelconque distance. Bien sûr, ma propre histoire de viol n'est plus traumatique pour moi depuis longtemps. À la différence de Marielle, j'en ai beaucoup parlé en dehors de mon cabinet ou dans d'autres cabinets… Toute ma famille le sait. Ce n'est pas tabou. Mais le fait de le partager pour la première fois avec une patiente m'a émue, presque autant qu'elle. Le lien thérapeutique a été scellé à jamais et ce moment d'intimité a permis à Marielle de se sentir, enfin, en confiance pour dénouer et déjouer toute cette angoisse qui l'envahissait. Nous avons tricoté ensemble une histoire de vie et de valeurs qui lui a redonné des couleurs et a permis d'abandonner en chemin toutes ces choses qui ne valaient rien. Tout traumatisme éclaire sur ses forces. Si on accepte de le regarder ainsi, même un court instant car parfois il est trop violent. Accepter d'être celui qui a aussi vécu un événement similaire remet chacun à la place qui est la sienne, une personne humaine, qui rit et pleure.

➤ *L'engagement a ses règles*

Il est toujours facile d'énoncer ce qu'il faudrait être ou faire. Cela ressemble à une injonction. Mais je crois que la posture du psy engagé passe par des valeurs, des qualités, qui ne peuvent pas être contournées. On ne peut jouer avec soi-même, faire semblant, ne pas être aligné, être simplement dans un rôle. Un faux self de psy, une identité de surface, factice. La posture ne peut être que dans le profond respect de cette rencontre, de l'autre, de la vie de l'autre, de la fragilité de l'autre, des attentes immenses de l'autre. Une posture incarnée et assumée. Celle qui modifie profondément la relation, le mouvement thérapeutique, celle qui permet le changement.

– *La sincérité*, une des premières valeurs. Avec la sincérité, l'humilité du psy peut s'exprimer : je n'y arrive pas, je te le dis, je ne comprends pas, je te le dis. Je ne suis pas un super-héros, je fais de mon mieux, de tout mon mieux, sincèrement.

– *L'intégrité* protège le patient : je n'essaie pas de te rouler, de te faire croire des billevesées, de te faire miroiter ce que moi-même je n'ai jamais exploré ; mon intégrité est ta garantie que je ne tente pas d'être ou de faire ce que je ne connais pas, ce que je ne suis pas.

– *L'authenticité* garantit la sécurité et le lien véritable. Si je suis authentique, tu peux me faire confiance, vraiment confiance. Je ne te trahirai pas. Je ne te manipulerai pas. Jamais.

– *La transparence* est plus difficile, mais encore plus utile. La transparence ne signifie pas que tout se dit, mais que les choses importantes sont toujours dites : je ne bluffe pas, je te dis ce que je crois important pour toi ; ce que je comprends je le partage avec toi ; je ne te cache pas ce que j'ai perçu, je ne me dérobe pas face à ce qui doit t'être connu. Là, avec moi.

– *L'honnêteté*, le minimum que l'on peut espérer ! Je ne vais pas faire semblant de tout pouvoir, de tout savoir. Je suis un être humain avec ses forces, ses compétences, ses fragilités, ses faiblesses, ses talents, sa créativité… comme toi.

Augustin me défie de pouvoir lui donner une bonne raison de vivre. Il ne veut plus, il ne peut plus croire que cette vie a un sens. Il m'interpelle. Ravi de pouvoir me reprendre à la volée. Un peu comme dans un duel où l'on se demande qui, le premier, baissera les armes. Je n'ai pas l'intention de me battre, juste de relever son défi. Il me cherche, il me trouve, mais peut-être pas là où il m'attendait, là où il avait l'intention de me faire tomber. Je le regarde avec émotion. Je partage avec Augustin mes propres questions : comment mettre du sens ? Qu'est-ce qui pourrait nous y aider ? Qui peut répondre vraiment, honnêtement, à cette question du sens ? Cette question, qui est au fond de chacune de nos vies, que l'on fait parfois semblant d'avoir oublié pour continuer à avancer. Cette question qui nous fait peur, qui crée la tension de la vie. Cette question insoluble et qui pourtant occupe les sciences, les arts, la philosophie, la spiritualité... depuis des siècles !

Quand elle nous hante, cette question, comme c'est le cas pour Augustin, l'impossibilité de sa résolution devient un obstacle si dense que toute la vie est immobilisée, prisonnière de cette quête impossible à élucider.

Nous nous mettons à échanger avec Augustin sur nos doutes, nos croyances, nos convictions... Je lui explique, honnêtement, comment j'ai fait moi-même des petits arrangements avec la vie pour la rendre séduisante et motivante, je lui exprime ma foi en une entité plus grande que nous, une intelligence universelle, spirituelle. C'est simplement ma conviction, je ne lui demande surtout pas d'y adhérer, et je ne tente pas un instant de lui faire croire que c'est une réponse valable pour lui. Nous plongeons ensemble au tréfonds de cette question sans fond. Nous nous chamaillons. Comme des enfants. Nous rions. Nous construisons des hypothèses, des farfelues, des plus sérieuses, des périlleuses...

Augustin a retrouvé une certaine énergie. Si je peux parler sincèrement de ce trouble en moi avec quelqu'un qui ne va pas chercher à plaquer une explication toute faite ou me faire adhérer à une conviction bidon, alors je peux, au moins, croire qu'une relation humaine est possible. Un premier pas vers ce qui est, aussi, un bout important du sens de la vie...

➤ *Je ne sais pas par quoi commencer*

Cette phrase est souvent la première. Quand on arrive pour la première fois chez un psy, tout se bouscule dans nos esprits. C'est un peu effrayant. Il y aurait tant à dire, mais quoi dire ? Comment résumer une vie, une question, une peur ?

J'ai toujours répondu aux patients que c'était normal, qu'ils ne pouvaient pas savoir, qu'ils devaient tout dire en vrac. C'est mon métier, ma mission, de mettre en ordre, de hiérarchiser, d'établir les priorités.
Vider son sac. Au sens propre. J'aime prendre cette image du sac que l'on va vider, déverser : je vous propose que l'on mette tout en vrac sur mon bureau, en désordre, comme ça vient, peu importe. C'est moi qui trierai. On verra ce que l'on jette parce que cela n'a vraiment plus aucun intérêt, ce que l'on rassemble en catégories, en thèmes, ce que l'on va laisser un peu pêle-mêle car, pour l'instant, on ne sait pas encore bien quoi en faire… C'est à moi, c'est au psy, de faire ce travail, ce n'est pas au patient de tenter de mettre de l'ordre dans sa pensée, dans ses émotions, dans sa vie compliquée. C'est pour cela qu'il est là. Nous ne pouvons pas attendre des jours et des semaines, des mois et des années, que toute cette confusion se soit estompée. C'est à nous de l'organiser, c'est à nous de venir défricher, façonner, labourer, creuser, semer, c'est à nous que revient la tâche d'accomplir ce travail laborieux de faire de l'espace, de mettre de l'ordre, de retrouver du sens, de dessiner des clairières, de tracer des lignes franches, de découvrir des chemins de traverse… Bien sûr, il ne s'agit pas d'imposer mais d'inviter le patient à explorer ce qu'il n'aurait pas osé explorer tout seul, voir ce qu'il ne pouvait pas imaginer, tenter ce qu'il ne se serait jamais cru capable d'essayer, ressentir ce qui lui était totalement étranger. C'est notre « part du Colibri ». Un colibri qui sait qu'il est petit face à l'immensité de l'autre et de la vie, mais qui s'acharne, sans compter ses efforts, à lutter pour que la vie reprenne ses droits. Et elle en a tant. Un colibri qui ne se découragera pas dès qu'il sentira ses limites, celles de l'autre, car il a foi en la capacité de chacun de faire beaucoup. La force des vents contraires est parfois très forte, le psy ne peut s'y soumettre, abdiquer et abandonner. Jamais.

➤ *Aide-toi, le psy t'aidera*

C'est une notion un peu compliquée à penser. Pour être aidé efficacement, il faut d'abord s'aider soi-même. S'aider soi-même, c'est se mettre en marche, en mouvement. C'est décider, vraiment, que l'on souhaite avancer, changer parfois. On pourrait croire que tous ceux qui font la démarche d'aller voir un psy ont cette volonté. Volonté, c'est le bon mot. Vouloir changer, c'est mettre de soi-même et ne pas tout attendre d'un geste magique, d'un psy magique, d'une rencontre magique. Il faut le vouloir et y croire.

Croire en sa capacité de changer, croire en la capacité du psy de nous y aider. Il faut se « mouiller » quand on est le patient. Et c'est aussi au psy de le pousser à l'eau. Et ne pas attendre lui aussi au bord de la piscine et finir par dire, mollement, que ce n'est pas le moment, que c'est de la résistance... C'est un partenariat actif, proactif, sans concession dans la prise de risque de chacun, le patient et le psy. Personne ne doit attendre que quelque chose se passe, les deux doivent faire en sorte que cela advienne.

L'inertie de Maud est pesante. Elle vient me voir depuis trois mois. Maud a des sérieux problèmes de couple. Et de relations dans son travail. Mais rien ne bouge. Ni dans nos rencontres, où elle ne se saisit pas de ce que je lui propose, ni dans sa vie qui se fige de plus en plus. Elle ne tente rien de ce que nous élaborons ensemble. Le piège s'ouvre pour elle et pour moi. Il me faut continuer à être en action, à penser, ne pas me laisser absorber par son inertie. Ne pas me mettre à penser à autre chose. À attendre que la consultation passe. À regarder ma montre avec ennui. Ne pas décrocher. Ne pas souhaiter que ce soit elle qui se mette en mouvement. Ne pas « lâcher l'affaire », en miroir. Nous pouvons, nous les psys, nous faire piéger et démissionner. Sans nous en rendre compte vraiment.

Nous faire dévitaliser. C'est à moi, à nous, d'être constamment en alerte. D'être vigilants pour bien garder cette alerte. Ne rien lâcher, jamais. Relancer, reprendre son souffle, réanimer son patient engourdi. C'est ça aussi l'engagement.

➤ *La solution est en toi*

C'est l'autre face de la pièce. Une idée à la fois séduisante et culpabilisante.

Et donc, si je n'y arrive pas, quelle est l'alternative ? J'ai la solution et je ne la comprends pas, je ne la vois pas, je ne m'en sers pas, je suis vraiment si nul que ça ?

L'idée de cette solution intérieure s'est un peu dévoyée. Certains patients l'ont tellement intégrée qu'ils le disent eux-mêmes en début de phrase : « Oui, je sais, vous n'allez pas me donner la solution, c'est à moi de la trouver. » Ou pas ! Ou peut-être pas ! C'est aussi mon rôle de la trouver. C'est pour cela que vous êtes ici. C'est mon métier de psy de contribuer à la chercher, cette solution qui va vous soulager. Contribuer signifie que je dois m'engager, avec vous, qu'il n'est pas question de vous laisser dans les errances, les tâtonnements, les approximations et le temps qui passe… Je vais me creuser la tête et l'imagination, je vais chercher, je vais mettre toutes mes compétences à contribution, je vais m'impliquer avec mes émotions. Je vais transpirer, avoir peur, hésiter, mais je ne vais pas vous laisser chercher seul cette solution que soi-disant vous auriez en vous et que vous devriez trouver ! C'est une forme de violence de renvoyer le patient à ses souffrances tout entortillées. Comme les ronces qui se sont déployées : tout pique, tout est emberlificoté, tout est étouffé. Où chercher ? C'est au psy d'aller tailler dans ce fouillis pour frayer un premier passage. C'est lui qui doit se piquer. À ses risques et périls. C'est son métier. Comment ne pas l'assumer ?

➤ *Si votre ado a une péritonite, allez-vous lui demander s'il est d'accord pour se faire opérer ?*

« Mon fils, ma fille, ne veut pas venir, je ne peux pas le forcer. » « Si l'ado n'est pas d'accord pour faire cette démarche, cela ne servira à rien. » La première phrase est celle des parents, la seconde celle du psy. Ces phrases sont-elles audibles ? Heureusement qu'un ado ne se précipite pas chez le psy, heureusement qu'il se cabre, heureusement qu'il a l'illusion de sa toute-puissance : c'est de son âge neurobiologique ! Heureusement qu'il pense qu'il n'a « besoin de personne en Harley-Davidson », heureusement, c'est un adolescent. Jusque-là, tout va bien.

Nous sommes des adultes. Dans ce cas, des adultes-ressources. Non pas ceux qui savent, mais ceux qui cherchent. Qui s'inquiètent, se préoccupent.

Une péritonite s'annoncerait et vous n'iriez pas aux urgences parce que votre ado hurlerait qu'il ne veut pas se faire opérer ? Sérieusement, vous renonceriez ? Aucun parent ne reculerait face à cette impérieuse nécessité et il ne tenterait pas de s'assurer de l'adhésion de son enfant. Pourquoi agir différemment quand il s'agit d'aller voir un psy ? C'est aussi parfois un enjeu vital. Vital signifiant qu'il s'agit de sa vie présente et à venir. Les troubles psys ne sont pas à minorer sous prétexte que nous n'en avons pas la même représentation de gravité. La santé psychologique ne doit jamais être négligée.

– Mais alors je fais comment ? demandent les parents déconcertés.
– Vous l'emmenez. La seule chose que je ne peux vraiment pas faire, c'est aller le chercher.
– Je ne peux pas le forcer !
– Si. Vous devez l'obliger. Ce n'est pas une option. C'est une décision. Ce n'est pas contournable.
– Je n'y arriverai jamais : il me dépasse de vingt centimètres ; elle est beaucoup plus forte que moi...
– Oui, je comprends que ce soit particulièrement difficile. Mais entre votre peur et votre hésitation, il sent qu'il y a un interstice dans lequel il peut se glisser et résister. Est-ce que vous ne l'obligez pas à aller à l'école ?
– Si, bien sûr...
– Pour vous, au fond de vous, la question ne se pose pas pour l'école. Peut-être pouvez-vous tenter d'avoir la même conviction pour le psy ? Et si vous n'y arrivez pas toute seule (les conversations de ce type sont en général avec les mamans), qui pourrait vous aider ? Son père, un ami, son cousin, son parrain, son médecin ?

Ensuite, c'est au psy de se mettre en action. Il devient responsable du lien qu'il va tisser avec l'adolescent. « Je suis responsable de ma Rose », dit le Petit Prince. « Je suis responsable de mon patient », doit répondre le psy. Je peux t'apprivoiser, je peux m'approcher. Je vais faire en sorte de ne pas t'effrayer. De te rassurer. De t'assurer de ma réelle volonté de t'aider. Le psy est celui par qui doit s'enclencher la motivation de l'adolescent pour qu'il s'engage dans cet accompagnement psychologique. C'est au psy de lui faire ressentir que ça peut lui faire du bien. Concrètement du bien. C'est à lui de donner à l'ado « envie d'avoir envie » et de revenir la séance suivante. C'est à lui de le convaincre qu'il va lui tenir solidement la main pour que, ensemble, ils partent à la découverte de terres étrangères. Avec curiosité. Il a tant à y gagner.

➤ *Est-ce que ça va marcher ?*

Tout marche quand tout le monde est en marche. Tout avance quand la tension, l'intention sont dans la même direction. Un psy n'a pas un chaudron dans lequel il prépare une potion qui guérira tous les maux, toutes les douleurs, tous les malheurs du monde. C'est quand le psy pense avoir la formule magique que tout se fige. Le psy ne peut être que celui qui, avec tous ses outils, avec tous ses ingrédients, avec toute son énergie, s'engage pour aller vers ce qui sera le meilleur. Le patient a envie, le psy est investi, alors ça marchera. Ça ne peut que marcher. Marcher est un mouvement, ce n'est pas une destination. Ça marchera parce que les deux vont marcher et ainsi avancer. Même si ce n'est qu'un petit bout de chemin. Ça marchera parce que le psy ne fera pas semblant de savoir faire, mais s'impliquera vraiment, et si les résultats espérés ne sont pas là, il saura, il pourra, avec humilité, avec tranquillité, dire à son patient qu'ils vont trouver d'autres solutions. Autrement, avec d'autres. Et qu'il peut rester une ressource, qu'il est là, que le patient peut revenir, lui parler, lui écrire. Que la suite de sa vie l'intéresse. Qu'il se sent concerné. Qu'il aimerait avoir des nouvelles. Qu'il continuera à se soucier. Que les choses ne s'arrêtent pas à la porte de son cabinet. Que même s'il n'est plus en première ligne, la vie du patient compte pour lui. Rien qu'avec ça, ça marchera.

➤ *Le lien, sinon rien*

Nous le savons depuis longtemps. De nombreuses méta-analyses l'on dit et affirmé, encore récemment. Quelle que soit l'orientation théorique du psy, quelle que soit son approche, quelles que soient la méthode ou la thérapie qu'il met en place, le seul et unique facteur qui fait la différence est la qualité du lien qu'il entretient avec son patient. En psychologie, on parle d'alliance thérapeutique. Une notion née de la psychanalyse, puis intégrée à toutes les approches thérapeutiques et mise au centre des travaux sur les « ingrédients actifs » d'une thérapie réussie.

L'alliance thérapeutique exprime que « ça passe bien » avec le patient, que la confiance du patient est là, qu'il fait confiance à son psy, qu'une collaboration peut s'établir, que psy et patient sont des partenaires du processus qui va s'engager. Parfois, on entend encore parler de transfert et de contre-transfert, une sorte d'abus de langage dérivé lui aussi de la psychanalyse pour évoquer ce que le patient projette sur le psy, lié à son passé, et, à l'inverse, ce que le patient fait ressentir au psy.

Donc, oui, tout est dans le lien, dans la confiance réciproque. Une évidence validée.

Le lien n'est-il que cela ? Ce processus nécessaire, presque opérationnel, que tout bon psy doit savoir activer ? Le lien n'est-il pas aussi cette alchimie plus intime, plus subtile, moins rationnelle, qui met de l'affectif, des émotions, des sentiments dans cette rencontre si particulière d'un psy et d'un patient ? De l'amour. Inconditionnel. Celui qui nous conduira, ensemble, jusqu'au bout, en n'ignorant rien, en intégrant tout, en faisant avec tout, en se faisant mutuellement confiance à chaque pas, à chaque faux pas, à chaque sortie de route, à chaque percée lumineuse. C'est le lien qui soigne. C'est le lien qui m'a permis de vivre dans mes premiers jours de vie, c'est le lien authentique et aimant qui me redonnera vie. Ce lien-là.

Oui, parce que le lien a aussi sa part de risque. Le lien, c'est rejouer cet attachement originel, cette dépendance affective à l'autre, et cela peut faire peur. Au patient comme au psy.

➤ *Le lien n'est pas un long fleuve tranquille*

L'alliance thérapeutique peut subir quelques accrocs, quelques péripéties. Parfois, le patient est en colère. Il en veut terriblement à son psy. Il est triste et ne se sent pas compris. Le psy peut lui aussi être agacé par un patient ou percevoir de la frustration dans une situation qui stagne. Il peut ressentir de l'impuissance, de l'incompétence, et considérer que c'est à cause de ce patient qui n'arrive pas à adhérer à ce qui lui est proposé. Ce sont les aléas de toute relation. Même thérapeutique. Même celle qui ne devrait pas, en théorie, être vécue comme cela du côté du psy, formé, *a priori*, à cette relation si particulière.

Dans la vraie vie d'un psy, cela arrive pourtant. Et c'est ici aussi que l'engagement du psy lui permettra ou non de se dégager de cette passe périlleuse. L'humilité du psy. Accepter son impuissance. Tranquillement. Ne pas vouloir passer en force mais sentir les émotions qui s'agitent en soi. En sachant que ce sont des émotions normales. Des émotions du lien. Des émotions qui sont les nôtres et que nous ne pouvons pas les mettre sur le compte du patient. C'est tellement plus facile de se défausser, de ne jamais prendre ses responsabilités !

Nous sommes partie prenante de ce qui se joue, nous ne sommes pas spectateurs, nous avons à nous entraîner à ressentir nos émotions, à en décoder les messages cryptés et à revenir, encore plus déterminés, dans cette action thérapeutique où nous avons un rôle important à jouer.

Je suis en colère. Camille me met en colère. Elle accuse les autres de tous ses malheurs, n'accepte pas de se remettre en question, de changer de perspective. J'ai essayé de multiples façons de lui proposer d'autres alternatives pour l'aider à modifier son rapport au monde, aux autres, à ses émotions. Je me recentre. Je me relie.

La colère me fait vibrer de l'intérieur. Je vais utiliser son énergie. Cette colère, c'est la mienne – je n'arrive pas à aider Camille –, mais c'est aussi la sienne, qui se sent seule, abandonnée, qui trouve que c'est trop injuste. J'en ai les larmes aux yeux. Ressentir la colère m'a ouvert l'accès à sa peur. J'ai modifié ma relation à elle, je l'ai consolée sincèrement, comme la petite fille qu'elle était encore. Je n'y étais pas arrivée jusque-là. Ma colère, que je n'avais pas ressentie, m'avait mentalement bloquée. Ma compassion ne pouvait s'activer. C'est pourtant ce dont Camille avait besoin. Vraiment besoin. Et qui lui a fait du bien.

➤ *L'empathie ne suffit pas, la compassion et la sympathie sont là aussi*

L'empathie est cette capacité de percevoir et de ressentir les émotions. L'empathie peut être affective : je ressens tes émotions et je ne fais pas de confusion avec les miennes. Elle peut être cognitive : je comprends tes émotions et tes pensées. On parle aussi de sollicitude empathique, de *care* en anglais : j'ai envie de t'aider, de t'apaiser, de prendre soin de toi.

L'empathie est au centre de la rencontre thérapeutique. Elle guide à chaque instant le psy dans son accordage affectif, émotionnel, cognitif avec son patient. L'empathie se joue en deçà des mots et permet cette proximité humaine, ce mouvement émotionnel intime qui nous lie, nous unit, ici, maintenant, dans cet instant. Une rencontre humaine de cœur à cœur. Un espace de sécurité qui se crée, se tisse et se renforce.

L'empathie a une forme, une texture, une odeur. Elle se ressent. Le patient perçoit avec acuité la qualité empathique du psy. Il en a tant besoin !

Un pas de plus et nous pouvons distinguer la compassion. *Cum patire*, « souffrir avec ». Accepter de souffrir avec son patient. Non pas pour se morfondre mais pour qu'il puisse déposer sa souffrance : je perçois ta douleur, j'ouvre grand mon cœur pour que tu puisses la poser, la déposer ; je vais la regarder avec toi, je vais la bercer, je vais m'en occuper. Je ne te la prends pas, c'est la tienne, mais je peux la porter avec toi, te soulager. C'est toujours lourd, la douleur, lourd à porter.

Et la petite dernière, la sympathie, a-t-elle quelque chose à faire en thérapie ? La sympathie, c'est *sun*, « avec », et *pathein*, « ressentir », en grec ancien. Ressentir avec l'autre. Avoir un penchant pour l'autre, une forme d'attirance affectueuse, de tendresse, le trouver aimable, parce qu'il nous donne envie de l'aimer. La sympathie a largement sa place en psychologie. La sympathie porte deux personnes l'une vers l'autre, crée un accord. C'est bien de trouver son patient sympathique, de considérer son psy sympathique. C'est important la sympathie : tout devient plus doux, plus léger, plus joyeux. La sympathie, c'est bon pour la psychologie. Le lien est renforcé, le sentiment de sécurité est consolidé, la rencontre est engagée.

➤ *La passion n'est pas une option*

Nous comprenons tous intuitivement le sens de passion. Nous savons tous que la passion donne des couleurs, du relief et du sens à nos vies. Parfois, nous pouvons aussi avoir peur de la passion, de cette forme de violence qu'elle semble contenir. Une urgence. Et c'est de cela dont il s'agit. Quand un enfant, un ado, un adulte, va mal, quand il souffre, quand le trouble entrave son parcours, quand il trébuche, l'urgence est là. L'urgence d'aller bien. L'urgence de vivre.

Le métier de psy ne peut être que passion. Passion pour l'humain.

L'enjeu de soigner est un enthousiasme nécessaire.

Paradoxalement, la passion est moins fatigante que l'exécution modérée ou le travail routinier. Lorsque l'on est pleinement dans ce que l'on fait, que l'on est totalement impliqué, on en ressent une forme de jubilation émotionnelle, même quand c'est difficile. Peut-être surtout quand c'est difficile, comme un défi que l'on doit relever. De très nombreux travaux[1] ont validé que plus on est centré sur son activité, plus importante est la satisfaction ressentie. Notre corps sécrète de la dopamine qui nous booste, de l'ocytocine qui nous réconforte, de la sérotonine qui nous apaise, des endorphines qui nous euphorisent. J'avoue qu'après une journée entière de consultations, je ne suis jamais fatiguée. Je suis rechargée. Presque galvanisée. La fatigue me guette dans les tâches moins engageantes, plus faciles, plus routinières, moins risquées. Comme pour tout le monde.

➤ *Est-ce qu'on va se revoir ?*

Emma rougit. Nous nous voyons pour la troisième fois. Elle baisse les yeux, elle sait que nous approchons de la fin de notre séance du jour. Emma me demande si elle peut me poser une question. Elle avoue qu'elle est gênée, que sa question va me paraître stupide, mais que, si elle ne me la pose pas, elle va ruminer. Elle se lance : « Est-ce que vous me voyez parce que j'ai été recommandée par quelqu'un que vous connaissez bien ? »

À la fin de la première séance, en effet, je lui avais dit, comme à tous mes patients adultes, que je lui demandai de réfléchir avant de me dire si elle souhaitait revenir. Maintenant qu'elle m'avait vue, elle comprenait comment je travaillais, avait un aperçu de ma personnalité, avait cerné que je ne laissais rien passer et que

1. Mihaly Csikszentmihalyi, *Vivre*, *op. cit.*

j'interagissais souvent pour reprendre régulièrement des balles au bond et que le rythme était soutenu. Je lui avais donc dit que je ne souhaitais pas qu'elle me réponde tout de suite. Qu'il fallait qu'elle sente, au fond d'elle, si elle pensait que je pourrais l'aider. Si j'étais la bonne personne pour elle. Et qu'elle me rappelle pour me le dire. Et je lui avais précisé : « Moi, je suis d'accord ; je pense que l'on peut faire du bon travail ensemble. Je veux bien vous revoir. Ça me convient de travailler avec vous. »
C'est la troisième fois que nous nous rencontrons avec Emma. J'ai donc choisi, et elle aussi. Je lui ai rappelé notre discussion à la fin de cette première consultation. « Oui, je sais, me répond Emma, mais j'avais besoin d'en être sûre. »
Sûre d'être aimée ? Sûre d'être légitime dans sa demande, dans sa quête ? Sûre que ce n'était pas un choix par défaut ? Sûre qu'elle avait été « élue » ?

Rien n'est insignifiant dans cette séquence. Le psy a sa part, immense, de responsabilité. Décider de s'aventurer dans une psychothérapie est un risque réel. Pour le patient et pour le psy. Le risque d'entraîner l'autre. De le faire dévier de sa trajectoire. De lui faire explorer une autre façon d'être, de penser, de vivre. Il faut le décider en conscience. Le risque de la vie d'un autre. Nous n'allons pas décider pour lui, mais nous allons construire avec lui une nouvelle trajectoire. C'est loin d'être anodin, très loin.

➤ *Je suis suivi par un psy*

Et toi, tu es suivi ? Qui est le psy qui te suit ? Il faudrait que tu te fasses suivre ! Oui, ce patient je le suis ! J'ai beaucoup de suivis en ce moment…

Cette expression traduit à son insu une posture qu'il nous faut changer : le psy ne *suit* pas son patient. Imaginons la scène un instant, le patient avance et le psy est derrière lui, il arrive ou pas à suivre, il traîne, il perd son patient de vue, le patient prend de l'avance… Nous pourrions tirer longtemps sur ce fil d'une représentation de la place du psy, qui, vous l'aurez compris, n'est évidemment pas la bonne !

Un patient, on ne le suit pas, on le précède. Le psy éclaire le chemin, le dégage, le balise. Il est en tête de cordée et vérifie à chaque pas que chacun est en sécurité, que chacun avance, que chacun donne le meilleur de lui-même. Il donne l'impulsion de l'avancée qui ne peut se faire que dans une confiance mutuelle à toute épreuve. Quelles que soient les difficultés, les aspérités, les anfractuosités, le psy assure et s'assure que la voie est sécurisée et que la progression est effective.

➤ *Un psy est son propre outil*

La personnalité du psy ne peut être étrangère à la prise en charge. Le psy est aussi cet être humain sensible qui s'élance dans la vie d'un autre. Le psy a appris comment s'y confronter, comment relever cet incroyable défi. Mais il le fait avec ce qu'il est, avec sa personnalité. Un psy n'est pas un robot, en tout cas pas encore, qui ne doit rien laisser transparaître de ce qu'il vit, de ce qu'il ressent, de ce que ce patient, son histoire, produit sur lui. Pas pour le partager, mais pour avoir cette capacité d'être en accord avec lui-même, d'être aligné. Être en conscience de ce qui se joue à l'intérieur de lui, de ce que le patient, à ce moment-là, lui renvoie en écho, lui fait ressentir.

On ne peut jamais faire l'économie de ce qu'est authentiquement le psy. Souvent le psy, surtout les jeunes psys, peut avoir tendance à lisser son comportement. Comme s'il y avait un « uniforme » de psy qu'il fallait endosser pour marquer sa place. Les uniformes ont souvent cette fonction de reconnaissance, d'appartenance à un corps. Mais ici, c'est le vrai corps qui est attendu, le corps du psy qui enferme tout ce qu'il est. La personnalité du psy fait partie de son équipement thérapeutique. Un psy humainement, totalement engagé, comme il est, avec ce qu'il est, pas un psy qui joue au psy, qui applique les procédures enseignées, qui reproduit indéfiniment la même méthodologie. Un vrai humain dans une rencontre vraie.

C'est à ce prix que le patient pourra s'embarquer pour toutes les péripéties qui l'emmènent vers sa vie.

➤ *J'ai rêvé d'un mentor*

Le mentor est un sage, un guide, celui qui nous éclaire le chemin. Le mentor est un modèle mais aussi celui qui a une confiance absolue dans ce que nous sommes. Qui que nous soyons.

J'ai souvent entendu en consultation des adultes ou des grands ados avouant que ce qui leur avait le plus manqué dans la vie, c'était un mentor.

S'appuyer sur quelqu'un, avoir une référence, sentir que nous pouvons avancer en sécurité parce que quelqu'un veille sur nous et saura nous indiquer, avec bienveillance, sans jugement, que nous nous écartons de la route. Notre route. La présence du mentor nous rassure. Il est un indéfectible soutien. Il ne *fait* rien de spécial, il *est* cette personne qui, pour nous, est spéciale. Unique. Il conseille, propose, initie, accompagne. Nous nous référons à lui car nous savons qu'il ne souhaite que le meilleur pour nous et qu'il pourra, qu'il saura, nous indiquer la direction à prendre dans notre intérêt, jamais dans le sien.

Le psy n'est pas si loin du mentor. Dans sa posture, dans sa bienveillance, dans sa conviction que le patient a en lui les moyens de devenir ce qu'il est. Comme le mentor, le psy devient support identificatoire. Il se substitue, pour un temps, aux figures parentales de l'enfance. Sa personnalité, ses attitudes, les valeurs qu'il incarne et défend, sa façon d'être et de faire, ne sont jamais neutres. Tout dans ce qu'il est permet de se reconnaître. De se refléter. Le psy comme un miroir de l'âme. Le psy qui dit muettement au patient, si je m'engage avec toi, tu peux t'engager dans ta vie. Le psy, simplement en étant authentiquement là, crée cette figure d'attachement, cette figure d'identification qui permet au patient d'aller toucher ses propres potentialités.

Le psy joue aussi un rôle majeur de traducteur. Comme quand nous étions si petits et que le monde entier était étrange. Pour le comprendre, pour mettre du sens, ceux qui nous entouraient nous aidaient à le décoder. À l'apprivoiser. Une théorie ancienne mais très riche, celle de Wilfred Bion[1], montre cette fonction de l'adulte de transformer ce qui n'a initialement aucun sens, les éléments *bêta*, en pensée organisée, cohérente, en éléments *alpha*. Le bébé babille, l'adulte interprète. Le patient parle, évoque, tâtonne, le psy met en lien, en sens, en cohérence.

Un psy décodeur, aiguilleur, qui donne du sens par ce qu'il est, par les expériences émotionnelles qu'il active dans l'espace-temps de la rencontre, par son implication qui sert de tuteur.

1. Wilfred Bion, *Aux sources de l'expérience*, PUF, 1972.

FONDEMENT 5

La nouvelle psychologie a la culture du résultat

Mais de quoi nous parle la culture du résultat ?

➤ *Comme une image d'Épinal*

La culture, quelle belle image ! La campagne française, ses champs, ses cultures, son labeur. Nous voilà propulsés dans la nature, dans le monde rude et difficile de la terre. La culture n'a qu'un seul projet, faire pousser le mieux possible, le plus possible, le plus vigoureux possible pour que la récolte soit bonne. Le mot « culture » véhicule un message clair, indiscutable : elle doit être productive et nourricière.

En psychologie, la culture du résultat s'enracine dans le même terreau, c'est le cas de le dire. Nous ne pouvons pas ignorer ce que nous allons faire pousser, ce que nous allons récolter. La psychologie ne peut se contenter de laisser des champs en friche sous prétexte que *ça finira bien par pousser un jour*, ou, pire encore, laisser pourrir des cultures parce que le temps n'est pas clément ou que nous avons tout notre temps.

Le temps est un élément central de la culture : trop de pluie, c'est fini, trop de soleil, c'est grillé, trop de froid, c'est gelé… En psychologie, le temps est tout aussi décisif : nous sommes, chacun, dans des interstices, des étapes de vie, des moments de temps. En particulier, les enfants. Le temps, nous avons les moyens, en psychologie, de le maîtriser, de le décider. Ce n'est pas une condition extérieure. Le temps de la vie est compté, le temps de la psychologie aussi. Aller bien n'attend pas le nombre des années…

➤ *Une psychologie basée sur les preuves*

Ainsi est notre époque, et c'est tant mieux ! Ce qui s'égrène au fil des articles scientifiques et des congrès professionnels sous le nom savant d'*evidence-based medicine* a infiltré la psychologie. Une psychologie qui ne peut plus être seulement intuitive, subjective, une psychologie qui s'appuie désormais sur les avancées de la recherche.

Ce que nous savons aujourd'hui du cerveau, du lien entre intelligence et émotion, de l'intrication entre les zones cérébrales les plus archaïques et l'orfèvrerie de notre intelligence dite supérieure, ce que nous avons appris des effets de la présence à l'autre ou de la présence à soi-même pour accélérer les processus de guérison et de mieux-être, ce que les études indiquent comme les marqueurs les plus efficaces de telle ou telle forme de psychologie, tout cela est un enrichissement considérable. Et, cerise sur le gâteau, nous pouvons voir en direct, ou presque, les effets dans nos cellules, sur nos neurones, sur nos circuits cérébraux, de ce que nous faisons, de ce que nous pensons, des décisions que nous prenons. L'imagerie fonctionnelle nous ouvre notre télévision intérieure. La psychologie est devenue une science-réalité, nous avons tant à y gagner !

Bien sûr, le bémol ne doit pas être trop vite balayé. La psychologie doit aussi garder toute son intuition, toute son inspiration. Une psychologie de chair et d'âme. Une psychologie qui se vit, avec tous les sens, dans le moment intime de la rencontre. La psychologie est, d'abord, la science du vivant. De l'ici et maintenant, de ce qui ne peut pas se programmer, se codifier, s'enfermer dans un processus à voie unique. La psychologie doit rester ébouriffée. Elle perdrait beaucoup à se désincarner, à devenir un simple outil technique. Une psychologie scientiste.

Je crois indispensable de garder ce double mouvement : rester aligné avec ce qui se ressent dans l'instant, ce que nous sommes profondément, quelle que soit notre place dans ce ballet de la vie, et, en même temps, s'assurer que nous ne sommes pas en train de dérailler et surtout, surtout, que ce que nous engageons a un effet validé, que chacun pourra en ressentir, vraiment, concrètement, l'effet. Prouvé par la science, c'est parfait !

➤ *Le résultat, quel résultat ?*

Les médecins ont une obligation de moyens. Pas de résultat. Si on décrypte, cela signifie que l'on attend d'eux qu'ils mettent toutes leurs compétences au service de la guérison. Mais que si la guérison ne vient pas, ils ne peuvent en être tenus pour responsables. Même si nous voyons se multiplier les procès à la mode de l'Oncle Sam pour attaquer les médecins qui auraient failli. Ce qui, au lieu d'améliorer les choses, ne fait que les empirer : les médecins maintenant se méfient d'abord, soignent ensuite, restreignant ainsi leurs moyens et une certaine forme d'audace qu'ils ne s'autorisent plus, réduisant leur champ de possibilités.

En psychologie, le désert est incroyable : le Code de déontologie n'exige, bien sûr, aucune obligation de résultat, pas même une obligation de moyens. C'est insensé, au vrai sens de ce terme : cela n'a pas de sens, c'est anormal, incroyable. Inadmissible.

La psychologie, c'est l'auberge espagnole : on entre, on sort, on va, on vient, mais de patient et d'engagement, point.

Cela ne doit pas, cela ne peut plus, durer. Si les instances institutionnelles ne donnent pas ce cadre minimum à l'exercice de notre métier et qu'il faut attendre dix ans de commissions pour que soit apportée la plus petite modification, en route la psychologie ! En avant, toute ! N'attendons pas des textes limitants, car il faudra qu'ils soient politiquement corrects et consensuels, nous le savons. C'est à nous, les psys, de nous emparer de cette magnifique psychologie qui peut, qui doit, être incarnée, engagée, avec tous les moyens qui sont les nôtres, les moyens de comprendre et les moyens d'aider, de transformer, d'apporter des solutions. Des solutions qui seront autant de possibilités dont le patient pourra s'emparer.

➤ *La culture du résultat peut-elle s'inscrire dans le monde de la psychologie ?*

Cette notion semble loin. Très loin de ce monde. Très éloignée de l'essence, de la nature, de l'univers de la psychologie. Et pourtant, pourquoi, comment, la psychologie, cette psychologie au centre de nos vies, pourrait-elle s'exclure de cet engagement de tout faire, tout, absolument tout, pour obtenir un résultat visible ? Tangible. Bien sûr, la psychologie a cette intention. Mais en filigrane. Et le filigrane, je crois, ça ne suffit pas. La culture du résultat est un état d'esprit. Une façon de faire de la psychologie. Cela ne signifie pas que l'on doit, à tout prix, s'acharner pour obtenir, coûte que coûte, un effet. L'effet pour l'effet. Mais cela suppose que l'on est, à chaque instant, concerné par ce que l'on engage, et que tout ce que la psychologie nous a appris est mis au service de celui qui est là, de celui qui a besoin que la psychologie… lui change la vie.

Cela paraît évident à lire, à écrire. Mon expérience m'a cependant souvent montré qu'évoquer, en psychologie, un « retour sur investissement » était inaudible. Et pourtant. Quel investissement émotionnel de consulter un psy ! De venir, de se poser, d'accepter sa vulnérabilité. De demander de l'aide. Pour les parents aussi, cette démarche est comme un aveu d'impuissance : « Nous n'y arrivons pas tout seuls, nous n'arrivons pas à honorer notre mission de parents. »

Vous voyez, je ne parle pas d'argent. Je parle de cet investissement inimaginable d'un humain qui vient se mettre à nu, face à un autre humain. Et avouer, avouer qu'il a peur. Avouer sa fragilité, ses doutes, ses impossibilités à avancer seul dans ce monde tumultueux, piquant, âpre. C'est tellement courageux. Vous vous souvenez que ce mot, « courage », s'enracine dans son étymologie, celle qui parle de « cœur ». Le courage, c'est le cœur mis à nu. Le cœur sans fioriture. Le cœur qui devient le moteur. Le courage qui nous entraîne, parfois à bout de forces, à bout de vie, à se poser, pour dire à un autre : s'il te plaît, aide-moi, aide-moi à surmonter ce que je ne comprends pas, aide-moi à traverser ces épreuves qui me dépassent, aide-moi à continuer, à ne pas lâcher… S'il te plaît, ne me laisse pas, aide-moi, aide-moi à vivre. Cela me touche tant ! Cette supplique n'est pas larmoyante, elle est flamboyante. Elle se formule rarement en ces termes mais elle est la trame, toujours, tout le temps, de la demande en psychologie. Je suis chaque fois émue par cette démarche, une démarche si lourde, si coûteuse. Et je suis étonnée qu'on l'oublie. Je le dis souvent à mes patients, « vous avez poussé la porte, vous êtes venu, vous pouvez être fier de vous, je vous remercie profondément pour votre confiance ». C'est de cela aussi qu'il s'agit. Ouvrir sa vie, son cœur, son intimité, ses difficultés, ses hontes, ses désarrois à un inconnu qui n'a qu'un titre comme sésame. Comment ne pas se sentir missionné, comment oublier l'attente immense, et comment ne pas se sentir investi de cette obligation, de retour sur investissement ?

La psychologie ne peut être que respectueuse, humble face à ce cri qui vient de l'intérieur. Et active, proactive, pour remettre de la vie dans la vie. C'est cela le résultat de la psychologie. Celui avec lequel la psychologie a signé un contrat muet, celui que tout patient est en droit d'exiger de la psychologie. Dans un contrat il y a toujours deux parties. Le retour sur investissement fait partie de la psychologie.

Aventurons-nous aussi un instant du côté de l'argent, qui en est un élément, une réalité à ne pas négliger. L'argent n'est pas que symbolique. Il n'est pas sale. Il est économique.

Quand les patients payent directement la consultation, le devoir d'efficacité en est décuplé. J'aimerais là aussi insister. En psychologie, dans le monde de la santé, rien n'est gratuit. Les apparences sont trompeuses, comme souvent. Une consultation dans un centre médico-psycho-pédagogique (CMPP) coûte 392 euros à la communauté. C'est beaucoup, peut-être trop. Mais la préoccupation du retour sur investissement devrait être la même partout. Partout. Pour tous les professionnels de santé. Les années de prise en charge, les suivis qui traînent en longueur, les rendez-vous qui se démultiplient, coûtent cher, très cher à la société.

Un résultat peut en cacher un autre

➤ *« Et tu seras unique au monde... »,*
dit le Petit Prince

Chacun de nous se perçoit comme unique. Il l'est. Chacun de nous se perçoit comme différent. C'est normal. Parfois même, on souffre de ce sentiment de différence. Paradoxe inextricable de la condition humaine. Chacun de nous a son histoire. La sienne. Et la psychologie nous le répète à foison. C'est vrai, bien sûr. Mais pas tout à fait, pas totalement, pas vraiment.

C'est aussi celle-là la posture de la psychologie engagée, ouverte, une posture d'équilibriste. Car il faut maintenir l'équilibre entre le besoin intrinsèque de chacun de se sentir singulier et la prise en compte des éléments du contexte qui relativisent la singularité. Selon l'âge, l'étape de vie, l'environnement professionnel, la situation affective... les préoccupations sont normales, habituelles dans ce contexte.

Un adolescent qui passe des heures devant ses jeux vidéo alors que « c'est l'année du bac et il ne s'en rend pas compte », c'est normal. Normal qu'il cherche des dérivatifs pour éviter de se confronter à ses peurs d'échouer, de l'avenir, des choix à faire. Normal que le parent s'inquiète de cette absence de motivation et de ce « je-m'en-foutisme ». Qui n'est qu'apparent. C'est précisément parce qu'il a peur et qu'il ne sait pas comment aménager les choses que l'ado fuit. Et c'est aussi parce que le parent a peur, par amour pour son enfant, qu'il s'agite autour de lui en brandissant mille menaces inutiles.

Un psy qui se saisit de cette situation doit remettre les pendules à l'heure. L'heure est à la peur. Pour tout le monde. Chacun fait comme il peut. Le psy doit aider l'ado à s'appuyer sur sa peur comme une ressource qui lui permettra de surmonter les obstacles. L'encourager, envisager des pistes, des solutions, des idées… L'accompagner concrètement dans leur mise en œuvre. Les parents doivent entendre que leur peur est légitime. Que c'est difficile pour eux de se sentir impuissants face à cet enfant devenu presque grand et qui « gâche son avenir », disent-ils. Ces parents doivent être félicités, ils se préoccupent de leur enfant à une période charnière. Objectivement charnière. Et le saut d'obstacle est douloureux pour tout le monde. Ils doivent être soutenus et rassurés quant à leur capacité à être de « bons parents ». À leurs propres yeux et aux yeux de leur ado dégingandé. C'est notre société aussi qui crée ces conflits. Inutile d'aller à la recherche d'une obscure raison pour donner du sens à une situation hautement banale, si douloureuse soit-elle.

Les effets de contexte ne sont pas du décor inerte mais de la matière vivante qui doit s'incorporer, au sens culinaire du terme, dans toute forme de prise en charge.

Remettre de la réalité dans la tête de son patient n'est pas ignorer sa souffrance ou même sa plainte mais, bien au contraire, la revitaliser. Lui donner du bon sens. Dans l'acception première de cette expression surannée qui a le mérite de bien dire ce qu'elle veut dire : ne pas chercher d'explications ailleurs que là où elles se trouvent, dans la vie telle qu'elle est.

Et, pour conclure, c'est le contraire qui serait inquiétant, que ni l'ado ni les parents ne s'inquiètent. L'ado n'a pas de trouble psychologique, ni léger ni sévère ; les parents ne sont pas des parents bornés et rigides, mais des parents qui font ce qu'ils peuvent pour passer ce moment tumultueux. Point. Tout n'est pas psychologique et ne doit pas l'être.

La tendance actuelle est de passer le moindre comportement au crible de cette lecture psy. C'est étonnant le nombre de fois où l'on entend : « Ah, mais ça, c'est totalement psy ! »

➤ *Tout n'est pas psy*

Astrid a 16 ans. Magnifique. Rayonnante. Intelligente. Aucun problème scolaire, au contraire, ni relationnel, elle a une foule d'amis. Elle ne semble ni anxieuse, ni triste, ni confuse, ni déconnectée de la réalité. Et pourtant, depuis quelques années, elle ne parvient pas à avaler. Elle ne peut ni avaler des morceaux de nourriture, ni boire de l'eau. Elle ne peut absorber que des aliments qui ont la consistance de la purée. En société elle trouve des tas de stratégies pour ne pas être remarquée. Pourtant, même prendre un café est pour elle compliqué, il ne faut pas que son trouble soit repéré…

L'histoire familiale d'Astrid n'est pas banale : ses parents étaient ensemble depuis de longues années quand son père a fini par révéler son homosexualité. Il a quitté le foyer et c'est avec un homme qu'il est maintenant marié. Astrid n'a pas avalé cette histoire ? Ça lui est resté en travers de la gorge ? Vous voyez, vous y avez pensé ! Astrid est la patiente idéale pour les psys. Il y a tant à élaborer… Elle y a passé des années… Je demande à sa mère si Astrid a consulté un gastro-entérologue spécialisé dans l'œsophage. La maman bafouille. On lui a tellement dit que c'était psy que l'hypothèse d'un trouble fonctionnel ne l'a pas effleurée. Ni elle ni aucun des psys qu'elle a consultés avec sa fille depuis cette mésaventure. Sans compter qu'elle avait un amant, ce qu'Astrid savait, mais pas sa sœur… L'idéal pour un psy, je vous le dis ! La mère d'Astrid m'a envoyé un e-mail après la consultation hospitalière avec le professeur spécialisé qui a confirmé le trouble fonctionnel et qui a opéré Astrid. Elle avale normalement, maintenant. C'est mieux, non ?

La tentation de recourir aux explications psys est courante. Nous baignons dans cette culture du tout psychologique. Parfois, c'est bien par là qu'il faut chercher ou plutôt trouver. Mais cela peut mener aussi à une impasse. Parfois, ce sont de toutes petites choses. Un jeune enfant qui écrit mal, jamais sur les lignes, toujours de façon très irrégulière, qui est lent quand il lit, qui fait un refus d'obstacle face à l'apprentissage de la lecture et de l'écriture. La maîtresse dit qu'il ne fait pas d'efforts et les parents confirment qu'il n'est pas motivé, que s'il voulait il pourrait… Mais qui a pensé au bilan orthoptiste ? À un trouble neurovisuel passager ? En quelques séances, la paresse supposée s'est envolée et avec elle toutes les difficultés. La liberté et la curiosité d'apprendre sont retrouvées.

Et puis, il y a tous ces maux qui ont un double visage, le mal au ventre en est un bel exemple. Un mal vite qualifié de psychosomatique, ce mot qui dit que tout est lié, ce qui est vrai, mais qui tend à faire penser que c'est du côté de la psychologie qu'il faut toujours chercher, ce qui est une piste mais pas forcément la seule. Ou plutôt la piste qui reste quand on a éliminé les hypothèses somatiques… Ce qui n'empêche pas que les douleurs chroniques soient renforcées par le psychologique.

Pour aider, pour accompagner, pour soulager, rien ne doit être mis de côté, rien ne doit être écarté. Tout doit être envisagé.

➤ *Être écouté, être entendu…*
et plus si affinités, beaucoup plus !

Un psy écoute. C'est la base. De l'écoute lointaine, neutre, à l'écoute attentive, bienveillante, ajustée. Il y a tant de façons d'écouter ! « Tu ne m'écoutes jamais », reproche Aurélie à son mari ; « Écoutez-moi attentivement », demande l'enseignant ; « Je vous remercie de m'avoir écouté », dit le conférencier ; « Tu t'écoutes trop », reproche l'ami...

Écouter est au fondement de toute relation. Mais que veut dire « écouter » ? Écouter, c'est ausculter. C'est sa racine latine, *auscultare*. Nous voilà bien au cœur du sujet. Écouter est un acte qui se doit d'être actif. Écouter, c'est se mettre dans une disposition d'esprit, de cœur, de corps pour entendre.

Je n'ai vu Louise qu'une fois. Une femme emportée dans le tourbillon médiatisé de son métier. Une femme qui a du mal à se poser, à souffler. Une femme qui ne se dévoile que lorsqu'elle divulgue l'écho déformé de ses pensées sur du papier glacé. Une femme qui n'est jamais entendue dans l'intimité et la fragilité de ce qu'elle est puisque tout le monde soi-disant la connaît et chacun pense savoir qui elle est... Juste écoutée, et tout est dissipé. Ce malaise flou. Elle peut se rassembler, se retrouver, se sentir exister. Se reconnecter.

Mais écouter ne suffit pas. Trop de psys s'arrêtent là. Et je ne parle que des psys qui écoutent authentiquement, les autres, pour moi, ne comptent pas.

Après avoir, enfin, cette sensation rassurante, réconfortante, apaisante d'avoir été entendu, qu'est-ce qu'on fait, qu'est-ce que je fais ?

Et maintenant que vais-je faire ? C'est la bonne question, celle qui doit guider la psychologie. Sans aucune exception.

Écouter n'est pas la finalité mais le socle sur lequel va s'édifier le projet. Écouter est le premier tempo de la psychologie. L'écoute qui s'étire pendant des mois, des années, est une torture qui coupe de la vie. La vraie.

S'engager et engager l'autre en est le deuxième, essentiel. Un engagement qui doit permettre de conduire le patient vers la sortie. Pas par une issue de secours. Par la grande porte. Celle de sa vie.

➤ *Le temps dure longtemps*

La psychologie doit conjuguer le temps. Permettre à son patient de ne pas s'enfermer dans un temps à rallonge qui oublierait qu'un résultat est la condition tout en accordant le temps nécessaire pour que tout le processus puisse se déployer.

Il ne s'agit pas d'accélérer le temps de la psychologie pour le plaisir d'aller vite, il ne s'agit pas de bâcler au prétexte de gagner du temps, il ne s'agit pas de priver le patient du temps dont il a besoin pour se réparer, pour se restaurer, pour retrouver toutes ses facultés. L'intention est ailleurs, l'intention est de choisir l'efficacité, l'intention est de décider où on va et pourquoi et comment y aller, l'intention est de ne pas s'embourber dans des approximations qui ne peuvent permettre d'atteindre l'objectif fixé. Parce que l'objectif doit absolument être fixé. Sinon nous tournerons en rond et le temps passera, on est là, mais on allait où déjà... Brouillard et psychologie sont dans un bateau, c'est le brouillard qui doit tomber à l'eau. Le cap fixé, le regard sur l'horizon, la barre solidement tenue pour ne pas dévier de route. On sait où on va accoster, quand les rivages apparaîtront, on se réjouira, et quand on amarrera, on se séparera, et voilà.

Six mois d'attente pour obtenir une consultation dans un centre référent des troubles d'apprentissage alors que l'enfant a 8 ans et que l'année se joue, mais aussi l'année suivante et toutes les autres derrière. Comment est-ce possible ?

Rester des années avec un psy sans savoir ni ce que l'on a vraiment, ni quand nous serons assurés d'aller mieux. Est-ce admissible ? Passer de psy en psy, de CMP, CMPP[1] *en consultation hospitalière, de séjours en psychiatrie en prises en charge diverses, pendant des mois, des années, souffrir, ne pas savoir pourquoi, et recommencer, avec la vie qui s'échappe et que parfois on ne rattrapera jamais. Est-ce acceptable ?*

J'aimerais exagérer. C'est une grande partie, la plus grande, de la psychologie d'aujourd'hui. Pourquoi ? Car précisément la notion de résultat, la culture du résultat ne sont pas inscrites dans l'obligation de cette profession. Il est très étonnant de considérer que, d'une part, la psychologie est ce qui nous construit, nous fait fonctionner, organise notre vie, et dans le même temps, accepter que la psychologie ne s'empare pas à bras-le-corps d'un problème quand il vient mettre en péril cet équilibre psychologique qui est notre garantie de vie.

➤ *L'urgence de vivre*

L'urgence de vivre est le fil qui sous-tend chaque demande d'accompagnement. Notre vie est notre urgence, notre nécessité. La psychologie doit rester proche de cette urgence, de cette impérieuse nécessité. Le patient doit retrouver son courage de vivre, son envie de vivre, sa joie de vivre. Et même, ô résultat suprême, le sens de sa vie. Jamais la psychologie ne devrait perdre cela de vue. La psychologie doit toujours être en tension. Une tension soutenue vers cet objectif de vie. LA vie.

Ce qui signifie que la psychologie doit accepter de sortir de son antre. Sortir du confort ouaté de la connaissance

1. CMP : centre médico-psychologique. CMPP : centre médico-psycho-pédagogique.

théorique, déconnectée artificiellement des contingences de la vie réelle. La psychologie ne peut pas faire abstraction de la vie et de sa charge de « concrétude ». Le néologisme est adapté. La psychologie doit intégrer la vie réelle. Elle doit permettre au patient de répondre à des questions aussi simples que cruciales : « Est-ce que je la rappelle ? Comment dois-je faire pour réussir mon rendez-vous ? J'accepte ou non cette proposition professionnelle ? Comment puis-je me préparer à mon examen qui approche ? »…

La réalité a son agenda qui ne peut pas être ignoré. Être dans la vie pour un psy, c'est presque vulgaire. Comme s'il n'était pas de son ressort de toucher du doigt le réel. Comme s'il y avait la vraie vie *versus* la vie psychique. « On ne se mêle pas de tout ça » ne peut pas être la réponse de la psychologie.

➤ *Une réponse peut en cacher une autre*

La réponse du psy met en mouvement. Il ne s'agit pas de répondre aux questions comme le ferait un ami, un parent ou un coach ! La réponse du psy ne dicte pas une conduite, n'est pas un conseil subjectif. Elle est l'exploration, l'élaboration, avec le patient, de toutes les réponses possibles et de leurs conséquences. De leurs ramifications. La réponse du psy est une réponse en arborescence, « et si », « et alors », « et donc »… C'est une réponse d'explorateur en terrain accidenté : on en explore toutes les anfractuosités pour décider par où passer. La réponse du psy n'est pas une question renvoyée à l'autre, comme au ping-pong, avec une balle qui sort de la table. La technique du « retour à l'envoyeur » de la question – « et vous, qu'en pensez-vous ? » – est un évitement de responsabilité, c'est laisser le patient seul. Seul. Très seul. S'il est là, c'est précisément qu'il ne s'en sort pas tout seul. Qu'il a besoin qu'on l'aide vraiment, qu'on lui tienne la main énergiquement, qu'on réfléchisse, avec lui, à ce qui sera le mieux, pour lui. Dans le contexte de la psychologie, il nous faut répondre aux questions, comme un psy. Répondre avec discernement, répondre en éclaircissant ensemble les différentes possibilités, répondre pour aider l'autre à élaborer, à se positionner, à avancer. Une réponse déterminée, engagée, assumée. C'est cela aussi notre métier, comprendre que la réponse n'est pas une option. Son élaboration est une coconstruction. La langue de bois est une maltraitance. Le silence, celui-là en tout cas, une souffrance. Reformuler les questions de l'autre à l'infini aussi. Qui peut l'accepter ?

➤ *Les points de suspension ne sont pas des propositions*

Eulalie a 10 ans. Ses parents se sont séparés quand elle en avait 5. Elle vit depuis quelque temps avec sa mère, son beau-père et la fille de celui-ci. Au moment de la séparation, elle n'a témoigné aucune colère, aucune tristesse. C'est arrivé après. Elle voit son père régulièrement mais il n'a pas une vie très organisée et c'est un peu compliqué. Eulalie parle de son père avec la psy. Une scène classique de consultation psychologique. Cela fait déjà plusieurs mois que les rencontres sont hebdomadaires. Eulalie explique que son papa va peut-être partir au Pérou. Silence. La psy intervient : « Le père, où ? »... Joli, non ?
Cela peut paraître risible et d'ailleurs Eulalie, petite fille équilibrée, l'a raconté à sa maman en riant. La séance s'est finie sur ces points de suspension. La maman a pris rapidement rendez-vous avec la psy pour savoir comment avançait la prise en charge et si Eulalie allait mieux. Elle raconte combien elle a été choquée : la psy l'a reçue, sans un sourire, sans un mot. D'un geste de la

tête, elle lui a indiqué la chaise en face d'elle. La psy a regardé la maman et lui a demandé : « Alors, que voulez-vous me dire sur votre fille ? » La maman a balbutié que justement c'était pour avoir des nouvelles de sa fille qu'elle était là, qu'elle voulait savoir comment ça allait, si Eulalie se sentait mieux, apaisée. La psy a répondu : « Et vous, qu'en pensez-vous ? » La mère ne s'est pas laissé faire, elle a reposé sa question. « Elle parle, a répondu la psy, elle élabore un peu.
– D'accord, et vous la trouvez mieux, vous en pensez quoi ?
– Je pense qu'il faut continuer les séances.
– D'accord, mais pourquoi ?
– Parce que ce n'est pas fini.
– Donc, vous trouvez qu'elle ne va pas mieux ?
– Je pense que c'est bien que l'on se revoie. »
J'arrête là, mais l'entretien a duré une demi-heure, et la mère est repartie sans avis sur l'état psychologique de sa fille, sans réponse à ses questions, sans visibilité sur les objectifs de cette thérapie étirée et éthérée.

La psychologie doit proposer des issues. C'est une obligation. Si nous récapitulons, quand on va voir un psy, avec son enfant, pour soi, que l'on ait 20 ou 80 ans, qu'attend-on ? Il serait tentant de le résumer en deux points, même si c'est éminemment plus complexe, évidemment. Heureusement. Premier point, comprendre. Que se passe-t-il et comment le cerner rapidement, efficacement et en profondeur, sans y passer des semaines, voire des années ? Point deux, progresser. Que faire, que proposer, qu'engager pour permettre au patient, petit ou grand, de sortir de l'impasse dans laquelle il était ? Obligation de moyens, obligation de résultat.

➤ *Comprendre, d'abord, répondre, ensuite*

Faire un état des lieux. Comme dans un nouvel appartement, une nouvelle maison. Détailler avec précision ce qui est là, ce qu'on voit, ce qui est caché. Décoller un bout de tapisserie, soulever une latte de parquet, gratter la peinture, faire un tour dans la cave, vérifier la tuyauterie, toucher, photographier, déambuler, sentir, ressentir, monter au grenier, s'aventurer sur le toit, regarder dans le conduit de la cheminée… Mais un état des lieux n'a pas besoin de durer des années. On peut revenir une, deux fois, et ça y est, on signe le contrat, pour passer à l'étape suivante : aménager ce nouvel environnement que l'on s'est choisi en toute connaissance de cause et, avec un projet clair, entamer une nouvelle tranche de vie.

Voilà, vous l'avez compris, c'est exactement pareil en psychologie. Il ne s'agit pas de passer des années à explorer notre territoire intérieur mais de se donner les moyens de l'explorer, l'analyser efficacement, pour pouvoir passer à l'étape suivante.

La psychologie reste trop enfermée dans ses méandres. On se retrouve assis ou allongé à raconter sa vie, à la détailler, à gratouiller, plutôt là où ça fait mal qui plus est. Et pendant ce temps, la vie va, la vie qu'on ne vit pas, la vie dont on ne profite pas, la vie qui nous échappe.

Alors, prenons ce temps dédié pour bien comprendre. Bien explorer. Que se passe-t-il ? Quel est le problème ? Quels sont la forme, la nature, le contour, la texture de la souffrance ? Quelles en sont les conséquences ? Le bilan psychologique pourra souvent nous y aider. Il mettra à jour ce qui va, ce qui ne va pas, le type de difficulté, les mécanismes de pensée, les compétences intellectuelles, la dynamique émotionnelle, les composantes affectives, et surtout, surtout, les ressources disponibles. Celles qui vont permettre de rebondir, d'agir, de construire.

Comprendre pour aider. Savoir qui on est pour savoir où on va. Un leitmotiv que pourrait adopter la nouvelle psychologie pour assumer pleinement sa fonction. Sa fonction parfois vitale. Vitale. Sans l'aide de la psychologie certaines vies sont en péril. Sans elle, certaines vies peuvent se fourvoyer, s'abîmer, se détériorer. Certaines souffrances, même les plus banales, sont quelquefois empreintes d'une gravité désespérée, le mal de vivre peut conduire à un empêchement de vivre, à une lancinante douleur de vivre, à une impasse de vie, à une interruption de vie.

C'est l'urgence de la psychologie. Vitale, je le redis. La vie, c'est important. Très important.

> *« Ces temps derniers, je m'isole un peu plus que d'ordinaire. Je me protège grâce à un vernis social dont j'ai le secret. J'ai sous-estimé ma capacité à souffrir cette fois. Je suis dépassée mais je me bats encore, les mois passant. Je suis sur le fil…*
> *Je ne suis pas dépressive. Juste infiniment triste, blessée, déçue, impuissante et perdue face à tant d'injustice. Tellement perdue. Je n'arrive plus à retrouver la joie qui me caractérise. L'hiver a été long, trop long. Il s'étire sans fin sur une unité de mesure inconnue. Je m'épuise. »*

Céline m'écrit cette lettre de détresse, une bouteille à la mer. Je reçois chaque jour des lettres comme celle-ci, j'entends chaque jour en consultation des souffrances comme celle-ci, je considère tous les jours que je ne peux pas seulement écouter, ni même entendre, des souffrances comme celle-ci, je m'engage chaque fois et du mieux que je peux, de toutes mes forces, de toute mon énergie, avec toutes mes compétences et toutes mes limites, à répondre aux souffrances comme celle-ci. À répondre aux questions, aux doutes, aux peurs. À tracer avec l'autre la sortie du labyrinthe, à construire avec l'autre l'édifice de sa nouvelle vie.

➤ *Diagnostiquer n'est pas notre métier ? Si, assurément !*

Comme il est étonnant que la psychologie s'exclut elle-même de cette nécessité… On l'entend souvent dans la bouche des psychologues eux-mêmes, ignorant l'article 4 de notre Code de déontologie. Bien sûr que notre métier est de diagnostiquer. Est-ce qu'il faudrait comprendre là encore que les psychologues manquent parfois d'audace, n'osent pas affirmer, s'engager ? La psychologie doit se remettre au centre de… la psychologie. C'est sa place. Sa légitimité. Le diagnostic n'est pas réservé à la psychiatrie.

Un diagnostic, qu'est-ce que c'est ? C'est la compréhension fine et argumentée du fonctionnement psychologique. Dans toutes ses dimensions, cognitives, émotionnelles, relationnelles. Et leur combinaison permettra de construire ce fameux tableau, ce tableau clinique, qui indique la présence de tel ou tel trouble.

Un diagnostic n'est pas une étiquette. Un diagnostic ne doit pas enfermer mais ouvrir grand. Un diagnostic élargit la compréhension, met du sens. Crée le sens. Le sens de la souffrance, de la plainte, de la difficulté. Un diagnostic explique, donne des pistes. Un diagnostic permet de savoir ce qu'il se passe, clairement. Un diagnostic permet de fixer des objectifs, une direction. Le diagnostic permet de mesurer, oui, mesurer ! Mesurer les avancées, mesurer les progrès, mesurer les résultats. Avec un diagnostic, il y a un avant et un après. Même si, même s'il ne faut pas trop simplifier, un diagnostic est une porte d'entrée. Ce n'est pas une limitation, c'est une destination. Le grand *DSM*[1] fait des catalogues de troubles comme dans un herbier, en regroupant des symptômes comme des variétés. La psychologie est toujours, toujours, plus compliquée.

Encore un mot : la transversalité est une autre modalité. Une modalité qui est en train d'émerger, celle du transdiagnostic. Il s'agit de partir de ce qui est universel, ce qui fait notre humanité, avec ou sans trouble. Oublier le diagnostic pour s'intéresser aux processus, aux facteurs communs. Ceux que l'on retrouve dans tous les tableaux cliniques, les dysfonctionnements universels. Seules leurs formes changent. C'est un mouvement noble et fondamentalement louable. Il nous ramène à la singularité de chacun en l'inscrivant dans la grande histoire de la psychologie humaine, dont les mécanismes sont communs à tous. À une condition : ne pas occulter la nécessité du résultat. Le risque de la transversalité est de ne pas identifier clairement les difficultés, d'empêcher de distinguer la voie à suivre et la ligne d'arrivée. La transversalité ne doit pas non plus faire oublier que diagnostiquer, c'est aussi et peut-être surtout identifier les ressources, les leviers, les qualités. C'est connaître l'autre pour l'aider vraiment. C'est avoir une réelle visibilité pour avancer, et surtout, pour arriver ! C'est de cette intention dont il ne faut jamais s'éloigner.

1. Le *DSM, Manuel diagnostique et statistique des troubles mentaux* (*Diagnostic and Statistical Manual of Mental Disorders*), est un ouvrage de référence international publié par l'Association américaine de psychiatrie décrivant et classifiant les troubles mentaux. Régulièrement révisé, sa dernière édition – le *DSM-5* – a été publiée en français en 2013. Les propositions de classifications du *DSM* sont fréquemment controversées et discutées dans la communauté psychiatrique, en particulier francophone.

➤ *Communiquer ou non le diagnostic, est-ce vraiment la question ?*

Le diagnostic met du sens, et ce sens doit être partagé. Pas pour enfermer mais pour réfléchir. Pour mettre des mots sur ce qui trouble. Ce qui n'est pas la même chose que de définir un patient par son trouble : le schizophrène, le dyslexique, le phobique, le dépressif… L'éclairage du diagnostic donne du relief à ce que le patient vit : ce n'est plus confus, touffu, coupable. Les parents aussi ont besoin de savoir quel est le problème exact de leur enfant. C'est beaucoup plus facile pour eux. Et rassurant. Tout le monde sait de quoi on parle et ce qui doit, peut, être modifié. Et je le redis, le diagnostic ne se limite pas à une dénomination, il permet une explication, de ce qui dysfonctionne et de ce qui va bien. Très bien même.

Maxime rencontre un psy depuis sept ans. En classe, il est bruyant. Refuse d'appliquer à la lettre les consignes de la maîtresse. Discute tout. Pose des questions sans interruption. Il a des copains, beaucoup, il les fait rire. Mais les enseignants, ça ne les fait pas rire du tout. Il néglige son travail scolaire, depuis la maternelle, dit-on. Pourtant il n'a pas de problème particulier. « Il ne travaille que quand il en a envie », disent les appréciations scolaires. On lui demande aussi de faire des efforts, d'être plus attentif… Et surtout, surtout, d'arrêter de perturber la classe. Chaque année, la sentence tombe. « Vous devriez consulter », suggèrent les enseignants aux parents. Ce qu'ils ont fait. Je rencontre Maxime. Il a 11 ans. J'interroge les parents sur la raison de cette prise en charge depuis si longtemps. Ils ne savent pas répondre, personne ne le leur a vraiment dit. Et comme tous les parents qui veulent le mieux pour leur enfant, ils ont fait ce que les enseignants ont préconisé. Auprès des psys ils n'ont jamais eu de réponse : « Il a besoin d'être suivi », ont-ils dit ; « Il faut continuer », ont-ils insisté. Alors les parents ont accepté. Pour le bien de Maxime. C'est ce qu'ils pensaient. Maxime ronchonnait pour y aller, les parents l'ont forcé, c'étaient des conflits supplémentaires, pour son bien, précisent les parents, ce que l'on comprend, évidemment.

Je propose un bilan pour comprendre ce qui se passe. Le bilan est clair : Maxime est surdoué, son estime de lui est abîmée ; il est idéaliste, lucide, analyse tout, tout le temps, s'inquiète de ce qui ne fonctionne pas, d'où ses interrogations, ses questions qui agacent les équipes pédagogiques ; il n'arrive pas à s'impliquer dans une tâche scolaire qui ne le stimule pas, ressent une colère sourde car lui-même ne sait pas pourquoi ça ne va pas... Ses parents font les yeux ronds, Maxime doute, mais, dans le fond, tout le monde est soulagé. Le bilan a permis de mettre du sens, de comprendre ce qui ne fonctionnait pas, de cerner les difficultés, de déterminer comment sortir de l'impasse.

Maxime a été suivi sept ans dans un CMPP ! Depuis l'âge de 4 ans. Parce qu'en classe il n'entrait pas tout à fait dans le moule. Et cela aurait pu durer encore longtemps... Jusqu'à quand ? Jusqu'à ce que Maxime décroche vraiment ? Qu'il se sente impuissant, nul, incapable de réussir ? Qu'il soit finalement exclu du système scolaire ? Quand la psychologie crée la pathologie, c'est effrayant. « Il est intelligent, ce n'est pas le problème », les psys l'ont beaucoup dit. Mais si cette haute intelligence avait été identifiée, cela aurait permis d'ajuster la scolarité et aucun trouble ne se serait développé.

➤ *« Sois sage, ô ma Douleur »*

Personne ne doit se résigner à la douleur, attendre qu'elle passe. Se divertir pour moins la ressentir. Bouger, s'activer, s'étourdir dans les choses à faire pour l'éloigner. Comme le mouvement de la toupie qui, en tournant, crée cette force centrifuge pour repousser au loin ce qui dérange, ce que l'on ne veut pas regarder, ce qui ne nous convient pas, ce qui fait mal. Mais plus on lutte, plus on renforce la douleur.

Stop, on se pose, on respire. La douleur est là, je le sens, je le sais. La douleur est forte, aiguë, intermittente, lancinante, tenace, fugace. Elle est là. J'ai le choix. Je peux la transformer en souffrance. J'en ai le pouvoir. Comment ? En la commentant. En me révoltant : ce n'est pas juste, pourquoi moi ? En la mettant au centre de mes préoccupations. Parce que toute douleur a un pouvoir d'attraction immense. Une force surnaturelle pour condenser notre attention. Un simple mal de dents peut devenir une torture de tous les instants. Je deviens mon mal de dents, je suis mon mal de dents. Je pense mal de dents. J'agis mal de dents. Je parle de mon mal de dents et surtout, je me parle à moi, de mon mal de dents. Je ne peux rien faire avec ce mal de dents, c'est insupportable, je ne comprends pas pourquoi j'ai mal alors que je suis allé récemment chez mon dentiste, il faut peut-être que j'aille voir quelqu'un d'autre... Et c'est ainsi que le mal de dents devient le héros de ma vie, de toute ma vie. Un dictateur.

Nous l'avons tous vécu. Nous savons que le mal nous ensorcelle de ses pouvoirs mortifères. D'accord, mais alors comment faire ? Le mal de dents est là, c'est désagréable, c'est une douleur intenable. Je vais m'en occuper, aller me faire soigner. En attendant, je peux l'accepter, me dire que pour l'instant, c'est comme ça et que si je peux ne pas y penser tout le temps, elle m'obnubilera moins, parfois presque plus : elle vivra sa vie de mal de dents et moi la mienne ; parfois, nous nous croiserons mais nous ne serons plus en superposition complète.

Nous confondons douleur et souffrance, la souffrance est l'interprétation cognitive de la douleur. Dit de façon plus accessible, c'est l'histoire que je me raconte sur ce que je ressens. La douleur peut passer, la souffrance peut durer, des mois, des années, toute une vie. C'est à nous de décider.

Magali souffre de fibromyalgie depuis longtemps. La fibromyalgie est ce mal insidieux qui touche souvent les articulations et qui se signale douloureusement tout le temps. Magali souffre. Elle est traitée, prend de nombreux cachets, qui, malheureusement on le sait, ne font pas beaucoup d'effets. Nous allons tenter, ensemble, de regarder la douleur en face. De décortiquer la souffrance avec son lot de mots et son impérialisme. Nous allons nous entraîner à nous poser, à engager ce processus compliqué d'acceptation, à nous ouvrir à tout ce qui, à côté, pourrait mobiliser Magali dans sa vie. Une vie de femme de 50 ans bien remplie. Elle est médecin urgentiste, ce n'est pas une blague… Passionnée, volontaire, déterminée mais la fibromyalgie lui bousille la vie. On lui a dit que c'était psychologique bien sûr, et pourquoi pas d'ailleurs, mais en dehors de la culpabiliser, ça change quoi ?
Revenir à ses sensations, découvrir des endroits du corps qui vivent sans douleur. Juste se relier, juste percevoir, se promener au pays de son corps. Puiser dans la psychologie des valeurs pour déterminer les siennes et les faire briller, étinceler. Faire des schémas avec des flèches, des symboles, pour comprendre les liens qui s'entortillent entre pensées, émotions, comportements, ce qui attise, ce qui calme, ce qui électrise, ce qui galvanise. S'attarder sur son intelligence pour mobiliser son appétence à comprendre, à savoir, et creuser des pistes de recherches. Par exemple, sa thèse entamée trente ans plus tôt et jamais terminée. Nous nous interrogeons sur ses histoires d'amour qui finissent toujours mal, en général. Mais l'une semble se dessiner, comment lui donner un goût d'éternité ?
Une psychologie qui explore tous les recoins de la complexité humaine, qui les intègre, qui met en scène différentes approches, différents regards, différentes inspirations, différentes pratiques, pour en créer une sur mesure, celle dont Magali a besoin. Là, maintenant, dans sa vie, quelle que soit son histoire, quel que

soit son passé, à ne pas négliger, mais c'est dans sa réalité d'aujourd'hui que sa vie doit se jouer.
Magali arrive un matin en souriant. Elle m'annonce triomphalement qu'elle n'a pas senti sa douleur quelques minutes par jour, plusieurs fois dans la semaine. Une victoire sur la souffrance : la douleur est toujours là mais si elle prend moins de place, nous tenons notre résultat ! Victoire à conclure avec Charles Baudelaire : « Sois sage, ô ma Douleur, et tiens-toi plus tranquille [...] / Ma douleur, donne-moi la main, viens par ici. »

Prendre soin de sa douleur, c'est ne pas entrer dans la ronde infernale de la souffrance. Et ce n'est pas facile, pas facile du tout. Mais c'est une psychologie aux parfums d'aventure. Une aventure aux obstacles réels mais qui peut se remporter avec tendresse, détermination, persévérance et pugnacité. C'est celle-là la psychologie éclairée.

« La souffrance disparaît quand on cède, même à la tristesse. »

Antoine de SAINT-EXUPÉRY.

Aller mieux, aller bien, guérir ?

➤ *Le quai 9 ¾ existe toujours...*

Peut-être avez-vous lu *Harry Potter* ? Ou vu au cinéma ? Alors vous vous souvenez de ce moment important. Harry Potter doit se rendre dans son école spécialisée, spécialisée en sorciers, spécialisée pour donner à ces enfants tous les moyens de développer leur potentiel. La convocation précise que le train qui l'emmène dans son pensionnat, Poudlard, partira du quai 9 ¾. Le voilà à la gare, avec ses parents adoptifs. Le quai 9, le quai 10, entre les deux, un mur de brique. Étonnement. Errements. Mais les pouvoirs du jeune Harry Potter peuvent déjà permettre un peu de magie, le mur de brique s'ouvre, le quai 9 ¾ est bien là et le train à quai. Harry Potter peut s'embarquer vers ses nouvelles aventures.

C'est un message fort, un message qui doit toujours rester gravé au fond de soi : même quand on se sent dans une impasse, même quand on ne sait plus comment s'en sortir, même quand on a tout essayé, le quai 9 ¾ existe toujours ! Toujours. Il existe des issues, il existe des voies, il existe des possibilités, même si elles sont cachées, même si on ne les voit pas. Les murs peuvent s'escalader, se contourner, tomber. Derrière, l'avenir attend, attend tout le temps, tout le monde. Le quai 9 ¾ existe toujours. Oui, je le répète et le répéterai jusqu'à ce que cela devienne une évidence pour chacun de nous.

➤ *L'art de la psychothérapie ou la boîte à transformation*

La psychothérapie a finalement ce seul objectif, transformer. Non pas transformer l'individu lui-même. Mais transformer sa façon de voir le monde, de se voir, de voir les autres. Transformer le rapport avec son image, avec le regard des autres. Mettre une autre paire de lunettes. Non pas tout transformer, mais suffisamment pour que la différence avant-après soit nette. Sinon, à quoi bon ? Modifier des habitudes mentales, émotionnelles, relationnelles. Celles qui nous faisaient souffrir ou entravaient notre chemin. Redevenir libre. Libre dans notre tête, dans notre cœur, dans notre vie. Libre de faire les choix qui sont les nôtres. Libre de ressentir ce qui nous paraît juste. Libre d'avoir des pensées qui construisent un paysage intérieur sécurisant pour nous propulser dans le monde avec confiance… Et entrer dans la danse.

Toute psychothérapie est un apprentissage. Un apprentissage de soi-même. Mais un apprentissage aussi de ce que l'on va pouvoir mettre en œuvre, avec sa pensée, avec ses émotions. Savoir comment on fonctionne pour choisir son destin.

Nous pouvons sortir de la soumission à nos pensées, à nos émotions. Les aborder autrement. La psychothérapie nous en donne la permission. C'est tellement réjouissant de se retrouver pilote de sa vie. C'est cela, dans le fond, la psychothérapie.

Juste un petit aperçu d'une modification vis-à-vis de nos émotions. Nous entendons souvent qu'il faut parler à l'autre en lui disant : « Je me sens triste quand tu dis ça. Je suis en colère face à ce comportement… » Oui, c'est important de ne pas accuser l'autre de nos émotions, c'est un premier pas. Et de ne pas le stigmatiser en employant un « tu » accusateur et réducteur. Mais, si on faisait encore un pas ? Je vous avertis, ce n'est pas évident. Essayons.

Si nous acceptons d'être tristes, en colère, c'est que nous avons donné à l'autre la possibilité de créer en nous cette émotion. Et si nous considérions que certaines situations peuvent aussi être vécues sur un mode neutre ? Ou, plus exactement, décider nous-mêmes des émotions qui nous conviennent ? Est-ce que je suis obligé d'être triste, en colère ? Est-ce que je ne peux pas convoquer l'amour, l'espoir, la joie d'être là, la joie d'autre chose, la surprise ? Ce n'est vraiment pas facile de modifier cela car, nous le voyons bien, nous déclenchons nos émotions à notre insu, en réaction, souvent, à ce qui est à l'extérieur de nous. Une psychothérapie qui nous entraîne à être créateurs de ce que nous ressentons nous apprend à nous respecter profondément. Il ne s'agit pas de ne pas tenir compte des émotions des autres, bien sûr que non, mais de comprendre que, comme un peintre, nous avons une palette infinie d'émotions à disposition et que c'est à nous, à nous seuls, qu'il appartient de choisir la couleur, la nuance, la texture qui seront celles de cet instant de notre vie. La palette émotionnelle est vaste, les possibilités infinies. Nous sommes les peintres de nos vies, c'est cela, aussi, la psychothérapie.

La psychothérapie nous permet de changer de focus, de sortir de nos conditionnements, tous nos conditionnements. De vivre, de penser, de nous comporter, de ressentir, d'agir, d'aimer. En pleine conscience de nous-mêmes. De ce que nous sommes. De ce que nous voulons. La psychothérapie modifie notre regard sur les choses, sur la vie. Doucement. Tendrement. Comme une mère le fait avec son enfant. L'aider à grandir, c'est lui permettre de se saisir du monde, dans toute sa complexité. La psychothérapie doit nous aider à nous appréhender, dans toutes nos anfractuosités, nos recoins secrets, et à embrasser la vie dans tout ce qu'elle nous offre à voir, à découvrir, à vivre.

Une psychothérapie est une aventure. Une aventure courageuse. Une aventure à deux. On ne regarde pas l'autre avancer, on avance avec lui. Main dans la main. Cœur à cœur. Corps à corps.

➤ *Qu'est-ce qu'aller bien ?*

Je suis souvent étonnée que la psychologie se pose peu cette question. Même si la psychologie positive commence à explorer ce champ. Pourtant, à longueur de journée, nous demandons (et répondons) : « Comment ça va ? – Ça va, et toi ? »

Ces formules de politesse ne parlent de rien, mais en disent long. Avez-vous déjà essayé de tester la réponse : « Ça ne va pas trop en ce moment » ? Avez-vous senti le léger malaise que cela introduisait dans ces échanges banalisés ? Parce que cette réponse oblige l'autre à se préoccuper, même un instant, de ce que vous vivez. Alors, même quand nous allons très mal, nous avons tous tendance à répondre : « Ça va. » Pour ne pas être obligés de raconter, pour ne pas gêner l'autre, par pudeur, pour ne pas entraver le mouvement de la vie, la vie qui va, et puis voilà.

Aller bien, ce n'est pas le contraire d'aller mal. Quand nous allons mal, nous le ressentons, dans notre chair, dans notre âme. Ça brûle, ça pique, ça oppresse, ça étouffe, ça serre... Même quand nous ne savons pas bien pourquoi nous éprouvons ce sentiment de malaise, de mal-être. La culpabilité peut aussi s'inviter. « Tu as tout pour être heureux » est la phrase qui porte le coup de grâce.

Mais éprouve-t-on des sensations aussi claires quand tout va bien ? Parfois, oui, et nous le disons, je me sens bien. Mais très souvent, l'état d'« aller bien » ne se perçoit pas, comme si c'était un état neutre. Ce qui introduit un sacré biais car les moments plus sombres sembleront alors beaucoup plus fréquents que les instants légers.

C'est essentiel pour notre vie, pour notre santé psychologique, pour notre plaisir de vivre, pour notre bonheur, de nous entraîner à capturer ces instants de grâce, ces instants où tout semble aligné pour que nos vies soient douces. Ils sont, en réalité, beaucoup plus nombreux, à l'échelle d'une vie, que les étapes douloureuses, brutales, sombres. Nous l'avons déjà évoqué, c'est l'activation immédiate et automatique de notre amygdale, cette zone du cerveau enfouie, siège de nos émotions et de la peur, qui surréagit pour nous protéger. Nous sommes équipés biologiquement, depuis la nuit des temps, pour repérer tout ce qui ne va pas et nous savons très bien l'entretenir. En revanche, rien dans notre cerveau ne s'enclenche aussi facilement quand la vie est tranquille, bienveillante, confortable. Alors nous sommes vite aveugles à notre bonheur.

La psychologie doit nous faire prendre conscience de ces automatismes qui nous focalisent sur ce qui dysfonctionne, pour nous ouvrir aux sensations si éphémères, fragiles, de ces petites choses de la vie qui s'égrènent sous nos pas et que nous ne voyons pas. Pas assez.

Aller bien, c'est cet équilibre, qui nous permet d'avancer, avec cette solide confiance en nous, dans les autres, dans la vie. Aller bien, cela doit se sentir, se vivre, dans son corps. Ce n'est pas un concept. Je suis bien, je vais bien, je le sens, là, dans mon corps, dans mon cœur. Et, comme ça ne s'installera pas tout seul, il nous faut recommencer, encore et encore, être en alerte pour capturer ces moments d'éternité. Hop, je te vois le bonheur, je t'inscris dans mon cœur. Hop, je te vis le bonheur, je t'inscris dans mon corps ! Encore.

Aller bien est un entraînement. Un entraînement constant. La psychologie ne doit pas se contenter de gommer les ratures, d'apaiser les brûlures. C'est une étape mais elle n'est pas suffisante. La nouvelle psychologie nous apporte les clefs pour que le résultat, celui d'« aller bien », puisse se ressentir. Se ressentir vraiment. Souvent.

Souvent ne veut pas dire tout le temps. Aller bien, c'est avoir compris que l'on peut parfois souffrir, mais revenir à sa ligne de base, c'est avoir compris l'impermanence, et intégré les processus qui nous permettent de traverser les tempêtes. Mieux se connaître pour mieux vivre. Le bonheur n'est jamais acquis, le bonheur est en constant mouvement et nous avec. Avec les moyens de rétablir nos équilibres, nos équilibres intérieurs. C'est ça, le bonheur !

➤ *Qu'est-ce que guérir ?*

Pour les sages de la médecine chinoise, la source de la guérison réside dans la capacité de suivre « le vent du changement ». Retrouver le sens de sa vie. Modifier sa trajectoire. Se faire porter par un nouveau souffle. Le sien.

La question « qu'est-ce que guérir ? » en amène immédiatement une autre, complexe. Qu'est-ce qu'être malade dans le champ de la psychologie ? Ce qui renvoie à cette interrogation de fond, jamais tout à fait résolue : qu'est-ce qui est normal, qu'est-ce qui est pathologique ? La pathologie glisse d'une époque à l'autre, de connaissances à d'autres, d'une culture à une autre. « Normal », c'est le milieu, ce qui regroupe la majorité d'une population donnée, à une époque donnée, dans un contexte donné. Mais est-ce normal d'être normal ? N'est-ce pas plus intéressant d'être en marge de la frontière ? Ce sont des questions philosophiques, sociétales, économiques, spirituelles…

La Folle et le Saint[1] *: un livre fort, qui m'a marquée. Nous sommes au* XIX*e* *siècle. Une pauvre délirante, dont personne ne connaît le prénom et qui sera appelée Madeleine, erre dans les rues, en proie à des délires mystiques et à des extases spectaculaires. Elle sera internée à la Salpêtrière. Elle est folle, dit-on. Elle doit être soignée. En Inde, le grand mystique bengali Râmakrishna, entouré par ses disciples, est vénéré de tout un peuple. Et pourtant ! Et pourtant l'analyse clinique montre des similitudes troublantes entre ces deux personnages que tout semble séparer. Madeleine et Râmakrishna sont comme des jumeaux spirituels, nés dans des environnements totalement différents et voués par là même à des destins sans commune mesure. L'un et l'autre possèdent un tempérament hypersensible. L'un et l'autre ont d'emblée refusé les modalités classiques d'intégration sociale, à travers le travail ou la fondation d'une famille. L'un et l'autre sont passés par des formes extrêmes de souffrance psychique qui les ont menés au bord du désespoir. L'un et l'autre, enfin, ont connu, tout ou partie de leur vie, des extases nombreuses et d'une durée quasi incroyable*[2]*. Vus de l'extérieur, au plus fort de leur extase, ils se*

1. Catherine Clément et Sudhir Kakar, *La Folle et le Saint*, Seuil, 1993.
2. Michel Hulin, *Le Monde des livres*, 5 février 1993.

ressemblent : « Ils éprouvent les mêmes contractures, la même catatonie, les mêmes arrêts de la respiration, les mêmes faims dévorantes, ils ont le même regard fixe, le même énorme sourire sur les lèvres, la même immobilité… » L'immense différence qui les sépare est uniquement d'ordre social, culturel, religieux. Une lecture différente, un autre prisme.

Qu'est-ce qui détermine cette limite ? Si l'on considère la pathologie comme un excès de la normalité, encore faudrait-il définir la norme de référence. Si l'on voit la pathologie comme ce qui entrave nos vies, cela suppose que la vie doit suivre un cours déterminé.

Quand on dit de quelqu'un qu'il est fou, c'est souvent qu'il est marginal, différent, et qu'il fait peur, qu'il nous fait peur. La normalité peut-elle alors se comprendre comme une barrière invisible qui permet à la majorité d'avancer sans difficulté ? C'est si difficile de trancher, il y a tant de possibilités…

Ce qui est normal pour l'un est inquiétant pour l'autre et ce qui est dérangeant dans un contexte ne le sera pas dans un autre.

Cette subtilité du plus ou moins normal, plus ou moins pathologique, plus ou moins inquiétant, plus ou moins acceptable, se retrouve dans un grand nombre de situations, que la psychologie brasse au quotidien.

Un enfant qui gesticule sans cesse, pose des questions sans attendre son tour, fait mille choses à la fois… sera considéré comme ouvert, curieux, dynamique, par cette enseignante qui tentera de canaliser l'excès d'énergie, mais saura en extraire la richesse. Une autre classe, une autre maîtresse et voilà les parents convoqués : leur enfant est ingérable, il est sûrement hyperactif… peut-être faudra-t-il lui donner des médicaments pour le calmer ? Il ne s'agit pas de se demander si l'une a raison et l'autre non mais seulement de noter que le normal est aussi, simplement, le nôtre !

Un jeune adulte aux tenues vestimentaires originales, qui s'enflamme à tout propos, qui dessine sans cesse, sur tout support et dans toute situation, qui se pose constamment des questions sur le sens du monde, qui a un avis engagé sur tout, sera pour les uns un créatif hors pair que l'on s'arrachera et pour les autres un être marginal, étrange, dont il faut se méfier tant ses comportements s'écartent de la norme… Ses sautes d'humeur, ses moments de désespoir qui côtoient des envolées enthousiastes, ne signent-ils pas un trouble bipolaire, si à la mode aujourd'hui où tout doit être lisse ?

Comprendre un fonctionnement ou un dysfonctionnement ne relève pas d'un avis personnel. Déterminer ce qui est normal ou non doit s'appuyer sur l'analyse du contexte et sur un diagnostic psychologique. Certains troubles doivent être traités, d'autres ne sont que des injonctions liées à une forme de pression, sociale le plus souvent. La psychologie doit jouer pleinement son rôle de régulateur, de modérateur, d'éclaireur.

Ainsi va le monde : guérir est dépendant de notre environnement. Le seul baromètre est la souffrance. La souffrance qui nous permet de nous ajuster. Et surtout, surtout ne jamais nous départir de la seule question importante, la seule question qui nous donne accès à la réalité de l'autre : « De quoi as-tu besoin ? » De quoi as-tu besoin, toi qui es là ? De quoi as-tu besoin, toi, comme tu es, juste là, juste maintenant ?

Guérir l'autre, c'est le protéger. C'est la racine du mot « guérir », son étymologie, son sens premier. Protéger : de quoi as-tu besoin ? Je suis là, pour toi. Jusqu'à ce que tu puisses reprendre le sens de ta vie, le sens du vent.

➤ *Un résultat, sinon rien ?*

La nuance s'impose. La culture du résultat est un état d'esprit. Ce n'est pas la quête d'un trophée. D'une victoire. Mais c'est une intention, une tension vers. Un mouvement qui doit porter la psychologie, la nouvelle psychologie.

Une promesse muette que l'on fait à l'autre et à soi-même. Je te promets que je vais m'engager, je te promets que je vais tout essayer, je te promets que toujours j'y croirai, je te promets de ne pas te lâcher, je te promets de faire du mieux que je peux, de toutes mes forces, je te promets que, si je n'y arrive pas, je te le dirai et qu'ensemble on trouvera d'autres possibilités. Je te promets de t'aimer, d'aimer ce que tu es, d'aimer faire tout pour t'aider.

Je te promets de croire en toi, de croire que c'est possible, de croire que l'on peut y arriver. De croire en tes ressources. Toutes tes ressources.

Les médecins prêtent le serment d'Hippocrate, la psychologie doit inventer le serment qui la lie à cet engagement pour la vie des autres, pour ajouter de la vie à la vie.

La psychologie est une profession de foi.

Pour finir ou pour commencer

Je n'aime pas les fins. Je n'aime pas la fin. Je n'aime pas finir.

Je n'aime pas la fin des livres. Les romans surtout. La dernière page est tournée et je me sens abandonnée. Ces personnages, cette ambiance, cette intrigue qui m'ont emportée vont me manquer. Tous ces gens avec qui j'ai vécu, tremblé, aimé, je ne les croiserai plus, plus jamais. Ils vont sortir de ma vie. Ils vont créer un vide, un manque d'eux. Leur trace va rester en moi, un peu, beaucoup, longtemps. C'est l'effet des livres que l'on aime. J'ai envie de continuer à vivre avec eux, de prendre de leurs nouvelles. J'aimerais me souvenir d'eux, qu'ils ne s'effacent jamais de ma mémoire. Je sais pourtant que c'est éphémère. Mais c'est fort. Demain, en me couchant, j'aurai du mal à ouvrir un nouveau roman, comme si j'étais en conflit de loyauté. Il me faut replonger avec d'autres, apprendre à les connaître, apprendre à les comprendre, apprendre à les aimer. Puis le charme opérera, je l'espère toujours en tout cas, et je me retrouverai liée à de nouveaux destins.

Dans mon métier, cette sensation, je l'ai souvent éprouvée. Je quitte un patient, j'en rejoins un autre dans la salle d'attente.

Un nouveau. Alors pointe cette inquiétude, et si je l'aimais moins que les autres, si son histoire ne me touchait pas ? Il m'arrive de le ressentir vraiment, mais aussi d'avoir une sorte de flegme à me relancer, à corps perdu, dans une nouvelle vie, à recommencer à tisser un nouveau lien. Et puis la magie de la rencontre s'enclenche. Toute ma mécanique humaine est relancée, je suis émue, je suis curieuse, je me sens reliée, ça y est, c'est parti. Cette nouvelle rencontre fait déjà partie de ma vie. Je ne lâcherai pas ce patient, cette famille, cet enfant, le temps qu'il faudra pour que je trouve des issues, des solutions, des ressorts qui relancent leur élan de vivre. Ce sont des sensations incroyables. Comme des coups de foudre qui se reproduisent. Des histoires d'amour qui s'enchaînent. Même si j'ai souvent cette peur de la première fois avec un patient, malgré mes fréquentes appréhensions, je crois que ça ne m'est jamais arrivé. C'est tellement incroyable la part d'humanité de l'autre, cette part que nous partageons tous, cette part qui nous rend si forts et si fragiles. Juste humains. Dans cette humanité où nous sommes si petits et qui nous rend si grands.

Et puis le temps avance, et ce sera le moment de la fin. La fin de l'accompagnement, de la psychothérapie. Encore une fin. Le métier de la psychologie est un drôle de métier, on voit les gens quand ça ne va pas, quand ils ne se sentent pas bien, quand ils ont des problèmes et, le jour où tout va mieux, c'est fini, ils sont partis, ils vont sortir de nos vies. Notre métier est de faire en sorte qu'ils nous quittent le plus vite possible. Notre objectif c'est notre séparation. Comme l'amour des parents : aimer ses enfants pour mieux qu'ils se détachent. Pour qu'ils prennent leur autonomie. Nous aussi, les psys, nous nous engageons de toutes nos forces pour accélérer la séparation. Avouez que c'est troublant ! J'en revois certains, des ados rencontrés enfants, des jeunes adultes que j'avais vus à leur époque collège, des parents qui viennent consulter avec leur jeune enfant. La vieillesse est une victoire.

Alors je me souviens que si je n'aime pas les fins, je suis folle de joie devant tous les débuts. Le début avec un nouveau patient. Toutes les surprises, tous les recoins, toutes les circonvolutions humaines qui vont se livrer, se dévoiler, se tricoter. Chaque début est une aventure qui fait peur, mais qui mobilise, qui ouvre le cœur, qui attise une curiosité authentique, la curiosité de la vie.

J'aime aussi, quand notre séparation approche, le début de la nouvelle vie de mon patient, celle qui se profile, celle qui me réjouit, vraiment. Comme la promesse de toutes les possibilités qui se sont débloquées. Et qui se conjuguent avec une forme d'intrigue : et maintenant, que va-t-il se passer ? Vous me tiendrez au courant ? Tous les patients disent oui, mais ensuite la vie, leurs vies, reprend ses droits. Nous avons été ensemble un moment, vraiment ensemble, le temps d'une parenthèse, une parenthèse importante, décisive souvent. Vivre avec un patient, c'est partager une sacrée tranche de vie, rarement la plus facile, mais toujours un épisode intense. Parfois je suis triste de ne pas connaître la suite, mais c'est mon métier, je l'accepte volontiers. Non, pas volontiers, mais profondément. Et je dois l'avouer, je pense à eux souvent, je suis curieuse de leur vie, celle d'aujourd'hui, cinq, dix, vingt, vingt-cinq ans après…

Je n'aime pas écrire la fin de mes livres. J'ai vécu avec vous à chaque ligne. J'ai pensé à vous à chaque instant. Un livre, je ne l'écris que pour partager, que pour continuer à tisser ce lien avec vous, pour qu'il vous aide, pour qu'il vous permette de vous en emparer, qu'il devienne une ressource pour votre vie. Alors je ressens toujours une forme de tension, est-ce que je dois parler de ceci ou plutôt de cela, est-ce que c'est si important d'évoquer ce point et de ne pas développer tel autre, de quoi a-t-il besoin, là, maintenant, celui qui me lit ? C'est vraiment cette question qui me taraude le plus : de quoi as-tu besoin ? C'est pour cela que je n'aime pas terminer mes livres, peur d'avoir oublié des idées essentielles qui auraient pu vous aider, peur de me retrouver seule sans vous. Les lecteurs ne sont pas les patients. Les patients, on les voit, on les sent, on les touche parfois. Les lecteurs sont plus anonymes. Ils sont là, ils sont loin, ils existent mais on ne connaît pas leur visage, leur vie, leur intimité. C'est une histoire de partage très différente. Les rencontres se font parfois, lors d'une dédicace, d'une conférence… J'adore ces moments. Ce sont des moments « cadeaux ». Des moments de rencontre authentique, même si c'est furtif, rapide, que cela peut sembler superficiel. J'aime ces croisements avec ceux que l'on aura touchés et que l'on pourra rencontrer, en vrai.

Ce livre, je le portais en moi depuis déjà quelques années. Je n'osais pas oser. Je ne savais pas si j'avais le droit. De partager vraiment ma conviction du mouvement que doit prendre cette nouvelle psychologie. C'est comme ça que je pratique depuis de nombreuses années et que nous l'élaborons dans un mouvement de réflexion permanent avec mes équipes. Pouvais-je vraiment l'écrire ? C'est alors que je me trouvais dans un désert, assise au milieu du sable, que sa nécessité s'est imposée. Je ne pouvais plus garder pour moi cette volonté farouche de donner à la psychologie un virage essentiel. Une psychologie nouvelle, une nouvelle psychologie qui ne soit pas une psychologie de nouveaux concepts mais une psychologie qui ose, qui propose, qui refuse des dogmes dépassés, qui soit intégrative, proactive, dynamique, vivante, qui ne peut faire l'impasse sur l'engagement du psy, un engagement incarné, tourné vers la nécessité que ce qu'il fait apporte un résultat tangible à celui qui est venu frapper à sa porte. Une psychologie audacieuse, qui ne se cache plus derrière des tentures en velours, une psychologie qui sort de son cadre pour créer avec l'autre sans se départir de limites éthiques qui protègent, une psychologie qui s'ouvre à tout ce que la science nous apprend aujourd'hui et nous apprendra demain, pour rester toujours au plus près de ce que l'on peut proposer, inventer, imaginer pour donner à nos patients les atouts de leur vie.

Je plaide aussi pour une psychologie qui ne soit pas enfermée dans le cabinet des psys. La psychologie doit se propager. Nous connaissons beaucoup de choses aujourd'hui de ce qui se joue dans les recoins de notre cerveau, dans les modifications majeures que telle hormone, telle sécrétion pourra entraîner pour modifier nos vies. Nous savons que le cerveau est plastique et que tout peut changer tout le temps. Nous avons compris que nos émotions devaient se mêler étroitement à chaque instant et qu'elles nous donnent les directions. Nous avons appris que sans émotion nous ne pouvons être intelligents. Nous avons observé que nous ne pouvions nous couper en rondelles et artificiellement isoler telle ou telle partie de nous-mêmes, tout est mêlé, emmêlé, relié, tout est intriqué. Toucher dans un coin c'est modifier l'ensemble. Cœur, corps, cerveau, les trois C, toujours, tout le temps. Nous avons découvert que notre inconscient guide le plus souvent notre vie à notre insu et que nous avons maintenant les techniques, les moyens, de ne plus en être les jouets, de l'observer, de l'explorer, de défusionner avec ce que l'on pensait gravé dans le marbre. L'inconscient n'est plus l'antre un peu effrayant de traumatismes sexuels enfouis mais la mémoire vivante de nos instants de vie. Nous avons appris à reprendre le pilotage de nos vies. Nous comprenons l'importance de retrouver notre liberté d'être, et de choisir nos destins. Nous savons combien nos ressources, notre boîte à soleil, nos qualités, nos compétences, notre intelligence, nos trésors au fond de nos cœurs peuvent transformer radicalement nos existences.

La psychologie est en avance. La psychologie ne peut plus être celle d'hier et elle ignore encore ce qu'elle sera demain.

La nouvelle psychologie nous invite à être en alerte pour diffuser, au plus grand nombre, ce qu'elle nous a appris. C'est le vrai rôle de la psychologie. Donner à chacun les moyens d'aller bien. Le plus possible. Aux parents, qui trouveront des leviers pour être plus apaisés dans leur mission quotidienne, moins seuls, moins en questionnement permanent. À l'école pour développer les connaissances humaines, émotionnelles, cognitives qui doivent permettre à chaque enfant de redevenir acteur de son plaisir d'apprendre et aux enseignants des ouvertures, des idées, des clefs pour reprendre leur rôle majeur de mentors, d'adultes-ressources qui sont des référents essentiels de l'enfant. Dans les couples, où certaines équations émotionnelles, modalités de communication pourraient éviter le fiasco des relations éphémères et distiller cette idée qui est si moderne : la routine sauve les couples ! C'est dans le quotidien que se tisse la tendresse. La tendresse, cette douceur que nos cœurs réclament à cor et à cri. Dans les entreprises aussi, les émotions sont des moteurs, la bienveillance n'est pas seulement un mot à la mode mais une valeur pour demain…

La psychologie, la nouvelle psychologie, doit s'insérer le plus possible dans nos sociétés pour être dans la prévention. Prévenir plutôt que guérir. La nouvelle psychologie doit être pétillante, vivante, engagée, solide et accessible. À tous. Tout le temps. Plus nous serons dans la prévention, moins nous aurons besoin de soigner. Notre métier doit se transformer. Il doit grandir, se développer. Nous devons devenir des psychologues de famille, ceux sur qui l'on peut compter comme on s'appuie sur un médecin de famille qui sait tant de nous car les liens sont tissés et la confiance sans fin. C'est à la psychologie d'être au centre du processus, d'être cette plateforme qui permet de comprendre ce qui se joue, pour ce patient-là, à ce moment-là de son histoire, pour ensuite le diriger vers un autre professionnel spécialiste. Comme le médecin généraliste. La psychologie doit sortir de la seule porte d'entrée du trouble, elle doit retrouver toute sa noblesse. L'immense ressource de toute la psychologie. Une psychologie holistique. Comprendre, décortiquer, observer à la loupe, puis organiser les prises en charge lorsque c'est nécessaire ou mettre en place des protocoles d'accompagnement pour emmener le patient vers demain. Vers tout son potentiel de vie. La nouvelle psychologie doit remporter ce défi. Au cœur de la société, dans la proximité assumée avec ceux qui ont besoin de son aide, avec un engagement farouche pour ne pas dévier de son objectif de résultat, dans son ancrage avec la science qui avance, dans sa fragilité de ne pas savoir tout faire ni tout comprendre, mais de toujours le faire avec tout son cœur.

Le moi-cœur, en guise de prologue, de synthèse ou de profession de foi

Oui, je crois, que l'amour peut tout.

Oui, je crois, que l'amour crée la vie, que l'amour est la genèse de la vie, on « fait l'amour » pour donner la vie, on cherche l'amour pour grandir, on est en quête d'amour toute sa vie, on peut même mourir d'aimer ou mourir car on ne se sent pas aimé.

Oui, je crois, qu'une vie sans amour est une vie sans âme.

Oui, je crois, que, malgré tous les leurres, tous les masques et tous les faux-semblants, c'est la seule chose qui nous permet de tenir debout.

Oui, je crois, que, au fond de nous, l'amour est notre carburant de vie et de survie.

Oui, je crois, que l'amour est plus fort que nous, plus fort que tout.

Oui, je crois, que seul l'amour peut nous sauver de la concrétude et du non-sens de vivre.

Oui, je crois, que l'amour guérit tout, que l'amour sauve tout.

Oui, je crois, que toutes les pathologies de la psychologie sont un écho à une quête d'amour et ne se soignent que par l'amour.

Oui, je crois, qu'il est difficile d'aimer et impossible de s'en passer.

Oui, je crois, qu'on a tous peur, incroyablement peur, et que seul l'amour peut nous apaiser.

Oui, je crois, que l'amour n'est jamais ridicule mais toujours un exploit.

Oui, je crois, que l'impossibilité d'aimer n'est que la peur d'aimer.

Oui, je crois, que l'amour transcende nos vies et que c'est en se reliant à cet amour éternel que l'on gagne en sérénité.

Oui, je crois, que parler d'amour est le seul vrai défi.

Oui, je crois, que l'amour est vivant, que l'amour c'est la vie.

L'amour ? Nous n'avons qu'un mot en français pour traduire tous les amours, mais c'est l'amour qui fonde notre humanité, depuis toujours, pour toujours.

Sans amour nous ne pouvons exister, c'est l'amour qui nous construit, qui nous alimente, qui nous met en mouvement. C'est l'amour qui nous fait vivre, c'est l'amour qui nous maintient en vie. L'amour est l'alchimie secrète mais si puissante de notre identité.

Le moi-cœur, c'est moi, c'est toi, c'est vous, c'est nous.

Ressources bibliographiques

ALBERT ÉRIC, BRACONNIER ALAIN, *Tout est dans la tête*, Odile Jacob, 1997.

ANDRÉ CHRISTOPHE, ALEXANDRE JOLLIEN, MATTHIEU RICARD, *Trois amis en quête de sagesse*, L'Iconoclaste/Allary Éditions, 2016.

BACHELARD MAXIMILIEN, *L'Approche intégrative en psychothérapie. Anti-manuel à l'usage des thérapeutes*, ESF, 2017.

BEN-SHAHAR TAL, *L'Apprentissage du bonheur*, Pocket, 2011.

BION WILFRED, *Aux sources de l'expérience*, PUF, 1972.

BRACH TARA, *L'Acceptation radicale*, Belfond, 2016.

BROWN BRENÉ, *Le Pouvoir de la vulnérabilité. La vulnérabilité est une force qui peut transformer votre vie*, Trédaniel, 2014.

CSIKSZENTMIHALYI MIHALY, *Vivre. La psychologie du bonheur*, tr. Léandre Bouffard, Robert Laffont, 2004.

CSILLIK ANTONIA, *Les Ressources psychologiques. Apport de la psychologie positive*, Dunod, 2017.

DAMASIO ANTONIO R., *Spinoza avait raison. Joie et tristesse, le cerveau des émotions*, Odile Jacob, 2003.

DAMASIO ANTONIO R., *L'Erreur de Descartes. La raison des émotions*, Odile Jacob, 2006.

DEHAENE STANISLAS, *Le Code de la conscience*, Odile Jacob, 2014.

FLAGEY DANIELLE, *Mal à penser, mal à être. Troubles instrumentaux et pathologie narcissique*, Érès, 2002

FRITH CHRIS, *Comment le cerveau crée notre univers mental*, Odile Jacob, 2010.

GIBELLO BERNARD, *La Pensée décontenancée. Essai sur la pensée et ses perturbations*, Bayard, 1995.

GIRARD RENÉ, *La Violence et le Sacré*, Grasset, 1972.

GUEGUEN CATHERINE, *Heureux d'apprendre à l'école*, Les Arènes, 2018.

GUEGUEN CATHERINE, *Pour une enfance heureuse. Repenser l'éducation à la lumière des dernières découvertes sur le cerveau*, Robert Laffont, 2014.

HAIDT JONATHAN, *L'Hypothèse du bonheur. La redécouverte de la sagesse ancienne dans la science contemporaine*, Mardaga, 2010.

HANH THICH NHAT, *Le Miracle de la pleine conscience*, L'Espace bleu, 1996 ; Pocket, 2008.

HOUDÉ OLIVIER, *Apprendre à résister*, Le Pommier, 2014.

HOUDÉ OLIVIER, MAZOYER BERNARD, TZOURIO-MAZOYER NATHALIE, *Cerveau et psychologie*, PUF, 2002.

KABAT-ZINN JON, *Au cœur de la tourmente, la pleine conscience. Le manuel complet de MBSR ou réduction du stress basée sur la mindfulness*, De Boeck, 2009.

KAHNEMAN DANIEL, *Système 1/Système 2. Les deux vitesses de la pensée*, Flammarion, 2012.

KOTSOU ILIOS, *Éloge de la lucidité. Se libérer des illusions qui empêchent d'être heureux*, Robert Laffont, 2014.

LACHAUX JEAN-PHILIPPE, *Le Cerveau funambule. Comprendre et apprivoiser son attention grâce aux neurosciences*, Odile Jacob, 2015.

LENOIR FRÉDÉRIC, *La Puissance de la joie*, Fayard, 2015.

LIÉNARD YASMINE, *Pour une sagesse moderne. Les psychothérapies de troisième génération*, Odile Jacob, 2013.

LYUBOMIRSKY SONJA, *Qu'est-ce qui nous rend vraiment heureux ?*, Pocket, 2015.

MIKOLAJCZAK MOÏRA (dir.), *Les Compétences émotionnelles*, Dunod, 2014.

NEFF KRISTIN, *S'aimer. Comment se réconcilier avec soi-même*, Belfond, 2013.

OUGHOURLIAN JEAN-MICHEL, *Cet autre qui m'obsède*, Albin Michel, 2017.

PIAGET JEAN, BÄRBEL INHELDER, *La Psychologie de l'enfant*, PUF, 1966.

PRÉVOT-GIGANT GÉRALDYNE, *Les Pouvoirs de l'espoir*, Odile Jacob, « Les Carnets de Vie », 2017.

RICH HARRIS JUDITH, *Pourquoi nos enfants deviennent ce qu'ils sont ? De la véritable influence des parents sur la personnalité de leurs enfants*, Pocket, 2004.

RIEDINGER SEVIM, *Le Monde secret de l'enfant*, Éditions Montparnasse, 2013.

ROSE TODD, *La Tyrannie de la norme*, Belfond, 2017.

ROUSTANG FRANÇOIS, *La Fin de la plainte*, Odile Jacob, 2000.

SERVAN-SCHREIBER FLORENCE, *Trois kifs par jour et autres rituels recommandés par la science pour cultiver le bonheur*, Marabout, 2011.

SERVAN-SCHREIBER PERLA, *Les Promesses de l'âge*, Flammarion, 2018.

SEZNEC JEAN-CHRISTOPHE, *ACT : applications thérapeutiques*, Dunod, 2015.

SHANKLAND RÉBECCA, *La Psychologie positive*, Dunod, 2014.

Shankland Rébecca, *Les Pouvoirs de la gratitude*, Odile Jacob, « Les Carnets de Vie », 2016.
Stern Daniel N., *Le Moment présent en psychothérapie. Un monde dans un grain de sable*, Odile Jacob, 2003.
Tenenbaum Sylvie, *Nos paysages intérieurs. Ces idées qui nous façonnent*, InterÉditions, 1992.
Winnicott Donald, *Le Processus de maturation chez l'enfant*, Payot, 1989.
Winnicott Donald, *Jeu et réalité*, Gallimard, 1975.
Yalom Irvin, *L'Art de la thérapie*, Galaade Éditions, 2013.
Zarifian Édouard, *Le Goût de vivre. Retrouver la parole perdue*, Odile Jacob, 2007.

Remerciements

Merci, merci qui, merci pourquoi ?

Comme c'est réjouissant de dire merci. J'aime ce moment et je le redoute toujours un peu. J'ai tant de personnes à remercier. Tant et tant. Ce sont tous ces gens que j'ai croisés sur ma route, ils sont si nombreux, mes mentors qui m'ont initiée, et en particulier le professeur Bernard Gibello, toutes celles et tous ceux qui m'ont tendu la main, tous les professionnels avec lesquels nous avons échangé, les psys qui sont mes amis, et les autres aussi, ceux qui m'ont aidée, ceux qui m'ont aimée… Et même ceux qui me critiquent, me manifestent de l'hostilité, merci, vous me faites avancer, douter, réfléchir, recommencer.

Merci à mes patients pour ces moments précieux que nous avons vécus, merci pour votre confiance, merci de m'avoir tant appris, tout appris, sur la psychologie, sur la vie.

Merci à vous qui me lisez. Je serais heureuse de continuer ce partage, c'est ce que j'aime dans l'écriture, être avec vous. Nous pourrions nous retrouver sur la page Facebook créée autour de ce livre, nous continuerons à élaborer, ensemble.

Dans un cercle plus restreint, un merci inouï à vous, celles qui sont avec moi, dans cette incroyable aventure de la psychologie, depuis tant d'années. Nous avons pensé, élaboré, construit ensemble cette nouvelle psychologie, vous êtes mes inspiratrices, mes piliers, Coralie Laubry, Audrey Platania,

Françoise Ayme-Granier, Fiona Ruemgardt, Olga Pazkan, Catherine Zobouyan. Et tous les psychologues qui sont venus rejoindre cette aventure de Cogito'Z, un centre de psychologie avec l'intégratif comme credo et la conviction que la psychologie se conjugue au présent. Une psychologie active, proactive, qui place la psychologie, toute la psychologie, au cœur de… la psychologie. C'est à la psychologie de comprendre et de coordonner ce dont les patients ont besoin, alors c'est comme ça que nous pratiquons chaque jour avec passion, conviction et engagement. Merci à chacun et chacune de vous de considérer chaque patient unique, comme la Rose du Petit Prince.

Un spécial merci à Audrey qui a pris le temps de relire au fur et à mesure ce manuscrit et dont l'intelligence, la sensibilité, la clinique acérées m'ont permis d'ajuster certains passages.

Et ce livre n'aurait jamais existé sans toi, toi, Mercedes Erra, l'immense Mercedes, au talent éblouissant, à la pensée fulgurante, précise, si profonde et juste. Tu es si douée. Merci, merci, et encore merci d'avoir été celle par qui ce livre est arrivé. Ce livre dont tu as saisi l'enjeu. Avec tes collaboratrices chéries, Catherine Emprin et Sylvie Geiger, vous avez donné la vision, l'impulsion, la trame, la colonne vertébrale de ce manifeste engagé pour une nouvelle psychologie inspirée. Merci pour l'intelligence partagée, le temps passé, l'implication et l'indéfectible amitié. Vous êtes les bonnes fées de ce livre.

Perla, douce Perla, ta bienveillance, ta sensibilité, ton regard m'ont permis, dans ce moment suspendu que nous avons partagé, de « sentir » la trame de ce livre. Merci le cœur grand ouvert, Perla et Jean-Louis Servan-Schreiber.

Plus près de moi, mes enfants, mes incroyables enfants, Eugénie, Lise, Hugo, leur vie, leurs choix, leurs personnalités ont toujours été des sources précieuses d'inspiration. Et je les aime tant.

Toi, Alain, je remercie presque chaque jour la vie que tu sois mon mari. Si tu n'existais pas auprès de moi, je n'aurais jamais accompli tout ce que ta présence m'a donné comme possibilités.

Et puis bien sûr, dans ces mercis, tu règnes, Odile. Toi, Odile Jacob, qui as toujours été là, avec moi, auprès de moi. Ces livres, ce livre, c'est grâce à toi, à ta confiance, à ton amitié, à ta perspicacité. Merci, tellement merci, du temps que tu as personnellement passé sur ce manuscrit, de l'expertise de ton regard, de la lucidité de tes remarques. Quel cadeau ! Un Merci majuscule.

Et dans cette ronde de mercis, je n'oublierai pas Gaëlle Jullien, qui s'est parfois agacée de mes mots mais qui a toujours su guider mes propos avec pertinence et finesse, et merci à Marie de Oliveira et à Cécile Andrier, dont le travail est si précieux pour qu'un livre existe, merci à la gentillesse et l'efficacité de Viviane Munoz, merci à chacun qui, de près ou de loin, permet à chaque livre de faire son chemin, dans cette « maison », j'adore l'idée que cela porte encore ce nom dans l'édition, cette maison d'Odile, les éditions Odile Jacob.

Table

DU MÊME AUTEUR
CHEZ ODILE JACOB

Tout est là, juste là. Méditation de pleine conscience pour les enfants et les ados aussi, 2014.

Mais qu'est-ce qui l'empêche de réussir ?, 2015.

Comment la méditation a changé ma vie… et pourrait bien changer la vôtre !, 2012.

Trop intelligent pour être heureux ? L'adulte surdoué, 2008.

L'Enfant surdoué. L'aider à grandir, l'aider à réussir, 2002, nouvelle édition 2012.

Rejoignez l'auteur :
www.jeannesiaudfacchin.com
www.meditez.com
www.cogitoz.com
et sur Facebook : Jeanne Siaud-Facchin et la page Méditez Méditation de Pleine Conscience

Cet ouvrage a été composé
en Berkeley et DIN
par Nord Compo
à Villeneuve-d'Ascq (Nord).

Achevé d'imprimer en octobre 2018
dans les ateliers de Normandie Roto Impression s.a.s.
61250 Lonrai
N° d'édition : 7381-3580-3 – N° d'impression : 1803823
Dépôt légal : octobre 2018

Imprimé en France